Colloquial

Gujarati

The Colloquial Series

The following languages are available in the Colloquial series:

* Albanian
* Amharic
* Arabic (Levantine)
* Arabic of Egypt
* Arabic of the Gulf and Saudi Arabia
* Bulgarian
* Cambodian
* Cantonese
* Chinese
* Czech
* Danish
* Dutch
* English
* Estonian
* French

German

* Greek
* Gujarati
* Hungarian
* Indonesian
* Italian
* Japanese
* Malay
* Norwegian
* Panjabi
* Persian
* Polish

Portuguese

* Romanian
* Russian
* Serbo-Croat
* Somali
* Spanish
* Spanish of Latin America
* Swedish
* Thai
* Turkish
* Ukrainian
* Vietnamese
* Welsh

* Accompanying cassette(s) available.

Colloquial
Gujarati

A Complete Language Course

Jagdish Dave

ROUTLEDGE

London and New York

First published 1995
by Routledge
11 New Fetter Lane, London EC4P 4EE

Simultaneously published in the USA and Canada
by Routledge
29 West 35th Street, New York, NY 10001

Typeset in Times by Thomson Press (India) Ltd, New Delhi

Printed and bound in England by Clays Ltd, St Ives plc

British Library Cataloguing in Publication Data
A catalogue record for this book is available from the British Library

Library of Congress Cataloguing in Publication Data
A catalogue record for this book is available from the Library of Congress

ISBN 0-415-09196-9 (book)
ISBN 0-415-09197-7 (cassettes)
ISBN 0-415-09198-5 (book and cassettes course)

Contents

Dedicated to all my students in India since 1950 and in the United Kingdom since 1984

Introduction

Gujarati is spoken by approximately 40 million people in the State of Gujarat, north-west India. In addition there are some 15 million expatriate Gujaratis throughout the world, particularly in the United Kingdom, the United States and Africa, where they play a prominent role in business and industry.

Gujarati belongs to the Indo-Aryan group of languages, itself a subgroup of the Indo-European family. Modern Gujarati, along with Rajasthani and Braj (Western Hindi), has its source in Shaurseni Apabhramsha, a language which fell into disuse around the twelfth century.

There are four principal dialects in Gujarati – Paṭṭani, Surati, Charotari and Kaṭhiāwāḍi – but the standard written form used in education, the media and literature is followed by all. The script is derived from Devnagari, used for Sanskrit. It is a much more phonetic script than English and, in that sense, easier to read.

There are some sounds in Gujarati which have no equivalent in English. The information contained in this book will assist the student with these sounds but at best they are an approximation. It is only by listening to the spoken language that correct pronunciation will be achieved. Radio, television, video and films offer an excellent way of achieving this end, and two audio tapes are available in conjunction with this book. The best possible solution is to spend time with native Gujarati speakers.

Vowels

i	as in *i*t	**O**	as in b*o*x
e	as in m*ay*	**o**	as in g*o*
E	as in c*a*t	**u**	as in p*u*t

a	as in *u*p	**ai**	as in p*ai*n
ā	as in *a*rm	**au**	as in *ou*nce

The script contains a long and a short **i**, and a long and a short **u** but the difference in pronunciation that may once have existed no longer applies (see lessons on the script).

In Gujarati the vowels **e** and **E**, **o** and **O**, have the same symbol despite the different pronunciation. It is only in words loaned from English that the differentiation is made with the use of the sign ˘ : e.g. **કૉલેજ** (college), **ઍસિડ** (acid). However, this difference is shown by **E** and **O** in the transliteration in this book.

Consonants

To a considerable extent Gujarati follows the Sanskrit phonological system. Most consonants fall into five distinct groups according to place and point of articulation:

Group k

In this group the back of the tongue touches the soft palate:

ક	**k**	as in	pic*k*le
ખ	**kh**	as in	*kh*aki
ગ	**g**	as in	fo*g*
ઘ	**gh**	as in	*gh*ost

Group ch

Here the front part of the tongue touches the hard palate:

ચ	**ch**	as in	vou*ch*er
છ	**chh**		like 'voucher', but with an aspirated 'h'
જ	**j**	as in	*J*ack
ઝ	**jh**		like 'Jack', but with an aspirated 'h'

Group ṭ

Here the tongue is curled so that the tip touches the hard palate. There is no equivalent sound in English.

ટ	**ṭ**	as in	bu*tt*er (emphatic)
ઠ	**ṭh**		**ṭ** above, but with aspirated 'h'
ડ	**ḍ**	as in	*d*ull
ઢ	**ḍh**		**ḍ** above, but with aspirated 'h'
ણ	**ṇ**		**n** with strong aspiration

Group t

With this group the front tip of the tongue touches the teeth:

ત	**t**	as in	*t*ête (French)
થ	**th**	as in	*th*ird
દ	**d**	as in	*d*e (French)
ધ	**dh**	as in	*th*us
ન	**n**	as in	*n*ut

Group p

Here the lips touch before the sound is produced:

પ	**p**	as in	u*pp*er
ફ	**ph**	as in	*f*irm (but following closed lips)
બ	**b**	as in	*b*urn
ભ	**bh**	as in	a*bh*or
મ	**m**	as in	*m*ug

All the above consonants are called 'stops'.

Other consonants

ય	**y**	as in	*y*es

y is known as a semivowel in Gujarati because pronunciation is determined by its position in a word. If it is at the beginning of a word it retains its sound as a consonant:

યશ	**yash**	fame

If it occurs between two consonants it is pronounced as a vowel:

ja-yan-ti is pronounced **jen-ti**
જયંતી જેન્તી

ર	**r**	as in	*r*ush
લ	**l**	as in	*l*uck
વ	**v**	as in	*v*erge
શ	**sh**	as in	*sh*ut (the letter ષ has the same pronunciation)
સ	**s**	as in	*s*upport
હ	**h**	as in	*h*ush
ળ	**ḷ**		this does not have an equivalent sound in English

About Gujarati

There are no capital letters in Gujarati and no definite or indefinite articles.

The sentence pattern is: subject, object, verb (SOV). Adjectives precede the subject or object.

There are two types of adjective: variable and invariable. Variable adjective endings change according to the number and gender of the qualifier. Adjectives agree with the subject or object and verbs agree with the subject – except in the past tense of transitive verbs, where they follow the object.

There are no prepositions in Gujarati. Instead, there are *postpositions*, so called because they occur *after* the word they influence. In addition to postpositions there are several case suffixes which are frequently used in their place.

As is the case in English, there are in Gujarati three tenses, three genders and two numbers. However, there is a commonly used honorific *plural* which refers to an individual.

As with French, every Gujarati noun has a gender, including loan words which in their original language might be genderless.

Gujarati has simple, auxiliary *and* compound verbs. When joined, the latter has either an extended meaning or a changed meaning.

Duplicative words are a characteristic of Gujarati. They strengthen or change the original meaning by repeating part or all of a word.

Another feature of Gujarati is the use of compound words.

Details of all the above are contained in the Reference grammar and explained in the lessons.

Course pattern

The course is divided into fifteen lessons. Most lessons contain two dialogues or a dialogue and a reading passage and show particular points of grammar and colloquial quirks of the language followed by exercises.

The first five lessons introduce the Gujarati script with transliteration and with the special feature of syllabic division to assist the learner to pronounce the language correctly. Lessons 6–15 are continued in Gujarati script alone.

Every dialogue and passage is followed by an English translation and a vocabulary list. Some lessons contain an additional specialized vocabulary.

Formalized and personal letter writing are covered in lesson 14. The last lesson presents different styles for translation from English to Gujarati and vice versa.

At the end of the book there are the key to the exercises, a comprehensive reference grammar and a 2,000-word Gujarati–English, English–Gujarati glossary.

The course assumes no prior knowledge of Gujarati and is designed to lead the student easily and quickly to a working knowledge of the language and the ability to speak, read and write with a considerable degree of fluency.

The book should also prove useful to teachers of Gujarati.

Reference numbers

In the lessons

Individual topics contained in the lessons are numbered in accordance with the Reference grammar at the back of the book, e.g. [R1]. Those which occur in more than one place are clearly indicated, e.g [R1, R10, R14], enabling the student to go quickly to the relevant sections.

Reference grammar

The numbers at the end of each topic in the Reference grammar indicate the lesson and the paragraph; e.g. 1.2, 3.5 indicates that the topic concerned is dealt with in lesson 1, paragraph 2 and in lesson 3, paragraph 5.

Gujarati alphabet

Vowels

Letter	*Pronounced as*	*Letter*	*Pronounced as*
a	*u*p	**e**	m*ay*
ā	*a*rm	**ai**	p*ai*n
i, **ī**	*i*t	**o**	g*o*
u, **ū**	p*u*t	**au**	*ou*nce
		E	c*a*t
		O	b*o*x

Vowels			
	Front	Central	Back
High	i		u
Mid	e	a	o
Low	E	ā	O

Consonants

Letter	*Pronounced as*
k	pi*ck*le
kh	*kh*aki
g	fo*g*
gh	like **g** above, but with an aspirated 'h'
ch	vou*ch*er
chh	like **ch** above, but with an aspirated 'h'
j	*J*ack
jh	like **j** above, but with an aspirated 'h'
ṭ	bu*tt*er
ṭh	like **ṭ** above, but with an aspirated 'h'
ḍ	*d*ull
ḍh	like **ḍ** above, but with an aspirated 'h'
ṇ	**n** with strong aspiration
t	as in *t*ête (French)
th	*th*ird
d	*d*e (French)
dh	*th*us
n	*n*ut
p	u*pp*er
ph	*f*irm (but following closed lips)
b	*b*urn
bh	a*bh*or
m	*m*ug
y	*y*es
r	*r*ush
l	*l*uck
v	*v*erge
sh	*sh*ut
s	*s*upport
h	*h*ush
ḷ	no equivalent

Consonant chart

			Velar	*Palatal*	*Cerebral*	*Dental*	*Labial*	*Glottal*
Stops	Voiceless	unaspirated	k		ṭ	t	p	
		aspirated	kh		ṭh	th	ph	
	Voiced	unaspirated	g		ḍ	d	b	
		aspirated	gh		ḍh	dh	bh	
Affricates	Voiceless	unaspirated		ch				
		aspirated		chh				
	Voiced	unaspirated		j				
		aspirated		jh				
Fricatives	Voiceless			sh		s		
	Voiced			z				h
Lateral					ḷ	l		
Flapped/ Trilled						r		
Nasal					ṇ	n	m	
Semi-vowel				y			v	

Acknowledgements

I wish to thank Swamishri Sachchidanand, Professor Gunvant Shah, Mr Rajni Vyas, Professor Bernard Comrie, Mr K. N. Trivedi, Director of Languages, Gujarat State, Father Vallace and Navjivan publishers for permitting me to use their material in this course.

I would especially like to thank Dr H. C. Bhayani, eminent linguist and honorary fellow of SOAS, for going through the entire manuscript and making valuable suggestions; my friend, philosopher and guide Mr A. D. Chappa for his constant help and guidance; Ms Maria Calivis for giving me very helpful comments during the writing process, especially in the Reference grammar; and Simon Bell, whose continuous help was a great asset.

Last but not least, I would like to thank my students from various colleges in India whom I taught from 1950 until 1984, when I settled in England. While in England, I have had both the pleasure and privilege of teaching at the Institute of Education, University of London, the School of Oriental and African Studies (ESD), University of London, the Academy of Vedic Heritage, Harrow and the Gujarati Literary Academy (UK). I thank all my students and teacher-trainees in England.

I am indebted to all of them.

Jagdish Dave

Abbreviations

a (v)	adjective variable
a (inv)	adjective invariable
adv	adverb
conj	conjunction
f	feminine noun
inf	infinitive
m	masculine noun
n	neuter noun
prep	preposition
pron	pronoun
vi	verb intransitive
vi, t	verb intransitive and transitive
vt	verb transitive

Map of Gujarat

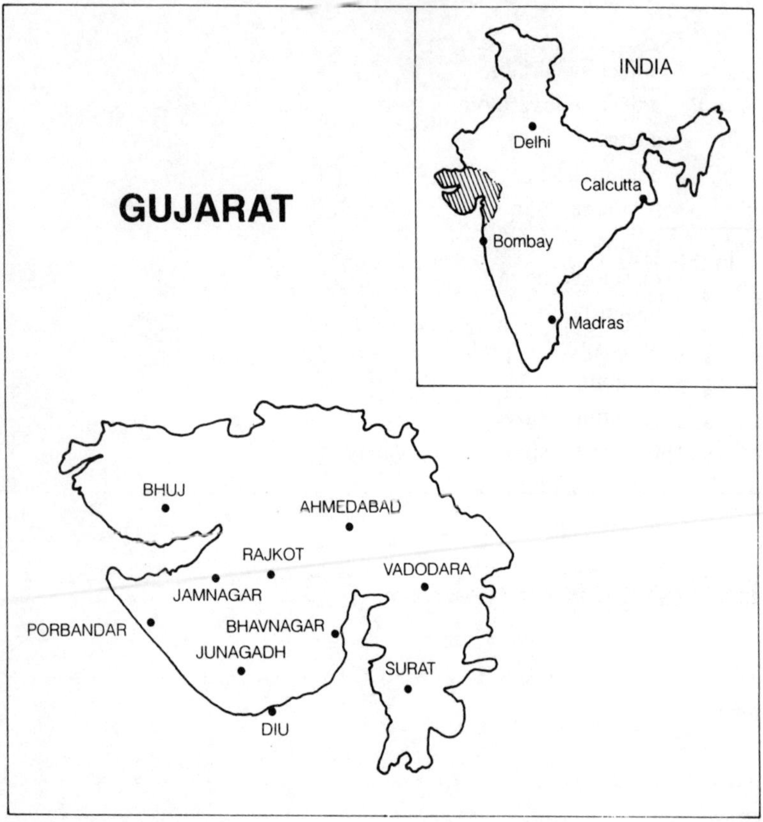

1 કેમ છો?
ગીતાને ઘેર રમેશ
Social exchange
The visitor

In this lesson you will learn about:

- The use of simple greetings
- The use of personal pronouns (I, you, he/she/it)
- Formation of simple present tense (I am, we are, etc.)
- The use of the honorific plural
- The use of the case suffix **mā̃** (in)
- The Gujarati alphabet (introduction)

Exchanging greetings

Two friends, Ramesh Patel and Gita Shah, meet on the road and exchange greetings

RAMESH: na-mas-te gi-tā-ben, kem chho?
GITA: na-mas-te ra-mesh-bhā-i, ma-jā-mā̃ chhũ. ta-me kem chho?
RAMESH: ma-jā-mā̃. āj-kāl ṭhan-ḍi ba-hu pa-ḍe chhe.
GITA: hā. ta-bi-yat jā-ḷav-jo.
RAMESH: ta-me paṇ jā-ḷav-jo. chā-lo tyā-re. āv-jo.
GITA: āv-jo.

RAMESH: *Hello Gitaben, how are you?*
GITA: *Hello Rameshbhai. I'm OK. How are you?*
RAMESH: *Fine. It's cold these days.*
GITA: *Yes. Please take care.*
RAMESH: *You too. OK. Goodbye.*
GITA: *Goodbye.*

How to address people

It is customary to address all men as **bhai** (brother) and all women as **ben** (sister), so **Gita*ben*** and **Ramesh*bhāi***. This does not apply to close friends or when an elderly person is talking to a boy or girl.

Vocabulary

namaste	hello (*lit.* I bow down to you)	**ṭhanḍi** (*f*)	cold
kem	how, why	**bahu**	very much
chho	are	**paḍe**	falls
majāmā̃	OK, fine (*lit.* in fun)	**chhe**	is
chhū̃	am	**hā**	yes
tame	you (plural, here honorific plural)	**tabiyat** (*f*)	health
ājkāl	nowadays (*lit.* today and tomorrow; **aj** today; **kal** tomorrow *or* yesterday)	**jāḷavjo**	take care
		paṇ	also, but
		āvjo	goodbye (*lit.* come again)
		chālo tyāre	OK (*lit.* **chālo** walk; **tyāre** then)

Grammatical notes

1.1 In sentence formation the verb generally comes last.

1.2 There are three genders: masculine, feminine and neuter. **[see R5]**

1.3 There are two numbers: singular and plural. **[see R6]**

1.4 **Simple present tense** (with personal pronouns)

ho to be

Person	*Singular*	*Plural*
I	**hū̃ chhū̃** I am	***a-me chhi-e** we are
II	**tū̃ chhe** you are	**ta-me chho** you are
III	**te chhe** he, she, it is	**teo chhe** they are

* Together with **a-me** (we), Gujarati has another form **āp-ṇe** (we all), which includes all those present. English does not have an equivalent word.

Singular	*Plural*
– ũ	**– ie**
– e	**– o**
– e	**– e**

kar to do

I	**hũ karũ chhũ** I do	**ame karie chhie** we do
II	**tũ kare chhe** you do	**tame karo chho** you do
III	**te kare chhe** he/she/it does	**teo kare chhe** they do

bes to sit

I	**hũ besũ chhũ** I sit	**ame besie chhie** we sit
II	**tũ bese chhe** you sit	**tame beso chho** you sit
III	**te bese chhe** he/she/it sits	**teo bese chhe** they sit

[see R14]

1.5 The personal pronoun **tame** is also used as an *honorific plural* for a single person: e.g. in the dialogue at the beginning of this lesson, Gita and Ramesh address each other as **tame**. **[see R7]**

1.6 To help with pronunciation words are divided by syllabic division. For further directions on letter sounds refer to the Introduction.

1.7 'Thank you' is considered very formal in Gujarati and is rarely used in daily conversation. Instead, gestures such as a smile are employed. The word **ā-bhār** is generally used to thank people on formal occasions.

Additional vocabulary

gar-mi (*f*)	hot	**nathi**	is not (as opposed to **chhe** is)
nā	no	**tho-ḍũ**	little, less

Exercises

1 Fill in the blanks by translating the words in parentheses:

(a) **hũ** _______ (OK) **chhũ.**

(b) **ājkāl** _______ (hot) **bahu paḍe chhe.**
(c) **āj** _______ (cold) **nathi.**

2 Translate into Gujarati:

(a) How is she?
(b) She is OK.
(c) It is very cold today.
(d) It is not hot today.
(e) I am working.
(f) She sits.

3 Re-arrange the following words to make Gujarati sentences:

(a) **chhe āje garmi**
(b) **paḍe bahu ṭhanḍi ājkāl chhe**
(c) **paṇ āvjo tame**
(d) **chhie ame karie**
(e) **bese teo chhe**
(f) **tũ chhe kare**

The visitor

Ramesh goes to Gita's house for the first time

GITA: na-mas-te ra-mesh-bhā-i, ā-vo, be-so.
RAMESH: na-mas-te gi-tā-ben, o-ho! ta-mā-rũ ghar sa-ras chhe.
GITA: hā. ā be-ṭhak khanḍ chhe. bā-ju-mā̃ ra-so-ḍũ chhe. u-par pan be or-ḍā-o chhe.
RAMESH: vāh.
GITA: ā-gaḷ bāg chhe ane pā-chhaḷ paṇ khul-li ja-gā chhe. tyā̃ shāk-bhā-ji u-ge chhe.
RAMESH: sa-ras. ta-mā-ri ja-gā sa-ras chhe.

GITA: *Hello, Rameshbhai. Welcome. Please take a seat.*
RAMESH: *Hello, Gitaben. Wow! Your house is beautiful.*

GITA:	*This is the drawing room. The kitchen is next door. There are two rooms above (on the first floor).*
RAMESH:	*Lovely!*
GITA:	*There is a garden at the front and there is an open space at the back (also). The vegetables grow there.*
RAMESH:	*How nice! Your place is beautiful.*

Vocabulary

āv	come	**ahī̃**	here
bes	sit	**tyā̃**	there
ghar (*n*)	house	**khulli**	open
khanḍ (*m*)	room	**shākbhāji**	vegetables
orḍo (*m*)	room	**āgaḷ**	in front of
beṭhak khanḍ (*m*)	sitting room	**pāchhaḷ**	at the back
rasoḍū (*n*)	kitchen	**upar**	above, up
bāg (*m*)	garden	**niche**	down, below
saras	good, beautiful	**bājumā̃**	next to
		mā-rū	my
be	two	**a-mā-rū**	our
jagā (*f*)	space	**ta-mā-rū**	your

Grammatical notes

1.8 **mā̃** is a case suffix meaning 'in': e.g. **ghar-mā̃** in the house.

[see R18, R24]

1.9 The second person singular of the present tense is the *root of the verb* and, as with English, also forms the imperative:

āv-vū	to come	**āv**	come/you come
bes-vū	to sit	**bes**	sit/you sit

Adding -**vū** to the root forms the *infinitive* (see lesson 6).

[see R17]

1.10 Word order and expansion

ā chhe	this is

ā ghar chhe.	This is a house.
ā mārũ ghar chhe.	This is my house.
ā mārũ sa-ras ghar chhe.	This is my beautiful house.

In the above sentences the order is *subject*, *object*, *verb*. The pronouns and adjectives are in agreement with the number and gender of the subject, 'house' (*n*). **[see R1, R2]**

Exercises

4 Fill in the blanks by translating the words in parentheses:

ā mārũ _______ (house) **chhe.** _______ (next) **rasoḍũ chhe.** _______ (at the back) **bāg chhe.** _______ (above) **orḍo chhe.** _______ (below) **beṭhak khanḍ chhe. bajumā̃** _______ (kitchen) **chhe. mārũ ghar** _______ (good) **chhe.**

5 Choose the appropriate form from the square brackets to complete these sentences:

(a) **ā be** _______ (rooms) **chhe [orḍo, orḍāo].**

(b) **ā ghar saras** _______ (is not) **[chhe, nathi].**

(c) **gitāben,** _______ (welcome) **[āvjo, āvo].**

(d) **rameshbhai** _______ (goodbye) **[āvo, āvjo].**

(e) **ame kām karie** _______ (are) **[chhe, chhie].**

(f) **tame beso** _______ (are) **[chhe, chho].**

6 Correct the mistakes in the following:

(a) **hũ gharmā̃ chhe.**

(b) **tame beṭhak khanḍmā̃ chhie.**

(c) **te pāchhaḷ chhũ.**

(d) **shākbhāji uge chho.**

(e) **tame paṇ jāḷavje.**

(f) **hũ karie chhie.**

7 Translate into Gujarati:

(a) Raman is here.
(b) No, this is not the room.
(c) Yes, this is the kitchen.
(d) The garden is in front of the house.
(e) Gita is not in the house.
(f) Ramesh is in the garden.

8 Match the following:

hũ	**chhie**
ame	**chho**
tũ	**chhe**
tame	**chhũ**

9 Correct these sentences:

(a) **ghar tamārũ chhe saras.**
(b) **chhe upar orḍāo be.**
(c) **shākbhāji chhe uge pāchhaḷ.**
(d) **Ramesh chhe gharmā̃.**
(e) **nathi andar Gitā.**
(f) **shāk chhe tarũ ā.**

Script

Many Indian languages are rooted in Sanskrit, from which they derive words and grammar. Written Gujarati is a modification of the Sanskrit script (known as Devnagari).

Pronunciation in Gujarati corresponds closely to the written letter (unlike the many variations in English, e.g. the 'u' in 'but' and 'put').

The simplest and most effective way to learn the Gujarati script is by dividing it into groups according to letter shapes. We will start with the first three groups:

Group 1

ડ	**ḍa**	as in *d*ull
ક	**ka**	as in pi*ck*le
ફ	**pha**	as in *f*irm
હ	**ha**	as in *h*ush
ઠ	**ṭha**	(no equivalent in English. See Introduction)

Group 2

ત	**ta**	(no equivalent in English)
ન	**na**	as in *n*ut
મ	**ma**	as in *m*ug
ભ	**bha**	as in a*bh*or

Group 3

પ	**pa**	as in u*pp*er
ષ	**sha**	as in *sh*ut
ય	**ya**	as in *y*es
થ	**tha**	as in *th*ird

10 Practise writing the following words. You can check their meaning in the glossary at the end of the book.

ka-ḍak	**ḍaph**	**kaph**	**haṭh**
ṭhak	**kaṭh**	**hak**	

We can now combine letters from groups 1 and 2:

mat	**nam**	**man**	**kaphan**
bh-am	**ma-phat**	**tak**	**kam**

And finally from all three groups:

pa-kaḍ	**kap**	**paḍ**	**bhay**
math	**nath**	**thaḍ**	

Additional vocabulary

The body *sha-rir*

vāḷ (*m*)	hair	piṭh (*f*)	back
ka-pāḷ (*n*)	forehead	ka-roḍ (*f*)	spine
bhra-mar (*f*)	eyebrow	kha-bho (*m*)	shoulder
ãkh (*f*)	eye	hāth (*m*)	hand
pop-chũ (*n*)	eyelid	ba-gal (*f*)	armpit
pã-paṇ (*f*)	eyelash	ko-ṇi (*f*)	elbow
nāk (*n*)	nose	kã-ḍũ (*n*) *Kandu*	wrist
kān (*m*)	ear	ha-the-ḷi (*f*)	palm
gāl (*m*)	cheek	ãg-ḷi (*f*) *angli*	finger
oṭh (*m*)	lip	an-gu-ṭho (*m*)	thumb
dãt (*m*)	tooth	nakh (*m*)	nail
jibh (*f*)	tongue	ka-mar/keḍ (*f*)	waist
mÕ (*n*)	mouth	pag (*m*)	leg
mā-thũ (*n*)	head	sā-thaḷ (*m*)	thigh
ma-gaj (*n*)	brain	ghũ-ṭaṇ (*n*)	knee
cha-he-ro (*m*)	face	pin-ḍi (*f*)	calf
ga-ḷũ (*n*)	throat	ghũ-ṭi (*f*)	ankle
ḍok (*f*)	neck	pā-ni (*f*)	heel
dā-ḍhi (*f*)	chin, beard	chām-ḍi (*f*)	skin
muchh (*f*)	moustache	mãs (*n*)	flesh
chhā-ti (*f*)	chest	hāḍ-kũ (*n*)	bone
hru-day (*n*)	heart	lo-hi (*n*)	blood
pheph-sũ (*n*)	lung	sha-rir (*n*)	body
pãs-ḷi (*f*)	rib	nā-ḍi (*f*)	pulse
peṭ (*n*)	stomach		

2 પોસ્ટ ઑફિસે ફળની દુકાનમાં
At the post office At the fruit shop

In this lesson you will learn about:

- More intimate greetings
- Formations in simple future
- Possessive case suffix (English 's)
- Days of the week
- Numbers 1–10
- Script groups 4, 5 and 6

At the post office

Suresh, an elderly man, meets his friend's teenage daughter, Rekha, at the post office

SURESH: kem che, re-kha?

REKHA: o-ho, su-resh-kā-kā, kem chho? ā bhā-rat pār-sal mok-lũ chhũ. mi-nā-ne di-vā-ḷi-ni bheṭ.

SURESH: sa-ras. ā-je mok-lish to mo-ṭe bhā-ge di-vā-ḷi su-dhi-mā̃ pa-hÕch-she.

REKHA: ha! ā-je pā-chho sha-ni-vār chhe eṭ-le O-phis bār vā-ge bandh tha-she.

SURESH: kā-le ra-vi-vār. ā-rām-no di-vas.

REKHA: shā-no ā-rām. ghar-ni sa-phā-i ka-rish. bāg-kām ka-rish. gha-ṇũ kām che, kā-kā.

SURESH: chāl tyā-re, re-khā, āv-je.

REKHA: āv-jo su-resh-kā-kā.

SURESH: *How are you, Rekha?*

REKHA: *Oh, Sureshkaka, how are you? I am sending this parcel to*

	India. A Divali gift for Mina.
SURESH:	*Good. If you send it today it will probably reach there for Divali.*
REKHA:	*Yes. And again, today is Saturday so the office will be closed at 12 noon.*
SURESH:	*Tomorrow is Sunday, a day of rest.*
REKHA:	*What rest! I will be cleaning the house* [lit. *I will do the cleaning of the house*], *and doing some gardening. There is too much to do, uncle.*
SURESH:	*OK, Rekha. Goodbye.*
REKHA:	*Goodbye, Sureshkaka*

More intimate forms of address

Both because he is an elderly man and a friend of Rekha's father, it is customary for Suresh to be addressed by her as 'uncle'. Elderly women are addressed as **kāki** or **māshi**, both translated as 'auntie'.

Vocabulary

bhārat	India
pārsal (*m*)	parcel
moklũ chhũ (*n*)	am sending (**mokal** send)
divāḷi (*f*)	festival of the lights: an important religious celebration for Hindus, Jains and Sikhs. From Diva, meaning lamps.
bheṭ (*f*)	gift
saras	good
moṭe bhāge	most probably
sudhimā̃	until
pahÕchshe	will reach
Ophis (*f*)	office
eṭle	therefore
āje	today
kāle	tomorrow
pāchho	again
bār vāge	at 12 o'clock (noon)
bandh	close
ārām (*m*)	rest
divas (*m*)	day
shāno	(of) what
saphāi (*f*)	cleaning
bāgkām (*n*)	gardening
ghaṇũ	much
kākā (*m*)	uncle (used in honorific plural form)

Grammatical notes

Simple future tense

2.1 **kar** to do

Person	*Singular*	*Plural*
I	**ka-rish**	**ka-ri-shũ/kar-shũ**
II	**ka-rish**	**kar-sho**
III	**kar-she**	**kar-she**

Person	*Singular*	*Plural*
I	*r + **ish**	r + **i-shũ/shũ**
II	r + **ish**	r + **sho**
III	r + **she**	r + **she**

(*r = root of the verb)

[see R16]

Possessive case suffix: -no, -ni, -nũ, -nā, -nā̃

2.2 This case suffix changes according to the number and gender of the object:

divāḷi*no* tahevār	festival (*m sg*)
divāḷi*ni* bheṭ	gift (*f sg*)
divāli*nũ* ghareṇũ	ornament (*n sg*)
divāli*nā* divaso	days (*m pl*)
divāli*nā̃* kāmo	works (*n pl*)

The Feminine plural takes the same form as the singular, e.g. **divaḷi*ni* bheṭo.** The use of this case is the equivalent of an apostrophe s ('s) in English, meaning 'of'.

[see R18, R23]

Exercises

1 Translate into Gujarati:

(a) This is a gift.
(b) I do gardening.
(c) He will reach Birmingham tomorrow.

(d) Today is Monday.
(e) Suleman will go to India.
(f) Rekha is in the house.

2 Match the following:

bheṭ	**rajā**
ravivār	**rāt**
divas	**tahevār**
ghaṇū	**ārām**
kām	**thoḍū**
divāḷi	**saras**

3 Fill in the blanks by translating the words in parentheses:

(a) **rameshni** ________ (health) **saras chhe**
(b) **chālo tyāre,** ________ (goodbye)
(c) ________ (in the garden) **phool uge chhe**
(d) **ramā** ________ (at eight o'clock) **pahÕchshe**
(e) **ā pārsal** ________ (tomorrow) **karish**
(f) **āj ramzan idni** ________ (holiday) **chhe**

4 Correct the mistakes in the following sentences:

(a) **kem chhũ giṭāben?**
(b) **divāḷino bheṭ chho?**
(c) **parsal mokli chhe?**
(d) **saras. āvjũ.**

5 Write the verb khā **(to eat) in the future tense in all three persons, singular and plural.**

6 Choose the correct words from the parentheses:

(a) **hũ majāmā̃ (chhũ/chhie)**
(b) **(rekhāni/rekhānũ) ghar saras chhe**
(c) **(sureshno/sureshni) ā̃kh bandh chhe**
(d) **ā (shilano/shilani) hāth chhe**
(e) **kāle ravivār (hashe/hashũ)**
(f) **ā Christmas bheṭ minā (no/ni/nũ) hashe**

7 Re-arrange the following words to make Gujarati sentences:

(a) **thanḍi paḍshe kāle**
(b) **moklũ ā england pārcel hũ chhũ**
(c) **kām chhie karie ame**
(d) **saphāi gharni rām chhe kare**
(e) **chhe kām ghaṇũ divāḷimā̃**
(f) **karish hũ ārām**

At the fruit shop

Rekha goes to Maganbhai's shop to buy some fruit

REKHA: kem magan-bhā-i, shũ tā-jũ chhe?
MAGANBHAI: ā-vo re-khā-ben, ā ke-ri-o ā-jej ā-vi chhe. sa-phar-jan paṇ tā-jā̃j chhe.
REKHA: a drāksh mi-ṭhi chhe?
MAGANBHAI: tad-dan mi-ṭhi chhe. jā-ṇe sā-kar-nā kaṭ-kā!
REKHA: sā-kar-nā kaṭ-kā je-vi to ta-mā-ri jibh chhe. shũ bhāv chhe?
MAGANBHAI: pā-ũḍ-nā sit-ter pens.
REKHA: ba-hu mÕ-ghi. bi-je to sas-ti ma-ḷe chhe.
MAGANBHAI: to sā-i-ṭh āp-jo bas? be pā-ũd ā-pũ?
REKHA: nā-re, ek pā-ũḍ bas. ba-rā-bar jokh-sho.
MAGANBHAI: hā. bi-jũ kā̃-i?
REKHA: nā. bi-jũ ba-dhũ to chhe. āv-jo.
MAGANBHAI: āv-jo.

REKHA: *Hello, Maganbhai. Which (fruits) are fresh today?*
MAGANBHAI: *Welcome, Rekhaben. These mangoes are fresh* [*have just arrived*]. *Apples are also fresh.*
REKHA: *Are these grapes sweet?*
MAGANBHAI: *Of course. As sweet as sugar cubes.*
REKHA: *Your tongue is like sugar cubes. What's the price?*
MAGANBHAI: *Seventy pence a pound.*
REKHA: *That's expensive* [lit. *very costly*]. *It's cheaper elsewhere.*

MAGANBHAI:	*Then pay (give) me sixty pence, OK? Shall I give you two pounds?*
REKHA:	*Oh, no. One pound is enough. Weigh it correctly.*
MAGANBHAI:	*Yes. Anything else?*
REKHA:	*No. I have everything. Goodbye.*
MAGANBHAI:	*Goodbye.*

Vocabulary

phaḷ	fruit
kharidi	shopping
dukān	shop
ke-ri	mango
sa-phar-jan	apple
drāksh	grapes
tā-jũ	fresh
mi-ṭhũ	sweet
sā-kar	sugar
kaṭ-kā	pieces
bhāv	rate
mÕ-ghi	costly, expensive
sas-ti	cheap
ba-rā-bar	properly, correctly
jokh	weigh

Colloquial notes

2.3 The dialogues in this lesson are more colloquial and informal than those in lesson 1. The customer, Rekha, and the shopkeeper, Magan, know each other quite well. A phrase like **sākarnā kaṭkā** (pieces of sugar, meaning very sweet) has been used to make the dialogue more natural. In normal dialogue the verb is sometimes omitted, e.g. **bahu mÕghi (chhe)** and **ek pāũḍ bas (chhe)**.

Exercises

8 Pair off the words on the right with the appropriate ones on the left:

phaḷ	**miṭhi**
drāksh	**pāchhaḷ**
bhāv	**garmi**
mÕghi	**sitter pens**
agaḷ	**sasti**
ṭhanḍi	**tāju**

9 List the following fruits in order of size (see the glossary for the meaning):

keri	**drāksh**	**nāḷiyer**	**tarbuch**

10 Which are the odd words in the following?

(a)	**sapharjan**	**magan**	**rekhā**	**ramesh**
(b)	**ravivār**	**shanivār**	**somvār**	**shākbhāji**
(c)	**bāg**	**ṭhanḍi**	**dukān**	**ghar**

11 Read the following passage carefully and answer these questions:

(a) Who is going to Leicester? When?
(b) What will they do in Leicester?
(c) What will they do in Birmingham?

Pestanji ane Vipinbhāi kāle Leicester jashe. Dukānmā̃ jashe ane kharidi karshe. Birmingham paṇ jashe ane Ramaṇbhāine maḷshe.

12 (a) miṭhũ means 'sweet'. Find out from the glossary the words for salty, bitter, sour, hot.

(b) keri means 'mango'. Find out the words for apple, orange, melon, lemon.

13 Fill in the blanks using the appropriate verbal form:

hũ kāle savāre ________ (uṭh). nāsto ________ (kar). pachhi bahār ________ (jam). ayeshāben paṇ ________ (āv). ame philm ________ (jo). majā ________ (paḍ).

Script

Group 4

ટ	**ṭa**	as in *butt*er
ઠ	**ṭha**	(no equivalent in English)

Group 5

લ	**la**	as in *l*uck
બ	**ba**	as in *b*urn
ખ	**kha**	as in *kha*ki
વ	**va**	as in *v*erge
ળ	**ḷa**	(no equivalent in English)

Group 6

ર	**ra**	as in *r*ush
સ	**sa**	as in *s*upport
શ	**sha**	as in *sh*ut

The pronunciation of ષ in group 3 and શ in this group is the same, 'sh', although written differently in different words.

14 Write the following words and pronounce them loudly:

naṭ **ka-paṭ** **ṭa-pak** **maṭ**

15 Now to form additional words we can combine letters from groups 1–5 (1–3 from the first lesson and 4 and 5 from this one).

નખ	**nakh**	ટળ	**ṭaḷ**
લડ	**laḍ**	બડબડ	**baḍ-baḍ**
લટ	**laṭ**	બટન	**ba-ṭan**
લત	**lat**	વતન	**va-tan**
		વન	**van**
		હળ	**haḷ**
		બળ	**baḷ**

16 Now combine letters from all six groups to form more words. (Check the glossary for meanings.)

રસ	**ras**	સફર	**sa-phar**
સરસ	**sa-ras**	બરફ	**ba-raph**
તરસ	**ta-ras**	નરમ	**na-ram**
વર	**var**	રમત	**ra-mat**

17 *Solve the following puzzles:*

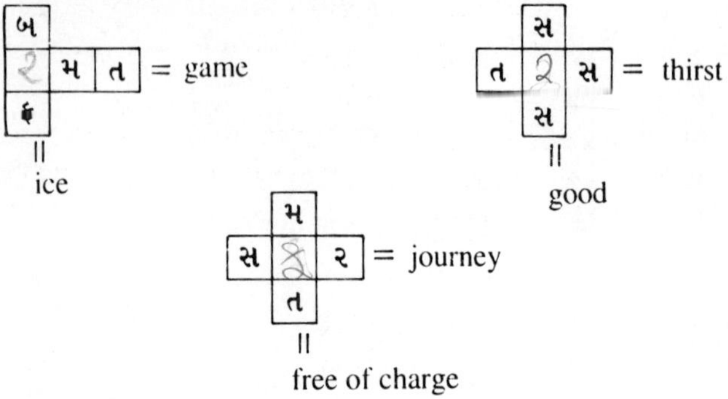

Additional vocabulary

Numbers 1–20

1	**ek**	11	**a-gi-yār**
2	**be**	12	**bār**
3	**traṇ**	13	**ter**
4	**chār**	14	**chaud**
5	**pā̃ch**	15	**pan-dar**
6	**chha**	16	**soḷ**
7	**sāt**	17	**sat-tar**
8	**āṭh**	18	**a-ḍhār**
9	**nav**	19	**og-ṇis**
10	**das**	20	**vis**

Days of the week

Monday	**somvār**	Friday	**shukravār**
Tuesday	**mangaḷvār**	Saturday	**shanivār**
Wednesday	**budhvār**	Sunday	**ravivār**
Thursday	**guruvār**		

Fruit and nuts

ba-dām (*f*)	almond	**ṭe-ṭi** (*f*)	melon
sa-phar-jan (*n*)	apple	**mo-sam-bi** (*n*)	orange
jar-dā-ḷu (*n*)	apricot	**shing** (*f*)	peanuts

ke-ḷũ (*n*)	banana	**a-na-nas** (*n*)	pineapple
kā-ju (*m*)	cashew nuts	**pis-tā̃** (*n*)	pistachio
kha-jur (*f*)	date	**dā-ḍam** (*n*)	pomegranate
an-jir (*n*)	fig	**kis-mis** (*f*)	raisin
draksh (*f*)	grapes	**akh-roṭ** (*n*)	walnut
jām-phaḷ (*n*)	guava	**tar-buch** (*n*)	watermelon
ke-ri (*f*)	mango		

Time

paḷ (*f*)	moment	**sā̃j** (*f*)	evening
se-kand (*f*)	second	**aṭh-vā-ḍi-yũ** (*n*)	week
mi-niṭ (*f*)	minute	**pakh-va-ḍi-yu** (*n*)	fortnight
ka-lāk (*m*)	hour	**ma-hi-no** (*m*)	month
di-vas (*m*)	day	**va-ras** (*n*)	year
rāt (*f*)	night	**pu-nam** (*f*)	full moon day
sa-vār (*f*)	morning	**a-mās** (*f*)	no moon day
ba-por (*f*)	noon		

Asking and telling the time

keṭ-lā vā-gyā chhe?	What time is it?
ek vā-gyo chhe	it's one o'clock
be vā-gyā chhe	it's two o'clock
traṇ vā-gyā chhe	it's three o'clock
...	
bār vā-gyā chhe	it's twelve o'clock

vāg-vũ means 'to strike'.
sa-vā means 'quarter-past one' but is also used as 'quarter-past...': e.g. **sa-vā-be** quarter-past two; **sa-vā-traṇ** quarter-past three, etc.
sā-ḍā is used for 'half-past . . .': e.g. **sā-ḍa traṇ** half-past three; **sā-ḍā-chār** half-past four, etc. (*Do not* use the combination **sā-ḍā ek** or **sā-ḍā be,** as Gujarati has the separate words **do-ḍh,** meaning 'half-past one', and **a-ḍhi** meaning 'half-past two'.)
po-ṇā means 'three-quarters' and is used for 'quarter to...': e.g. **po-ṇā be** quarter to two; **po-ṇā tran** quarter to three, etc. (Another peculiarity is the use of **po-ṇo** for 'quarter. . . to one' rather than **po-ṇā ek**.)

3 સાથે ખરીદી કરવા ગુજરાતી શાકાહારી રેસ્ટોરંટમાં જમણ

Planning a shopping trip Eating out in a Gujarati vegetarian restaurant

In this lesson you will learn about:

- Negative formations in present and future tenses
- Forming questions
- Gujarati food
- Numbers 21–40
- The script: four more lessons

Planning a shopping trip

Two girls, Rina and Rita, plan a shopping trip followed by dinner at a restaurant

Ri-nā:	ri-ṭā. tũ kyā̃ jāy chhe?
Ri-ṭā:	sha-her-mā̃. tũ sā-the ā-vish?
Ri-nā:	hā-hā. chāl. pa-he-lā̃ tho-ḍi krist-mas-ni kha-ri-di ka-ri-shũ. pa-chhi man-dir-mā̃ ja-mi-shu.
Ri-ṭā:	shũ? man-dir-mā̃? ko-nā mandir-mā̃? ka-yā dharm-nũ chhe?
Ri-nā:	ri-ṭa, ek sā-the keṭ-lā sa-vā-lo pu-chhish? sā̃-bhaḷ. e nām-ni shā-kā-ha-ri res-ṭo-ranṭ chhe. sa-ras ja-maṇ ā-pe chhe.
Ri-ṭā:	keṭ-lũ dur chhe?
Ri-nā:	a-re sṭe-shan-ni pā-sej chhe. oks-pharḍ sṭriṭ-mā̃ kha-ri-di ka-ri-shũ ne tyā̃ ja-mi-shũ.

Rinā:	*Where are you going, Rita?*
Riṭā:	*To the city. Would you like to come with me?*
Rinā:	*Of course! Come on. First we will do some Christmas*

	shopping and then go for a meal at the Mandir.
RIṬĀ:	*What? Mandir? The temple? Which temple?*
RINĀ:	*You ask too many questions. Listen, Mandir is the name of a vegetarian restaurant and they make good food there.*
RIṬĀ:	*How far is it?*
RINĀ:	*Oh, it's just near the station. We will do our shopping in Oxford Street and then go there and eat.*

Vocabulary

chāl	come on (*lit.* walk)	**keṭlā**	how many
shaher (*n*)	city	**savāl** (*m*)	question
sāthe	together	**āp**	give
pahelā̃	first	**dur**	far
thoḍi	a bit	**pāse**	near
pachhi	then	**are!**	oh!
mandir (*n*)	temple	**tyā̃**	there
shũ	what	**jam**	eat
konā	whose	**nām** (*n*)	name
kayā	which	**jamaṇ** (*n*)	meal
dharm (*m*)	religion	**puchh**	ask
koṇ	who	**sā̃bhaḷ**	listen

Grammatical notes

Asking questions

3.1 You can see from the dialogue that there are two ways of asking questions, either by *changing the intonation* as:

ā hāth chhe This is a hand.
ā hāth chhe? This is a hand?

3.2 Or by using the interrogative pronouns or adjectives. These words fall into two categories, variables and invariables. The variables change according to number and gender. The invariables, as their name indicates, always remain the same.

3.3 *Variables*

(a)	Which	**ka-yo**	**ka-i**	**ka-yũ**	**ka-yā**	**ka-yā̃**
		(*m sg*)	(*f sg/pl*)	(*n sg*)	(*m pl*)	(*n pl*)
(b)	What	**sho**	**shi**	**shũ**	**shā**	**shā̃**
		(*m sg*)	(*f sg/pl*)	(*n sg*)	(*m pl*)	(*n pl*)
(c)	How much/many	**keṭ-lo**	**keṭ-li**	**keṭ-lũ**	**ket-lā**	**ket-lā̃**
		(*m sg*)	(*f sg/pl*)	(*n sg*)	(*m pl*)	(*n pl*)
(d)	What type of	**ke-vo**	**ke-vi**	**ke-vũ**	**ke-vā**	**ke-vā̃**
		(*m sg*)	(*f sg/pl*)	(*n sg*)	(*m pl*)	(*n pl*)

3.4 *Invariables*

kyā̃	where	
kem	why, how	
koṇ	who	
kyā-re	when	**[see R9]**

Examples

(a) **ā ka-yo ras-to** (*m sg*) **chhe?**
Which is this road?
ā ka-i ba-ju (*f sg*) **chhe?**
Which side is this?
ā ka-yũ kām (*n sg*) **chhe?**
What work is this? (*lit.* Which is this work?)
ā ka-yā māṇ-so (*m pl*) **chhe?**
Who are these men? (*lit.* Which are these men?)
ā ka-yā̃ gha-ro (*n pl*) **chhe?**
Which are these houses?

(b) **sho bhāv** (*m sg*) **chhe?**
What is the rate?
shi vāt (*f sg*) **chhe?**
What is the story?
shũ kām (*n sg*) **chhe?**
What is the work?
shā bhāv (*m pl*) **chhe?**
What are the rates?

shā kā-mo (*n pl*) **chhe?**
What are the jobs to be done? (What works are there?)

(c) **keṭ-lo loṭ** (*m sg*) **jo-i-e chhe?**
How much flour do you need?
keṭ-li vār (*f sg*) **tha-she?**
How much time will it take?
keṭ-lũ mo-ṭũ ma-kān (*n sg*) **chhe?**
How big is the house?
keṭ-lā or-ḍā (*m pl*) **chhe?**
How many rooms are there?
keṭ-lā jhā-ḍo (*n pl*) **chhe?**
How many trees are there?

(d) **ke-vo mā-ṇas** (*m sg*) **chhe?**
What type of man is he?
ke-vi ba-nā-vaṭ-ni gha-ḍi-yāḷ (*f sg*) **chhe?**
What type of watch is it?
ke-vũ kām (*n sg*) **chhe?**
What type of work is it?
ke-vā ras-tā (*m pl*) **ba-nā-ve chhe?**
What type of roads (do) they build?
ke-vā̃ jhā-ḍo (*n pl*) **u-ge chhe?**
What type of trees are growing?

Exercises

1 Pair off the words in column A with those in column B, checking the meanings in the glossary.

A	*B*
saras	**be**
shaher	**dur**
shākāhāri	**gām**
pāse	**kharāb**
savāl	**mā̃sāhāri**
ek	**javāb**

2 Which are the odd words out in the following:

(a)	**pahelã**	**pachhi**	**sāthe**	**shaher**
(b)	**thoḍũ**	**ghaṇũ**	**vadhāre**	**dharm**
(c)	**koṇ**	**sā̃bhaḷ**	**kayā**	**shũ**

3 Translate into Gujarati:

Where are you going, Ramesh? Is it very far? It is just near Victoria. I will do my shopping there.

4 Correct the following:

ā ka-yo ghar chhe? pensilno shi bhāv chhe? riṭāno nāk nānũ chhe paṇ ā̃kh moṭo chhe. tũ āvũ chhe?

5 Make the appropriate re-arrangements of the following words to make Gujarati sentences:

(a) **chhe shahernũ kayā?**
(b) **karishũ divāḷini kharidi thoḍi**
(c) **ā chhe mandir dharmnũ kayā?**
(d) **jāie chāl pahelã shahermã.**

6 Pose the questions to these answers:

(a) **ahī̃ jamaṇ āpe chhe.**
(b) **a riṭā chhe.**
(c) **prakāsh, gitā ane bhānu sāthe āve chhe.**
(d) **gharthi nishāḷ dur chhe.**

Eating out in a vegetarian restaurant

Rina and Rita have done their shopping and are now in the restaurant

RI-NĀ: kem ri-ṭā, ke-vi ja-gā chhe?
RI-ṬĀ: sa-ras chhe. jā-ṇe bhā-rat-mā̃j chhi-e em lā-ge chhe.
RI-NĀ: hā. san-git paṇ bhā-ra-tiy chhe. ra-vi-shan-kar-ni si-tār vā-ge chhe.

RI-ṬĀ:	hũ e-mā̃ ba-hu sa-maj-ti na-thi. o-ho. ā to ghaṇũ chhe. roṭ-li, dāl, bhāt, shāk, ka-ṭhoḷ, chaṭ-ṇi, rā-i-tũ, a-thā-ṇũ, sa-mo-sā, ane mi-ṭhā-i-mā̃ shi-khanḍ paṇ chhe.
RI-NĀ:	ba-rā-bar jam. ā-khi thā-ḷij ma-gā-vi chhe. bi-jũ kā̃-i jo-i-e chhe?
RI-ṬĀ:	nā-re. āj va-dhā-re chhe. ba-dhũ khuṭ-she paṇ na-hī̃.

RINĀ:	*Well, Rita, how do you like the place?*
RIṬĀ:	*It's very good. It feels like India.*
RINĀ:	*Of course. Even the music is Indian. It is Ravishankar's sitar.*
RIṬĀ:	*I don't know much about music. Wow! Chapati, lentil soup, rice, vegetables, pulses, chutney, salad, pickles, samosas. And there is even shikhand as a sweet.*
RINĀ:	*Eat well. I asked for the full Thali. Do you want anything else?*
RIṬA:	*No. Even this is too much. I can't eat all this.*

Vocabulary

jagā (*f*)	place
jāṇe	as if
bhārtiya	Indian (**Bharat** India)
sitār (*f*)	stringed instrument
vāg	play (musical instrument)
bahu	much
samajti nathi	don't follow
nathi	not
ghaṇũ	much
roṭli (*f*)	Indian bread, chapati
dāḷ (*f*)	soup made from lentils
bhāt (*m*)	rice
shāk (*n*)	vegetables
chaṭṇi (*f*)	spicy hot paste, chutney
rāitũ (*n*)	salad with yoghurt
athāṇũ (*n*)	pickle
miṭhāi (*f*)	sweet (i.e. any sweet dish)
shikhanḍ (*m*)	a sweet made from yoghurt, sugar and dried fruits
barābar	properly
ākhi	full
magāvi	asked for
bijũ kā̃i	anything else (*lit.* second something)
joie	want
vadhāre	much more
khuṭ vũ	to finish
kaṭhoḷ (*n*)	pulses

Grammatical notes

Negation in present and future tenses

3.5 In the *present tense* the negation is shown by changing the verb **chhe** (is) to **na-thi** (is not). But the important difference between the two constructions is that **chhe** changes into forms like **chhi-e**, **chho**, while **na-thi** remains the same.

Person	*Singular*	*Plural*	*Person*	*Singular*	*Plural*
I	**hũ chhũ**	**a-me chhi-e**	I	**hũ na-thi**	**ame na-thi**
II	**tũ chhe**	**ta-me chho**	II	**tũ na-thi**	**ta-me na-thi**
III	**te chhe**	**te-o chhe**	III	**te na-thi**	**te-o na-thi**

3.6 In the **future tense** the negation is shown by adding the word **na-hi** to the future form.

Person	*Singular*	*Plural*
I	**hũ ho-ish**	**a-me-ho-i-shũ/ha-shũ**
II	**tũ ho-ish/ha-she**	**ta-me ha-sho**
III	**te ha-she**	**te-o ha-she**

Person	*Singular*	*Plural*
I	**hu ho-ish na-hĩ**	**a-me ha-shũ/ho-i-shũ na-hĩ**
II	**tũ ho-ish/ha-she na-hĩ**	**ta-me ha-sho na-hĩ**
III	**te ha-she na-hĩ**	**te-o ha-she na-hĩ**

Exercises

7 Re-arrange the following into four groups of four words connected by meaning:

roṭli	**kyã̄**	**bharatiya**	**bhāt**
puchhish	**sangit**	**jamish**	**shũ**
sitār	**karish**	**keṭli**	**tablã̄**
dāl	**kon**	**āvish**	**shāk**

8 Fill in the blanks by translating the words in parentheses:

ā sureshnũ ________ (house) **chhe. emā̃** ________ (six) **orḍā chhe.** **kāle tyā̃ rekha** ________ (will come). **rekhā** ________ (of India) **chhe.** **banne bahār** ________ (will go) **ane** ________ (shopping) **karshe.**

9 Translate into Gujarati:

(a) This is a good house.
(b) Will you come with Rajesh?
(c) I will not go to London.
(d) Where is the room?

10 Change the following into negative sentences:

(a) **sulemān paisādār chhe.**
(b) **hũ kāle āvish.**
(c) **rādha gharmā̃ chhe.**
(d) **teo kāle shahermā̃ āvshe.**

11 Correct the following passage:

hũ emā̃ samajti nathi chhe. ghaṇi māṇas āvi chhe. kāle koṇ āv sho khabar. āje chhokrā paṇ jaish.

12 Write a short dialogue in Gujarati on a visit to a restaurant.

Script

For those sounds that have no equivalent in English, listen to the cassette for the correct pronunciation.

Group 7

દ	**da**	(no equivalent in English)
ઘ	**gha**	(as in *gh*ost)

ધ	**dha**	as in *th*us
છ	**cha**	as in *ch*urch
ઇ	**i**	as in *i*t

13 Write and then pronounce the following words (the letters are all from groups 1–7). The meanings can be found in the glossary.

das	**ghan**	**dhan**	**chhat**	**i-yal**
had	**ghar**	**vadh**	**ka-i**	

Group 8

જ	**ja**	pronounced like *Ge* in *Ge*rman

There are no other letter shapes similar to જ in Gujarati.

14 Write and then pronounce the following words:

pha-raj	**jaḍ**
sa-phar-jan	**bhaj**
jay	**jash**
jam	**taj**

Go to the glossary for the meanings.

Group 9

ગ	**ga**	as in *f*og
ણ	**ṇa**	(no equivalent in English)
ઝ	**jha**	(no equivalent in English)
ચ	**cha**	as in *v*oucher
અ	**a**	as in *u*p

15 Write and pronounce the following words:

gaṇ	**paṇ**
jha-gaḍ	**rach**
chaḍ	**gaḍh**
a-ḍak	**a-na-nas**
ja-gat	

Group 10

ઉ, ઊ	**u**, **ū** as in p*u*t

The difference between ઉ and ઊ exists in the script only. The pronunciation is the same.

Now we can combine all the letters from groups 1–10 to make some new words:

ઉપર	**u-par**	ઊંચક	**ũ-chak**
ઊઠ	**uṭh**	ઊખડ	**u-khad**
ઊન	**un**	ઊછળ	**u-chhal**
ઊતર	**u-tar**	ઊજવ	**u-jav**
ઉઘાડ	**u-ghād**		

Additional vocabulary

Numbers 21–40

21	**ek-vis**	31	**e-kat-ris**
22	**bā-vis**	32	**bat-ris**
23	**te-vis**	33	**te-tris**
24	**cho-vis**	34	**cho-tris**
25	**pa-chis**	35	**pā̃-tris**
26	**chhav-vis**	36	**chha-tris**
27	**sat-tāv-vis**	37	**sā-ḍat-ris**
28	**aṭ-ṭhā-vis**	38	**a-ḍat-ris**
29	**o-gaṇ-tris**	39	**o-gaṇ-chā-lis**
30	**tris**	40	**chā-lis**

You will notice that the ending **-vis** (meaning 20) is common to all the numbers from 21 to 28, with the exception of 25 (**pa-chis**). **tris** (30) is common to all the numbers from 31 to 38, and including 35.

Food Kho-rāk

gha-ũ (*m pl*)	wheat	**roṭ-li** (*f*)	chapati
cho-khā (*m pl*)	rice	**dāḷ** (*f*)	pulses (soup)
dāḷ (*f*)	pulse	**bhāt** (*m*)	cooked rice
ma-kā-i (*f*)	corn	**shāk** (*n*)	vegetables

jav (*m*)	barley	**bhā-ji** (*f*)	green leafy vegetable
cha-ṇa (*m*)	gram	**khich-ḍi** (*f*)	rice and pulse cooked together
ka-ṭhoḷ (*n*)	pulse	**ka-ḍhi** (*f*)	buttermilk and gram flour soup
loṭ (*m*)	flour	**chaṭ-ṇi** (*f*)	chutney
tel (*n*)	oil	**a-thā-ṇũ** (*n*)	pickle
ghi (*n*)	purified butter	**ka-chum-bar** (*f*)	type of mixed salad
mā-khaṇ (*n*)	butter		
mā̃s (*n*)	meat		
māchh-li (*f*)	fish		
ī̃-ḍũ (*n*)	egg		
chā (*f, m*)	tea		
dā-ru (*m*)	wine, liquor		
pā-ni (*n*)	water		

4 ટેલિફોનમાં વાતચીત કપડાંની દુકાને

Telephone conversation
At a clothes shop

In this lesson you will learn about:

- The simple past tense
- Transitive and intransitive verbs
- **-ne** suffix as 'to'
- Adjectives: variable and invariable
- Joining vowels and consonants

Telephone conversation

Navin Patel is having a telephone conversation with his female friend, Naina Shah

NA-VIN: he-llo nai-nā, kā-le tũ ā-kho di-vas kyā̃ ha-ti? mẼ ā-kho di-vas phon ka-ryā paṇ ja-vā-baj na maḷ-yo.

NAI-NĀ: he-llo navin. gai kā-le hũ mā-mā-ne tyā̃ ha-ti. paṇ mẼ sā̃-je ta-ne phon ka-ryo tyā-re tũ paṇ ghar-mā̃ na ha-to.

NA-VIN: hā. hũ pa-chhi ba-jār-mā̃ ga-yo. kha-ri-di ka-ri. ba-hāraj ja-myo ne gher rā-te mo-ḍo ā-vyo.

NAI-NĀ: o-ho! shũ kha-ri-dyũ?

NA-VIN: khās kā̃-i na-hī̃. be kha-mis, be pāṭ-lun, hāth-ru-māl a-ne mo-jā̃ li-dhā̃. sas-tā̃ a-ne sa-rā̃ ha-tā̃. hāl-mā̃ ba-jār-mā̃ man-di chhe eṭle ba-dhe sel chā-le chhe.

NAI-NĀ: vāh! to hũ paṇ jai-sh. āv-je.

NA-VIN: āv-je.

NAVIN: *Hello, Naina. Where were you yesterday? I phoned several times but there was no reply.*

NAINĀ: *Hello, Navin. I was at* ***ma-ma****'s [maternal uncle's] place*

	yesterday. When I phoned you in the evening you were not at home either.
NAVIN:	*Well, I went to the market and did some shopping. I also ate out and got home late.*
NAINĀ:	*I see. What did you buy?*
NAVIN:	*Oh, nothing in particular. Two shirts and some trousers, handkerchiefs and socks. They were good and cheap. With this recession there are sales everywhere.*
NAINĀ:	*Wow! In that case I'll say goodbye and go shopping myself.*
NAVIN:	*Goodbye.*

Vocabulary

ākho	whole	**nahī̃**	not
divas	day	**hamṇā**	nowadays, at the moment
sā̃j	evening		
rāt	night	**khamis**	shirt
savāl	question	**pāṭlun**	trousers
javāb	answer	**hāthrumāl**	handkerchief
māmā	uncle (mother's brother)	**mojā̃**	socks
		hālmā̃	nowadays (same meaning as **hamṇā̃**)
tyā̃	at (*lit.* there)		
maḷyo	received (**maḷ** also means 'meet')		
		mandi	recession
		sel	sale
bajār	market	**vāh!**	wow!
moḍo	late	**khās kā̃i nahī̃**	nothing in particular
khās	special		
kā̃i	something		

Grammatical notes

Past tense

4.1 Unlike the simple present and simple future tenses the verbal forms in the past change according to the gender of the subject.

chāl to walk

Person		*Singular*	*Plural*
I	Masculine	**hũ chā-lyo**	**a-me chā-lyā**
	Feminine	**hũ chā-li**	**a-me chā-lyā̃**
	Neuter	**hũ chā-lyũ**	**a-me chā-lyā̃**
II		**tũ chā-lyo** (*m*), **tũ chā-li** (*f*), *etc.*	
III		**te chā-lyo** (*m*), **te chā-li** (*f*), *etc.*	

[see R15]

4.2 You can see that the plural forms do not change much (except the nasalization at the end) and the forms are the same for all three persons. Compare this with the singular where the masculine forms end with **-o** and the feminine and neuter end with **-i** and **-yũ** respectively.

Intransitive verbs

4.3 Intransitive verbs do not require a direct object. Frequently used verbs like **uṭh** (get up), **doḍ** (run), **has** (laugh), **maḷ** (meet), **āv** (come), **shikh** (learn) and **bhaṇ** (study) employ the past tense in a similar way and are all intransitive verbs. The verb **jā** (go) becomes **ga-yo** in the past tense, i.e. **j** is converted to **g** throughout. Otherwise the same rule applies as with **chāl** above. So this first group of verbs are formed as follows:

Person	*Singular*	*Plural*	
I, II, III	Masculine	r* + **yo**	r + **yā**
	Feminine	r + **i**	r + **yā̃**
	Neuter	r + **yũ**	r + **yā̃**

Here *r* represents the root of the verb.

4.4 The verb **bes** (to sit) is changed to **beth** in the past tense and only gender suffixes are added, not the usual **-y-** suffix: **be-ṭho**, **be-ṭhi**, **be-ṭhũ**, *etc.*

4.5 The verb **ho** (to be) changes to **hat**, and again the gender suffixes are added rather than the past tense suffix **-y-**: **ha-to**, **ha-ti**, **ha-tũ**, *etc.*

4.6 The verb **thā** (to become) changes to **tha** and then the past tense suffix **-y-** *and* the relevant gender suffixes are added: **tha-yo**, **tha-i** (and *not* **tha-yi**), **tha-yũ**, *etc.*

All these verbs are intransitive, i.e. they do not require a direct object in the sentence.

Transitive verbs

4.7 Transitive verbs, which do require a direct object, have an additional feature in the past tense. The subject also undergoes a change in the ending and it is the number and gender of the object that determines the verb, not the subject:

mẼ koṭ (*m*) **mu-kyo**	I put the coat
mẼ ṭo-pi (*f*) **mu-ki**	I put the cap
mẼ kha-mis (*n*) **mu-kyũ**	I put the shirt

4.8 Changing the subject's gender or number makes no difference in the verb formation.

4.9 Transitive verbs also affect the personal pronouns:

Person	*Singular*	*Plural*
I	**hũ** becomes **mẼ**	**a-me** remains the same
II	**tũ** becomes **tẼ**	**ta-me** remains the same
III	**te** becomes **te-ṇe**	**te-o** becomes **tem-ṇe/te-o-e**

4.10 Nouns used as subjects in transitive verbs add the suffix **-e** in the past tense: e.g.

na-vi-ne kā-gaḷ (*m*) **la-khyo.** Navin wrote a letter.
nai-nā-e kā-gaḷ (*m*) **vā̃-chyo.** Naina read the letter.

4.11 Some of the most common transitive verbs are: **khā** (eat), **pi** (drink), **lakh** (write), **vā̃ch** (read), **jo** (see), **kar** (do), **dho** (wash), **muk** (put), **āp** (give), **le** (take).

4.12 The verbs **khā** and **pi** take **-dh** and not **-y-** as a suffix in the past tense, *before* the number and gender suffix is added. As these are transitive verbs they agree with the object and not the subject.

mẼ lāḍ-vo (*m sg*) **khā-dho.** I ate a laddu.
mẼ lāḍ-vā (*m pl*) **khā-dhā.** I ate laddus.

mẼ roṭ-ḷi (*f sg*) **khā-dhi.** I ate a chapati.
mẼ roṭ-li-o (*f pl*) **khā-dhi.** I ate chapatis.
mẼ a-thā-ṇũ (*n sg*) **khā-dhũ.** I ate a pickle.
mẼ a-thā-ṇā̃ (*n pl*) **khā-dhā̃.** I ate pickles.

4.13 The verb is not affected if you change the personal pronouns **mẼ** to **tẼ**, **ta-me**, or proper nouns like **navine** or **naināe**.

4.14 The past tense for **pi** is conjugated in the same way: **pi-dho**, **pi-dhi**, **pi-dhũ**, etc.

Exercises

1 Change the following sentences into the past tense:

(a) **hũ ā-je lan-ḍan-mā̃ chhũ.**
(b) **tũ kā-le ni-shāḷ-mā̃ āv-she.**
(c) **ta-mā-ri pā-se pai-sā chhe.**
(d) **sa-tish la-tā-ne gher phon kar-she.**
(e) **reh-mān a-ne sa-ki-nā sā-the bha-ṇe chhe.**
(f) **sā-i-man chop-ḍi-o kha-rid-she.**

2 Fill in the blanks with appropriate words:

ā-je ra-vi-vār (is) _______ **(chhe/chhie). gai kā-le** (Saturday) _______ **(budh-vār/sha-ni-vār) ha-to. āv-ti kā-le som-vār** (will be) _______ **(hoi-shũ/ha-she). ā-je hũ ba-hār** (will go) _______ **(ja-sho/jaish) a-ne ba hā-raj** (will eat) _______ **(jam-shũ/ja-mish).**

3 Translate into Gujarati:

(a) I purchased a pair of socks.
(b) I phoned you yesterday.
(c) William went to Ahmedabad.
(d) Reshma studied Gujarati in India.
(e) She will write a letter.
(f) I ate vegetables and rice.

4 Re-arrange the following to make Gujarati sentences:

(a) **chhũ hũ ka-rũ kām gha-ṇũ.**
(b) **na-thi pā-se kā-gaḷ e ta-mā-ri.**
(c) **kāle khā-dhũ chi-kan sal-mā-ne sa-ras.**
(d) **ā-vish tyā̃ mā-re kā-le tũ?**
(e) **ā-vi tyā-re su-re-khā hũ na ghar-mā̃ ha-to.**
(f) **jam-yo pa-chhi no-ka-re kap-ḍā̃ dho-yā̃ te.**

5 Pair off the appropriate words in column A with those in column B.

A	*B*
ba-jār	**sā̃j**
kha-mis	**kāl**
di-vas	**pāṭ-lun**
āj	**kha-ri-di**
ghar-mā̃	**ba-hār**

6 Invent a simple telephone conversation in Gujarati (about six exchanges) inviting a friend for dinner.

7 Correct the following passage:

ta-me mā-ri sā-the āv-ti kā-le ā-ve chhe? hũ ba-jār-mā̃ ja-sho. pa-chhi kha-ri-di kar-tā a-ne sā-the ja-myā. ma-jā pa-ḍyo.

At a clothes shop

Naina goes to a clothes shop

DU-KĀN-DĀR: na-mas-te ben. ā-vo.

NAI-NĀ: na-mas-te bhā-i. ham-ṇā̃ to ta-mā-ri du-kān-mā̃ sel chhe, na-hĩ? kā̃-i na-vũ chhe?

DU-KĀN-DĀR: hā-ji. ā na-vi sā-ḍi-o chhe. sut-rā-u, resh-mi ṭe-ri-lin, ṭe-ri-kÕ-ṭan-mā̃ ba-dha ran-go-mā̃ chhe. di-zā-in paṇ na-vi chhe.

NAI-NĀ: sa-ras. mā-re roj-nā vap-rāsh mā-ṭe ṭe-ri-kO-ṭa-n jo-i-e chhe. paṇ ba-hu mÕ-ghi na-hĩ hõ.

DU-KĀN-DĀR: ā ju-o. kā lej māl ā-vyo. sāv na-vi di-zā-i-no chhe. rang paṇ ma-jā-nā chhe.

NAI-NĀ: hā. paṇ ā-mā̃ ā-chhā gu-lā-bi rang-ni na-thi? ā-to ba-dhā ghE-rā chhe.

DU-KĀN-DĀR: o-ho! tam-ne ā-chho gu-lā-bi rang ga-me chhe. e-mā̃ to gha-ṇi ḍi-zā-in chhe. phool a-ne pān keṭ-lā̃ sun-dar lā-ge chhe. pot paṇ sa-ras chhe.

NAI-NĀ: hā! ma-ne paṇ ā sā-ḍi ga-mi. paṇ sel-nā bhāv-mā̃ āp-sho-ne?

DU-KĀN-DĀR: a-re ben, ā to tad-dan na-vo māl chhe. sel-ni sā-ḍi-o to pe-lā vi-bhāg-mā̃ chhe. pan tam-ne das ṭa-kā vaḷ-tar ā-pish. gha-rāk-no san-tosh ej a-mā-ro mud-rā-lekh chhe.

NAI-NĀ: bhale. ā ā-po.

SHOPKEEPER: *Hello. Welcome.*

NAINA: *Hello. There is a sale on in your shop, isn't there? Have you anything new?*

SHOPKEEPER: *Yes, madam. There are some new sarees. They are available in cotton, silk, terylene and terycotton in all colours. Even the designs are new.*

NAINA: *Excellent. I want something in terycotton for daily use, but not too expensive.*

SHOPKEEPER: *Have a look at these. They have just arrived. The designs are completely new and the colours are lovely.*

NAINA: *Yes, but haven't you got something in light pink? These are very dark colours.*

SHOPKEEPER: *Oh, I see. You want light pink. We have many designs in that colour. This one with flowers and leaves is beautiful. The texture of the cloth is excellent.*

NAINA: *Yes, I prefer this. But I would like it at sale price.*

SHOPKEEPER: *Madam, this is a new line. The sarees on sale are in the other section. But I will give you a 10 per cent discount. Customers' satisfaction is our motto.*

NAINA: *OK. Give me this one.*

Vocabulary

navũ	new	**achhā**	light
sutrāu	made of cotton (**sutar** cotton)	**ghErā**	dark
		gulābi	pink
reshmi	made of silk (**resham** silk)	**phool**	flower
		pān	leaves
ṭerilin	terylene	**pot**	texture
ṭerikoṭan	terycotton	**gami**	liked (**gam** like)
rang	colour	**bhāv**	rate
dizāin	design	**taddan**	completely, totally
rojnā vaprāsh maṭe	for daily use	**pelā**	that
roj	daily	**ṭakā**	per cent
vaprāsh	use	**vaḷtar**	concession
māṭe	for	**gharāk**	customer
mÕghi	costly, expensive	**santosh**	satisfaction
māl	goods	**bhale**	OK, all right
āvyo	received (**āv** come)	**mudrālekh**	motto
		oho!	I see!
sāv	completely, totally	**are!**	oh dear!
		dukāndār	shopkeeper (**dukān** shop)
majānā	lovely, enchanting		

Colloquial notes

4.15 Notice that the shopkeeper adds **-ji** to the word **hā.** This is the polite form and is also used to show respect for the elderly or those who are especially revered:

mā-tā-ji	mother
pi-tā-ji	father
rā-jā-ji	king
si-tā-ji	the goddess Sita

4.16 The suffix **-ne** after **āp-sho** emphasizes the request. It is colloquial and mainly used in the future tense to make a polite request, as in:

ja-sho-ne.	Would you please go.
kar-sho-ne.	Would you please do.
le-sho-ne.	Will you please take it.

4.17 However, the **-ne** suffix is more frequently used as a case suffix to express the 'to' form:

ta-ne/tam-ne	to you	
am-ne	to us	
nai-nā-ne	to Naina	
ma-ne	to me	**[see R18, R20]**

Grammatical notes

The adjectives

4.18 The adjectives **na-vo** (new), **mÕgho** (costly), **ma-jā-no** (good), **āchho** (light in colour), **ghEro** (dark in colour), **ghaṇo** (much) are all *variable* and the ending changes according to the number and gender of the qualifier:

na-vo māl (*m sg*)	new goods
na-vi sā-ḍi (*f sg*)	new saree
na-vũ kā-paḍ (*n sg*)	new cloth
na-vā̃ kap-ḍā̃ (*n pl*)	new clothes

4.19 Adjectives like **sa-ras** (very good) and **sun-dar** (beautiful) are *invariables* and so can be used for all numbers and genders without changing. For convenience, they are marked as (*v*) or (*inv*) in the glossary at the end of the book. **[see R10]**

Exercises

8 Translate into English:

kris-mas pa-chhi-no sel kā-le sha-ru tha-she. gha-ṇi na-vi sā-ḍi-o paṇ ha-she. pa-chis ṭa-kā vaḷ-tar maḷ-she. ga-yā var-se paṇ sel ha-to paṇ

te-mā̃ vaḷ-tar o-chhũ ha-tũ. to paṇ kha-ri-di va-dhu ha-ti. ā var-se man-di chhe eṭ-le lo-ko kha-rid-tā na-thi.

9 Write six Gujarati sentences about what you will do tomorrow.

10 Re-arrange the following into four groups of four words connected by meaning:

ahī̃	reshmi	divas	upar
terikOṭan	āvshe	ṭerilin	jashe
sā̃j	sutrāu	savār	āvyo
rāt	niche	gayo	tyā̃

11 Change the following as indicated:

(a) **ma-ne ā rang gam-to na-thi.** (affirmative)
(b) **ā-je ba-jār-mā̃ sel chhe.** (negative)
(c) **ā nai-nā-nũ ghar ha-tũ.** (future)
(d) **gai kā-le na-vin ba-hār ja-myo.** (future)
(e) **ā ra-maṇ-lāl-ni du-kān chhe.** (question)
(f) **du-kān-dā-re sā-ḍi ve-chi.** (present)

12 Write full answers to the questions below after reading the passage which follows:

(a) **vi-pi-ne ko-ne sā-the li-dhi?**
(b) **ban-ne kyā̃ ga-yā̃?**
(c) **shā mā-ṭe reh-mān-ne tyā̃ ga-yā̃?**
(d) **tem-ṇe reh-mān-ne shũ ā-pyũ?**

vi-pin sā̃-je gher ga-yo. sar-lā-ne sā-the li-dhi. ban-ne reh-mān-ne tyā̃ ga-yā̃. reh-mān mā̃-do ha-to. te-ni kha-bar pu-chhi. phaḷ a-pyā̃. pachhi ban-ne gher ā-vyā̃.

13 Use the following verbs in the past tense in all persons, genders and numbers:

kar khā jo uṭh bes

Script

Gujarati vowels are shown by the addition of signs above, below, before or after the consonants. The ten Gujarati vowel signs are:

ા	**ā**	ે	**e**
િ	**i**	ૈ	**ai**
ી	**ī**	ો	**o**
ુ	**u**	ૌ	**ou**
ૂ	**ū**	ં	sign for nasalization

For example:

ક	**ka**	ખ	**kha**	ગ	**ga**
કા	**kā**	ખા	**khā**	ગા	**gā**
કિ	**ki**	ખિ	**khi**	ગિ	**gi**
કી	**kī**	ખી	**khī**	ગી	**gī**
કુ	**ku**	ખુ	**khu**	ગુ	**gu**
કૂ	**kū**	ખૂ	**khū**	ગૂ	**gū**
કે	**ke**	ખે	**khe**	ગે	**ge**
કૈ	**kai**	ખૈ	**khai**	ગૈ	**gai**
કો	**ko**	ખો	**kho**	ગો	**go**
કૌ	**kou**	ખૌ	**khou**	ગૌ	**gou**
કં	**kam**	ખં	**kham**	ગં	**gam**

The traditional order of the alphabet used in Gujarati dictionaries largely follows the Sanskrit alphabet.

Vowels: અ આ ઇ ઈ ઉ ઊ એ ઐ ઓ ઔ અં

Consonants:

ક	ખ	ગ	ઘ	
ચ	છ	જ	ઝ	
ટ	ઠ	ડ	ઢ	ણ
ત	થ	દ	ધ	ન
પ	ફ	બ	ભ	મ
ય	ર	લ	વ	
શ	ષ	સ		
હ	ળ			

14 Copy the following sentences as neatly as possible:

(a) શરદ, જમણ જમ.
અકબર, ગરમ મગ ઝટ જમ.
કનક, ઉપર ન ચઢ.
રમણ, ઈયળ ન પકડ.
અહમદ, પગ પર મલમ ઘસ.

(b) લતા બાગમાં કામ કરે છે.
રવિવારે રજા હોય છે.
વૈદની દવા સારી અસર કરે છે.
મરચું તીખું લાગે છે.
આ મારો અંગૂઠો છે.

Additional vocabulary

rang	*Colours*	rang	*Colours*
lāl	red	**nā-ran-gi**	orange
pi-ḷo	yellow	**jāmb-li**	purple
vād-ḷi	blue	**kā-ḷo**	black
li-lo	green	**so-ne-ri**	golden
gu-lā-bi	pink	**ghE-ro**	dark
sa-phed/dho-ḷo	white	**ā-chho**	light
jām-bu-ḍi-o	violet		

5 સ્ટેશન તરફ
સ્ટેશન પર

Finding your way to the station
At the station

In this lesson you will learn about:

- The three simple tenses (revision)
- Asking and receiving directions
- Duplicative forms
- **ja** for emphasis
- Personal pronouns with suffixes
- The conjuncts (script lesson)
- Numbers 81–100 and beyond

Finding your way to the station

Jenny, an American tourist, asks a young woman, Vanita, for directions to the station

JE-NI:	māph kar-jo ben, paṇ sṭe-shan-no ras-to ka-yo chhe?
VA-NI-TĀ:	a-hī̃-thi si-dhā ja-sho eṭ-le chār ras-tā āv-she. tyā̃ ḍā-bi bā-ju va-ḷi ja-sho. pa-chhi tho-ḍũ chāl-sho eṭ-le jam-ṇi bā-ju ra-mat-nũ me-dān de-khā-she. e me-dān pu-rũ thāy eṭ-le pā-chhā chār ras-tā āv-she. tyā̃ ras-to o-ḷang-sho a-ne jam-ṇi bā-ju ja-sho. sā-mej sṭe-shan chhe.
JE-NI:	ba-hu dur chhe? bas maḷ-she?
VA-NI-TĀ:	nā, nā. pā-sej chhe. bas maḷ-she paṇ vār lāg-she. ek bas ham-ṇā̃j ga-i.
JE-NI:	Em. to pa-he-lā̃ si-dhā, pa-chhi ḍā-bi bā-ju ne pa-chhi jam-ṇi bā-ju, ba-rā-bar?
VA-NI-TĀ:	hā. ta-me ba-rā-bar yād rā-khyũ. āv-jo.
JE-NI:	ā-bhār, ben. āv-jo.

JENNY:	*Excuse me, but which road do I take for the station?*
VANITĀ:	*Go straight ahead until you reach the crossroads then turn left. Walk a little way and you will find a big playground on the right. At the end of the playground you will find another crossroads. Go straight across, and turn right and walk a little further. You will see the station just opposite.*
JENNY:	*It is very far? Can I take a bus?*
VANITĀ:	*Oh, no. It's quite near. You can get a bus but it will take time. You have just missed one* [lit. *one bus has just left*].
JENNY:	*I see. So I first go straight ahead, then take the left and then the right.*
VANITĀ:	*Yes, that's right* [lit. *you have remembered correctly*]. *Goodbye.*
JENNY:	*Thanks. Goodbye.*

Vocabulary

māph kar-jo	excuse me
ras-to	road
si-dhā	straight
chār ras-tā	crossroads (*lit.* four roads)
ḍā-bi bā-ju	on the left (*lit.* left side)
jam-ṇi bā-ju	on the right (*lit.* right side)
ra-mat-nũ me-dān	playground (**ra-mat** play)
de-khā-she	will see
pu-rũ	complete
pā-chhā	again
o-ḷang	cross
vār lāg-she	will take time
ba-rā-bar	OK
yād	remember
ā-bhār	thank you

Grammatical notes

Duplicative forms

5.1 Gujarati contains a peculiarity that has to be learned. It is the repetition or addition of words. This odd form sometimes supplements the original meaning, sometimes is used for emphasis and even occasionally changes the meaning altogether. It can be an 'echo' word, or it can be a seemingly meaningless word (although with a similar sound to the original), or even a different word with an extended meaning.

In the dialogue later in this lesson you will find the sentence

	ahī̃ shũ shũ joyũ?
Literally:	Here what what (you) saw?
Meaning:	How many (places) did you see?

In the same dialogue is the sentence **ṭikiṭ kyā̃ maḷshe?** meaning 'Where will I get the ticket?' If you duplicate the word **kyā̃** to form **ṭikiṭ kyā̃ kyā̃ maḷshe** it means 'From how many places will I (be able to) get the ticket?'

These duplicative forms will be discussed further as they arise in the following lessons. **[see R38]**

ja

5.2 Notice the use of **ja** in **pāsej** and **ham-nā̃j**. (When attached to a word the final **a** is dropped.) The word **pāse** means 'near' but when **ja** is added it means 'very near' or 'just near'. **ham-ṇā̃** means 'now' but the addition of **ja** turns it into 'just now'.

hũ ghar-mā̃ chhũ. I am at home (*lit.* I am in the home).
hũ ghar-mā̃j chhu. I am *definitely* at home.
te ghar-mā̃ na-thij. He is *definitely* not at home.
ā kha-mis ā du-kān-mā̃j maḷ-she. (You) will find this shirt *only* in this shop.

5.3 If you change the position of **ja** in a sentence then the emphasis, and thus the meaning, also changes:

ā ras-to kha-rāb chhe. This is a bad road.
āj ras-to kha-rāb chhe. Only this road is bad (whereas others are good).
ā ras-toj kha-rāb chhe. It is only the road which is bad (implying the *car* is good).
a ras-to kha-rābaj chhe. This road is particularly bad (and others may be better).

a ras-to kha-rāb chhej. This road is undoubtedly bad (whatever has been said to the contrary).

5.4 The stress on the above sentences is always on the word to which **ja** is added.

Exercises

1 Pair off the words in column A with the appropriate ones in column B, having regard to gender and number:

A	*B*
mo-ṭũ	**ras-to** (*m sg*)
gha-ṇi	**phu-lo** (*n pl*)
nā-no	**ba-he-no** (*f pl*)
sā-rā̃	**sā-ḍi** (*f sg*)
ā-chhā̃	**me-dān** (*n sg*)
kā-ḷi	**ran-go** (*m pl*)

2 Someone asks you the way to the shopping centre. Using the following words write five sentences giving him/her directions.

a-hī̃ tyā̃-thi si-dhũ ḍa-bi jam-ṇi pa-chhi

3 Translate into English:

som-vā-re sā̃-je hũ ba-hār nik-ḷyo tyā-re var-sād na ha-to. ṭha-ḍi paṇ ba-hu na ha-ti. ras-tā-ni ban-ne bā-ju sa-ras jhād ha-tā̃. hũ gha-ṇũ chā-lyo. pa-chhi ek ja-gā-e kO-phi pi-dhi. pā-chho pha-ryo tyā-re rāt-nā nav vā-gyā ha-tā.

4 Make sense of the following by re-arranging the words:

ME-GI: ja-shũ ba-hār ban-ne? āp-ṇe
JON: ja-rur hā chā-lo paṇ? ja-shũ kyā̃
ME-GI: bā-ju? rā-ṇi-nā ja-shũ ma-hel āp-ne
JON: paṇ hā lo-ko gha-ṇa ha-she tyā̃
ME-GI: ja-gā to chhe kevi? man-dir-ni voṭ-pharḍ-nā
JON: hā chhe sa-ras shānt a-ne ja-gā e chā-lo

5 Using the past tense, describe in five sentences your visit to a restaurant.

6 Fill in the blanks by translating the words in parentheses:

(a) **ā** ________ (one) **vāk-ya-mā̃** ________ (three) **bhu-lo chhe.**
(b) **ta-mā-rā ghar-thi man-dir** ________ (how much) **dur chhe?**
(c) ___ ___ (on the left) **vaḷ-sho eṭ-le sṭe-shan de-khā-she.**
(d) **ṭi-kiṭ O-phis** ________ (where) **chhe?**
(e) **lan-ḍan-ni bas** ________ (from where) **maḷ-she?**

7 Correct the mistakes in the following passage:

mā-ri pā-se ghar chho. tā-ri pā-se ghar na-thi chho. hũ ke-ri-ni ras pi-dhũ. si-tā sṭe-shan ga-yũ na-thi? gā-ḍi mo-ḍo chhe ne bas va-he-lũ chhe. a-me be-sish.

At the station

Jenny reaches the station and asks for further directions

JE-NI: māph kar-jo bhāi, va-ḍod-rā-ni ṭi-kiṭ kyā̃ maḷ-she.

CHI-MAN-LAL: ma-ne kha-bar na-thi ben, paṇ ā sā-me ṭi-kiṭ-bā-ri-o chhe tyā̃ puchh-sho to va-ḍod-rā-ni ṭi-kiṭ-ni bā-ri ko-i-paṇ ba-tāv-she.

JE-NI: bha-le. ā-bhār.

[*je-ni ṭi-kiṭ-bā-ri-o pā-se jāy chhe*]

māph kar-jo ben, va-ḍod-rā-ni ṭi-kiṭ kyā̃ maḷ-she?

SA-KI-NA: chār nam-bar-ni bā-ri par. ta-me par-de-shi chho?

JE-NI: hā. hũ a-mer-ri-kan chhũ.

SA-KI-NA: em. sa-ras. a-hĩ shũ shũ jo-yũ?

JE-NI: hũ a-me-ri-kā-thi si-dhi dil-li ā-vi. tyā̃-thi āg-ra, ha-rad-vār. pa-chhi a-hĩ am-dā-vād ā-vi. ek aṭh-vā-ḍi-yũ guj-rāt-mā̃ pha-rish pa-chhi dak-shiṇ bhā-rat ja-ish.

SA-KI-NA: a-mā-ro desh sa-ras chhe. tam-ne ma-jā paḍ-she. pur-va a-ne pash-chim bhā-rat paṇ na chuk-sho. āv-jo.

JE-NI: chok-kas. ā-bhār. āv-jo.

JENNY:	*Excuse me. Where can I get a ticket for Baroda?*
CHIMANLAL:	*I don't know, but can you see those ticket windows? Just go and ask. Someone will tell you* [lit. *anyone will show you*].
JENNY:	*Right. Thanks.*

[Jenny goes to the ticket windows]

	Excuse me. Where can I get a ticket for Baroda?
SAKINA:	*At window 4. Are you a foreigner?*
JENNY:	*Yes. I'm American.*
SAKINA:	*Oh, how nice!* [typical Gujarati response] *Where have you been in India?* [lit. *What places have you seen?*]
JENNY:	*I came straight to Delhi. Then I went to Agra and Haradvar and then came here to Ahmedabad. I will be travelling around Gujarat for a week and then I go south.*
SAKINA:	*Our country is beautiful. You will enjoy it here. Don't miss the eastern and western parts of India. Goodbye.*
JENNY:	*Certainly. Thanks. Goodbye.*

Vocabulary

kha-bar na-thi	don't know (**khabar** news)	**ut-tar**	north
		dak-shiṇ	south
ko-i paṇ	anybody	**pur-va**	east
ba-tāv	show	**pash-chim**	west
par-de-shi	foreigner	**desh**	country
aṭh-vā-ḍi-yũ	week	**chuk**	miss
phar	move	**chok-kas**	certainly

Grammatical notes

Personal pronouns

The personal pronouns take case suffixes or, as in English, change form completely. Here they are in all three persons and numbers:

5.5 ***hũ*** *I* (first person singular)

hũ kām ka-rũ chhũ. I am doing the work.

ma-ne *to me*

ma-ne kām ā-po. Give me work.

mẼ *I* (used in past tense for transitive verbs; see lesson 4)

mẼ kām kar-yũ. I did the work.

mā-re *by me*

ā kām māre kar-vā-nũ chhe? Is this work to be done by me?

mā-rā-thi *by me* (in passive voice)

mā-rā-thi ā kām tha-she na-hĩ. The work will not be done by me.

mā-rũ *my*

ā mā-rũ kām chhe. This is my work.

mā-rā-mā̃ *in me*

mā-rā-mā̃ shi khā-mi chhe? Does the fault lie in me?

5.6 ***a-me*** *we* (first person plural)

a-me is the plural form of **hũ** and all the above follow the same rule: **ame, am-ne, ame, a-mā-re, a-mā-rā-thi, a-mā-rũ** and **a-mā-rā-mā̃.**

5.7 ***tũ*** *you* (second person singular)

Following the rule the second person singular, **tũ**, becomes **ta-ne, tẼ, tā-re, tā-rā-thi, tā-rũ, tā-rā-mā̃.**

5.8 ***ta-me*** you (second person plural)

The second person plural, **ta-me**, follows the same pattern as that for the first person plural: **tam-ne, ta-me, ta-mā-re, ta-mā-rā-thi, ta-mā-rũ, ta-mā-rā-mā̃.**

5.9 ***te*** *he, she, it* (third person singular)

te kām ka-re chhe. He/she/it is doing the work.

te-ne *to him, her, it*

te-ne kām ā-po. Give him/her/it work.

te-ṇe *he, she, it* (used in the past tense for transitive verbs: see lesson 4)

te-ṇe kām kar-yũ. He/she/it did the work.

te-nā-thi *by him, her, it* (in the passive voice)

te-nā-thi ā kām tha-she na-hĩ. The work will not be done by him, her, it.

te-nũ his, hers, its

a te-nũ-kām chhe. This work is her/hers (This is its work).

te-nā-mā̃ in him, her, it

te-nā-mā̃ shi khā-mi chhe? What fault lies in him/her/it?

5.10 *teo they* (third person plural)

teo-kām ka-re chhe. They are doing the work.

tem-ne to them

tem-ne kām ā-po. Give the work to them.

tem-ṇe they (used in past tense for transitive verbs)

tem-ṇe kām kar-yũ. They did the work.

tem-nā-thi by them (in the passive voice)

tem-nā-thi ā kām tha-she na-hī̃. The work will not be done by them.

tem-nũ their

a tem-nũ kām chhe. This is their work.

tem-nā-mā̃ in them

tem-nā-mā̃ shi khā-mi chhe? What fault lies in them?

[see R8, R9]

Personal pronouns with suffixes

Singular

I	**hũ** (I)	**ma-ne** (to me)	**mā-rā-thi** (by me)	**mā-ro** (*m*) **mā-ri** (*f*) **mā-rũ** (*n*) (my)	**mā-rā-mā̃** (in me)	**mẼ** (I) (for transitive verbs in the past tense)
II	**tũ** (you)	**ta-ne** (to you)	**tā-rā-thi** (by you)	**ta-ro** (*m*) **ta-ri** (*f*) **ta-rũ** (*n*) (your)	**tā-rā-mā̃** (in you)	**tẼ** (you) (for transitive verbs in the past tense)

III	**te** (he, she, it)	**te-ne** (to him/ her/it)	**te-nā-thi** (by him/ her/it)	**te-no** (*m*) **te-ni** (*f*) **te-nũ** (*n*) (his/her/its)	**te-nā-mā̃** (in him/ her/it)	**te-ṇe** (you) (for transitive verbs in the past tense)

Plural

I	**a-me** (we)	**am-ne** (to us)	**a-mā-rā-thi** (by us)	**a-mā-ro** (*m*) **a-mā-ri** (*f*) **a-mā-rũ** (*n*) (our)	**a-mā-rā-mā̃** (in us)	**a-me** (we) for transitive verbs in the past tense also (*no* change)
II	**ta-me** (you)	**tam-ne** (to you)	**ta-mā-rā-thi** (by you)	**ta-mā-ro** (*m*) **ta-mā-ri** (*f*) **ta-mā-rũ** (*n*) (your)	**ta-mā-rā-mā̃** (in you)	**ta-me** (you) for transitive verbs in the past tense also (*no* change)
III	**te-o** (they)	**te-o-ne/ tem-ne** (to them)	**te-o-thi/ tem-nā-thi** (by them)	**te-o-no/ tem-no** (*m*) **te-o-ni/ tem-ni** (*f*) **te-o-nũ/ tem-nũ** (*n*) (their)	**te-o-mā̃/ tem-nā-mā̃** (in them)	**te-o-e/ tem-ṇe** (they) (for transitive verbs in the past tense)

Exercises

8 Re-arrange the following in four groups of four words connected by meaning:

be	**ut-tar**	**si-dhũ**	**tyā̃**
phar	**pur-va**	**bes**	**chāl**
sā-me	**pā̃ch**	**dak-shiṇ**	**a-hī̃**
doḍ	**chār**	**pash-chim**	**nav**

9 Translate into Gujarati:

(a) I don't know whether there is a train today.
(b) Where can I get some good shirts?
(c) I will see beautiful places in this country.
(d) There are good playgrounds in Britain.
(e) My food was good but the coffee was very bad.
(f) Do you have much rain here?

10 Find the odd word in each group:

(a)	**hāth**	**pag**	**nāk**	**ras-to**
(b)	**roṭ-li**	**di-vas**	**dāḷ**	**bhāt**
(c)	**kā-le**	**mā-mā**	**mā-tā**	**pi-tā**
(d)	**bo-lyo**	**phuṭ-bOl**	**bol-she**	**bo-lish**

11 Change the following sentences as indicated:

(a) **me-dān-no ras-to ka-yo ha-she?** (past)
(b) **a-hī̃-thi char ras-tā keṭ-lā dur chhe?** (future)
(c) **ā-je gā-ḍi-o bandh ha-ti.** (present)
(d) **hũ som-vā-re ja-mũ chhũ.** (negative)
(e) **ras-to o-ḷan-gi-ne ḍā-bi bā-ju na ja-sho.** (affirmative)

12 Using the simple future tense, describe what you would do if you won a large sum of money.

13 Without referring to the glossary, list all the interrogative words you have learned and make sentences using each of them.

Script

Conjuncts

The joining of two consonants in Gujarati is achieved in various ways.

1 As previously mentioned, the Gujarati script is derived from the Devnagari script, in which there are two letters which, although they appear to be individual, are in fact conjuncts. The Gujarati script has retained both these letters. They are:

ક્ષ	**ksha**	જ્ઞ	**gna**

The first letter, ક્ષ, is made up of the two consonants **ka** and **sha.** The second is a combination of **ga** and **na.**

2 In English the complete letters are always used even when the sounds run into one another: for example, the letters *n* and *c* in the words *pencil* do not change even though together they form a close-linked sound. In Gujarati, however, the sound created by their conjunction is reflected in the written word, with the first letter losing half its shape.

The word **pensil** (the same in Gujarati as in English) is written **પેન્સિલ.** You will see that ન has lost its ા-like shape before joining with સ. All those letters which contain this ા shape lose it before joining to another full letter. Therefore, removing ા from ન leaves ન્. And similarly:

ખ	→	ખ્	ભ	→	ભ્
ગ		ગ્	મ		મ્
ઘ		ઘ્	ય		ય્
ચ		ચ્	લ		લ્
ણ		ણ્	વ		વ્
ત		ત્	શ		શ્
થ		થ્	ષ		ષ્
ધ		ધ્	સ		સ્
પ		પ્	ળ		ળ્

3 The remaining twelve letters of the alphabet are:

ક છ જ ઝ ટ ઠ ડ ઢ દ ફ ર હ

With the exception of દ, ર and હ, the letters follow a simple rule: always write them as close to one another as possible:

ak-kal	અક્કલ
chhyā-si	છ્યાસી
jyā̃	જ્યાં
dā-jhyo	દાઝ્યો
vā-ṭyũ	વાટ્યું
u-ṭhyo	ઊઠ્યો
u-ḍyũ	ઊડ્યું
va-ḍhyo	વઢ્યો
phlu	ફલ્યુ

4 When ટ, ઠ, ડ and ઢ are involved in conjunctions the letter is repeated, slightly smaller, underneath itself:

ṭaṭ-ṭu	ટટ્ટુ
aṭ-ṭhā-i	અઠ્ઠાઈ
uḍ-ḍa-yan	ઉડ્ડયન
ḍhaḍ-ḍho	ઢઢ્ઢો

5 દ combines in different ways with different letters:

દ + ય	**da + ya**	=	દ્ય	e.g.	વિદ્યા	**vid-yā**
દ + વ	**da + va**	=	દ્વ	e.g.	વિદ્વાન	**vid-vān**
દ + દ	**da + da**	=	દ્દ	e.g.	ઉદ્દામ	**ud-dām**
દ + ધ	**da + dha**	=	દ્ધ	e.g.	ઉદ્ધાર	**ud-dhār**

The sign ્ (known as **khoḍo**) is written underneath દ when it joins with the remainder of the letters. e.g.

દ + ગ	**da + ga**	=	દ્‌ગ	e.g.	ઉદ્‌ગમ	**ud-gam**
દ + ઘ	**da + gha**	=	દ્‌ઘ	e.g.	ઉદ્‌ઘાટન	**ud-ghā-ṭan**

6 The letter હ joins in the following ways:

હ + ય	**ha + ya**	=	હ્ય	e.g.	ડાહ્યો	**dā-hyo**
હ + મ	**ha + ma**	=	હ્મ	e.g.	બ્રાહ્મણ	**brāh-maṇ**

With all other letters the **khoḍo** sign is used.

7 There are at least six ways of joining the half letter: ર

(a) A ^ sign under the letter represents half ર :

ટ્ર	**ṭra**	e.g.	રાષ્ટ્ર	**rāsh-ṭra**

(b) A ⁄ sign is added in the following way:

ગ્ર	**gra**	e.g.	ગ્રાહક	**grā-hak**
પ્ર	**pra**	e.g.	પ્રવેશ	**pra-vesh**
ક્ર	**kra**	e.g.	ક્રિકેટ	**kri-keṭ**

(c) When the **r** sounds like **ru** a ૃ sign is used under the letter:

પૃ	**pru**	e.g.	પૃથ્વી	**pruth-vi**
કૃ	**kru**	e.g.	કૃતિ	**kru-ti**

(d) When the half ર is used between two consonants, a ` sign (known as **reph**) is written above the following letter:

આશીર્વાદ	**ā-shir-vād**
ધર્મ	**dharm**

(e) When ર joins with શ it is written as શ્ર:

શ્રી	**shri**
શ્રમ	**shram**

(f) Joined with ત, it is written ત્ર:

ત્રિકોણ	**tri-koṇ**
ત્રીસ	**tris**

Some of these conjuncts appear only infrequently; the others you will come across more often and learn gradually.

Additional vocabulary

Numbers 41–100 and above

41	**ek-tā-lis**	61	**ek-saṭh**
42	**be-tā-lis**	62	**bā-saṭh**
43	**te-tā-lis**	63	**te-saṭh**
44	**chum-mā-lis**	64	**cho-saṭh**
45	**pis-tā-lis**	65	**pā̃-saṭh**
46	**chhe-tā-lis**	66	**chhā-saṭh**
47	**suḍ-tā-lis**	67	**saḍ-saṭh**
48	**aḍ-tā-lis**	68	**aḍ-saṭh**
49	**o-gaṇ-pa-chās**	69	**o-gaṇ-sit-ter**
50	**pa-chās**	70	**sit-ter**
51	**e-kā-van**	71	**i-ko-ter**
52	**bā-van**	72	**bÕ-ter**
53	**te-pan**	73	**tÕ-ter**
54	**cho-pan**	74	**chum-mo-ter**
55	**pan-chā-van**	75	**pan-cho-ter**
56	**chhap-pan**	76	**chhÕ-ter**
57	**sat-tā-van**	77	**si-to-ter**
58	**aṭ-ṭhā-van**	78	**i-ṭho-ter**
59	**o-gaṇ-sāth**	79	**o-gan-Ẽ-shi**
60	**sā-ṭh**	80	**Ẽ-shi**

81	**E-kyā-shi**	91	**e-kā-nũ**
82	**byā-shi**	92	**bā-ṇũ**
83	**tryā-shi**	93	**trā-ṇũ**
84	**cho-ryā-shi**	94	**cho-rā-ṇũ**
85	**pan-chyā-shi**	95	**pan-chā-ṇũ**
86	**chhyā-shi**	96	**chhan-nu**
87	**sat-yā-shi**	97	**sat-tā-ṇũ**
88	**aṭ-ṭhyā-shi**	98	**aṭ-ṭhā-ṇũ**
89	**ne-vyā-shi**	99	**nav-vā-ṇũ**
90	**ne-vũ**	100	**so**

100	**ek so**	600	**chha-so**
200	**ba-so**	700	**sāt-so**
300	**traṇ-so**	800	**āṭh-so**
400	**chār-so**	900	**nav-so**
500	**pā̃ch-so**	1,000	**ha-jār**

With the exception of 200 (**ba-so**), the hundreds are formed in the same way as English with **ek**, **be**, **tran**, etc. placed before **so** (hundred). Other examples:

1,240	**ek ha-jār ba-so chā-lis**
3,399	**traṇ ha-jār traṇ-so nav-vā-ṇũ**

Directions

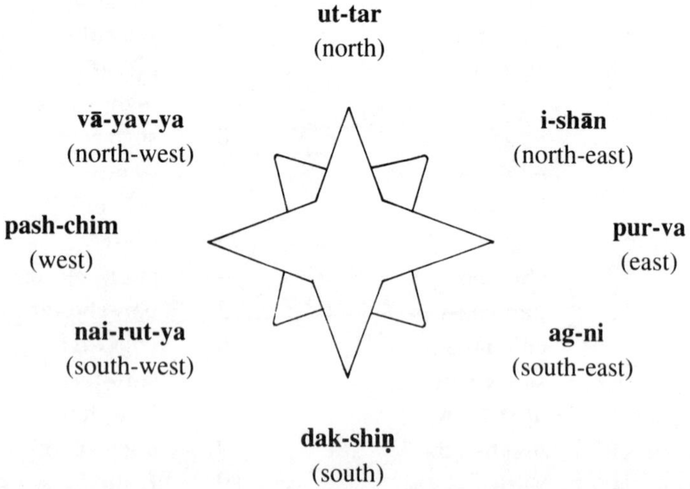

ઋતુઓ અને હવામાન *Seasons and weather*

પાનખર	autumn	શિયાળો	winter
વસંત	spring	ચોમાસું	monsoon
ઉનાળો	summer		

વાતાવરણ	atmosphere	વરસાદ	rain
આબોહવા	climate	તોફાન	storm
ધુમ્મસ	fog	પવન	wind
હિમ, ઝાકળ	frost	તડકો	sunshine
કરા	hailstones	ગાજવીજ	thunder
વીજળી	lightning		

Script revision

The purpose of this lesson is to look back over what we have learned about the script. The examples given will also contain new grammatical constructions which will be explained fully in future chapters. The main objective is to familiarize yourself with the letter shapes and vowel signs. Repeated practice of these examples will facilitate reading in the forthcoming lessons.

The examples are divided into vowel groups and are introduced in a graded way. Group A contains only the vowel અ, while group B adds આ. Each new group will include those vowels already studied, e.g. in addition to the introduction of new vowels group D will also contain those from groups A, B and C. This system is designed to help you proceed easily and systematically.

As Indian names are likely to be unfamiliar to some students there follows a list of all the proper nouns contained in this lesson:

Magan, Nayan, Akbar, Kanak, Amar, Manhar, Ratan, Latā, Mahmad, Ramā, Ramaṇ, Mamtā, Rām, Niti, Vijay, Saritā, Nirāli, Ramṇik, Punam, Sulemān, Anurādhā, Bhairavi, Kailās, Kanaiyālāl, Shailesh, Sheelā, Saiyad, Chaulā, Gauri.

Group A

All sentences in this group are made of words containing the vowel **a** અ.

1 મગન વજન કર.
ma-gan va-jan kar. Magan, weigh this.

2 નયન સરસ ગરમ મગ જમ.
na-yan sa-ras ga-ram mag jam. Nayan, eat good hot moong (lentils).

3 અકબર સરસ રમત રમ.
ak-bar sa-ras ra-mat ram. Akbar, play a good game.

4 કનક પગ પર તરત મલમ ઘસ.
ka-nak pag par ta-rat ma-lam ghas.
Kanak, rub the ointment on your leg quickly.

5 અમર સરસ ભણ.
a-mar sa-ras bhaṇ. Amar, learn well.

6 મનહર છ રકમ લખ.
man-har chha ra-kam lakh. Manhar, do (*lit.* write) six sums.

7 રતન હરણ ગણ.
ra-tan ha-raṇ gaṇ. Ratan, count the deer.

Group B

This group has **a + ā**, અ + આ, ા

1 આજ રજા કાલ પણ રજા.
āj ra-jā kāl paṇ ra-jā.
Today is a holiday, tomorrow is also a holiday.

2 લતા દાળ ભાત પાપડ ખા.
la-tā dāḷ bhāt pā-paḍ khā.
Lata, eat dal (a lentil soup) rice and a papadam.

3 મહમદ દાડમ લાવ.
mah-mad dā-ḍam lāv. Mahmad, bring a pomegranate.

4 રમા ઝાડ પર ચડ.
ra-mā jhāḍ par chaḍ. Rama, climb (on) the tree.

5 રમણ બરાબર કામ કર.
ra-maṇ ba-rā-bar kām kar. Raman, do your work properly.

6 મમતા મારા હાથ પકડ.
mamtā mā-rā hāth pa-kaḍ. Mamta, hold my hands.

7 રામ હરણ પાછળ ગયા.
rām ha-raṇ pā-chhaḷ ga-yā. Ram went after the deer.

Group C

This group has the additional vowels **i, ī**, ઇ, ઈ, િ ી.

1 નીતિ બસની ટિકિટ આપ.
ni-ti bas-ni ṭi-kiṭ āp. Niti, give (me) the bus ticket.

2 શનિવાર તથા રવિવાર રજાના દિવસ.
sha-ni-vār ta-thā ra-vi-vār ra-jā-nā di-vas.
Saturday and Sunday are holidays.

3 વિજય આવ.
vi-jay āv. Vijay, come in.

4 સરિતા હિસાબ ગણ.
sa-ri-tā hi-sāb gaṇ. Sarita, do (*lit.* count) the accounts.

5 શિકારી નદી આગળ હતા.
shi-kā-ri na-di ā-gaḷ ha-tā. The hunters were near the river.

6 નિરાલીના વિચાર સાચા હતા.
ni-rā-li-nā vi-chār sā-chā hatā. Nirali's thinking was correct.

7 રમણીક ઈયળ ન પકડ.
ram-ṇik i-yaḷ na pa-kaḍ.
Ramnik, do not pick up (catch) the worm.

Group D

Together with the previous vowels this group contains **u**, **ū**, ઉ, ઊ, ુ, ૂ

1 પૂનમ ઉપરથી ખમીસ લાવ.
pu-nam u-par-thi kha-mis lāv.
Punam, bring the shirt from upstairs.

2 પૂનાથી કાકાના કુશળ સમાચાર હતા.
pu-nā-thi kā-kā-nā ku-shaḷ sa-mā-chār ha-tā.
There was news from Poona that uncle was well.

3 સુલેમાન સકીનાને વધુ દૂધ ન આપ.
su-le-mān sa-ki-nā-ne va-dhu dudh na āp.
Suleman, do not give any more milk to Sakina.

4 ભસતા કૂતરા કરડતા નથી.
bhas-tā kut-rā ka-raḍ-tā na-thi. Barking dogs do not bite.

5 તબિયત માટે ઉપવાસ સારા.
ta-bi-yat mā-ṭe up-vās sā-rā. Fasting is good for (your) health.

6 કુદરતી ઉપચાર કર.
kud-ra-ti up-chār kar. Use natural medicines.

7 અનુરાધા વધુ આરામ કર.
a-nu-rā-dhā va-dhu ārām kar. Anuradha, rest (some) more.

Group E

The vowels **e** એ and **ai** ઐ are added.

1 ભૈરવી એક કેરી લે છે.
bhair-vi ek ke-ri le chhe. Bhairavi takes a mango.

2 કૈલાસ વિચાર કરે છે.
kai-lās vi-chār ka-re chhe. Kailas is thinking.

3 વૈદ વૈશાલીને દવા આપે છે.
vaid vai-shā-li-ne da-vā ā-pe chhe.
The doctor is giving medicine to Vaishali.

4 વરસાદ છે એટલે કેટલાક ન પણ આવે.
var-sād chhe eṭ-le keṭ-lāk na paṇ ā-ve.
As it is raining, some (people) may not come.

5 કનૈયાલાલ મુરલી વગાડે છે.
ka-nai-yā-lāl mur-li va-gā-ḍe chhe. Kanaiyalal plays the flute.

6 કાલે શૈલેશ અને શીલા અમેરિકા જશે.
kā-le shai-lesh a-ne shi-lā a-me-ri-kā ja-she.
Shailesh and Sheela will go to America tomorrow.

7 સૈયદને ઐતિહાસિક નવલકથા ગમે છે.
sai-yad-ne ai-ti-hā-sik na-val-ka-thā ga-me chhe.
Saiyad likes historical novels.

Group F

This group deals with **o**, **au**, ઓ, ઔ, ો, ૌ.

1 ભારતનો શિયાળાનો તડકો ઘણો સરસ હોય છે.
bhā-rat-no shi-yā-ḷā-no taḍ-ko gha-ṇo sa-ras hoy chhe.
India's winter sunshine is very nice.

2 રોહિતને સાથે લઈ ચૌલા બહાર ગઈ.
ro-hit-ne sā-the la-i chau-lā ba-hār ga-i.
Chaula went out with Rohit.

3 પોપ નૌકા જોઈ ખુશ થયા.
pop nau-kā jo-i khush tha-yā.
The Pope was delighted to see the ship.

4 અમર ઓટલેથી પડી ગયો.
a-mar oṭ-le-thi pa-ḍi gayo. Amar fell from the verandah.

5 કાલે મારા મોટા ભાઈ નાયગરાનો ધોધ જોવા જશે.
kā-le mā-rā mo-ṭā-bhā-i nāy-ga-rā-no dhodh jo-vā ja-she.
My elder brother will go to see Niagara Falls tomorrow.

6 નાઈલ નદી સૌથી મોટી છે?
nā-il na-di sau-thi mo-ṭi chhe? Is the Nile the biggest river?

7 ગૌરી સરસ ગીતો ગાય છે.
gau-ri sa-ras gi-to gāy chhe. Gauri sings beautiful songs.

Group G

Nasalization, indicated in the English transliteration by the sign ˜, is shown in the Gujarati script by ˙ above the relevant letter.

1 ચિંતા ન કરશો બધું સારું થશે.
chin-tā na kar-sho ba-dhũ sā-rũ tha-she.
Do not worry, everything will be all right.

2 હું ઘરમાં ગયો ને મેં ગંગાનો સંદેશો જોયો.
hũ ghar-mā̃ ga-yo ne mẼ gā̃-gā-no sā de-sho jo-yo.
I went inside the house and saw Ga-ga's message.

3 હિંમત રાખ ગોવિંદ.
himmat rākh go-vi-nd. Be brave (*lit.* take courage), Govind.

4 મંગળવારે બધું મંગળ જ થશે.
man-gaḷ-vā-re ba-dhũ man-ga-ḷaj tha-she.
Everything will be auspicious on Tuesday.

5 રવિવારે બૅન્ક બંધ હોય છે.
ra-vi-va-re bẼk bandh hoy chhe.

The bank is closed on Sundays.

6 નાનું છોકરું ઊંઘી ગયું.
nā-nũ chhok-rũ ũ-ghi ga-yũ. The young child fell asleep.

7 અહીં મારાં દાદીમાનો ફોટો છે.
a-hī̃ mā-rā̃ dā-di-mā-no pho-ṭo chhe.
Here is the photo of my grandmother.

Group H

This group gives some of the Gujarati conjuncts.

1 અક્ષરજ્ઞાન સૌથી મહત્ત્વનું છે.
ak-shar-gnān sau-thi ma-hat-va-nũ chhe.
Literacy is very important.

2 જોડાક્ષરો ચોખ્ખા લખવાનો અભ્યાસ કરો.
jo-ḍāk-sha-ro chok-khā lakh-vā-no abh-yas ka-ro.
Practise writing the conjuncts clearly.

3 વાક્ય શબ્દોનું બનેલું છે.
vāk-ya shab-do-nũ ba-ne-lũ chhe.
A sentence is composed of words.

4 સ્વરો અને વ્યંજનો પ્રથમ શીખવાં જરૂરી છે.
sva-ro ane vyan-ja-no pra-tham shikh-vā̃ ja-ru-ri chhe.
It is essential initially to learn the vowels and consonants.

5 ગુજરાતની અસ્મિતા માટે ગુજરાતી ભાષા શીખો.
guj-rāt-ni as-mi-tā mā-ṭe guj-rā-ti bhā-shā shi-kho.
Learn Gujarati to understand the identity of Gujarat.

6 ઈશ્વરલાલ ઈચ્છાબેન સાથે ગયા.
ish-var-lāl ich-chā-ben sā-the ga-yā.
Ishvarlal went with Ichhaben.

7 કર્મ કરો ફળની આશા ન રાખો.
kar-ma ka-ro phaḷ-ni ā-shā na rā-kho.
Work without hope of reward (saying from the Gita: *lit.* Do your work, do not hope for the fruits).

6 હોટેલમાં
જોવાલાયક જગ્યાઓ
At the hotel
Places worth visiting

In this lesson you will learn about:

- Imperative forms (કર, જો)
- Use of future forms for polite requests (like કહેશો, જશો)
- Auxiliary verbs (like જોઈએ છે) and infinitives (like કરવું)
- Present, past and future perfect

હોટેલમાં At the hotel

Jenny goes to Ahmedabad station, buys a ticket, reaches Baroda and gets a room in a hotel

જેની: મને વડોદરાની એક ટિકિટ આપશો? કેટલા પૈસા થશે? મારી પાસે પચાસ રૂપિયાની નોટ છે.

ક્લાર્ક: પંદર રૂપિયા પચાસ પૈસા. આ લો ટિકિટ અને પરચૂરણ. બરાબર ગણી લેશો.

જેની: હા. ને ગાડી કયા પ્લૅટફૉર્મ ઉપરથી અને ક્યારે ઊપડશે તે જરા કહેશો?

ક્લાર્ક: હા જી. ગાડી ચાર નંબરના પ્લૅટફૉર્મ પરથી ઊપડશે. તમે જલદી જશો કારણ કે એ પાંચ જ મિનિટમાં ઊપડશે.

જેની: આભાર.

[જેની પ્લૅટફૉર્મ પર જાય છે. ગાડી પકડે છે. વડોદરા પહોંચે છે. રિક્ષામાં બેસે છે. હોટેલમાં જાય છે.]

જેની: નમસ્તે. મારું નામ જેનિફર જોન્સ છે. મેં રૂમના રિઝર્વેશન માટે અમદાવાદથી ફોન કર્યો હતો.

ક્લાર્ક: નમસ્તે. હા જી. આપનો ૨૭ નંબરનો રૂમ છે. સ્વતંત્ર છે. બાથરૂમ, શાવર વગેરે બધું છે. આ માણસ તમને બધું બતાવશે. તમે કેટલા દિવસ રહેશો?

જેની: મોટે ભાગે આજની રાત રહીશ. કદાચ એકાદ રાત વધુ પણ થશે.

ક્લાર્ક:	કંઇ વાંધો નહીં. તમારો બીજો સામાન છે?
જેની:	ના, આ નાની બૅગ જ છે. હું વધુ સામાન સાથે મુસાફરી કરતી નથી.
ક્લાર્ક:	સરસ. કંઇ પણ તકલીફ હોય તો મને એક નંબર પર ફોન કરશો.
જેની:	આભાર.

JENNY: *Could I have a ticket for Baroda, please? How much does it cost? I have a fifty rupee note.*

CLERK: *Fifteen rupees and fifty paise. Here is your ticket and the change. Please check it* [lit. *please count it properly*].

JENNY: *Yes, it's OK. Can you tell me when the train leaves and from which platform?*

CLERK: *Yes. The train leaves from platform number four. Please hurry as the train leaves in five minutes.*

JENNY: *Thanks.*

[Jenny goes to the platform, catches the train, reaches Baroda, gets a rickshaw and goes to the hotel]

JENNY: *Hello. My name is Jennifer Jones. I phoned from Ahmedabad to reserve a room.*

CLERK: *Hello. Of course. Your room number is 27. It is a single room.* [lit. *independent*] *with bath and shower. This man will show you your room* [lit. *will show you all these things*]. *How long are you staying?*

JENNY: *Probably overnight but possibly an extra night.*

CLERK: *No problem. Have you got any luggage?*

JENNY: *Only this small bag. I travel light.*

CLERK: *Good. If you have any problems, just ring me on number one.*

JENNY: *Thanks.*

Vocabulary

પરચૂરણ	change	કારણ કે	because
પકડે છે	catches	મુસાફરી	journey
પહોંચે છે	reaches	રૂપિયા	rupees
આપનો	yours (honorific singular)	પૈસા	one hundredth of a rupee (also means 'money')
બતાવશે	will show		
તકલીફ	problem	રિક્ષા	a three-wheeled vehicle
મોટે ભાગે	mostly		

Grammatical notes

6.1 The verbal forms **આપશો**, **જશો**, etc. are actually future tense plural but are also used for the singular form. This turns the imperative into a request (without using 'please', which is implied).

6.2 The words **અને**, **ને** (and) **કારણ કે** (because) are conjunctions, which join two sentences. **[see R28]**

6.3 The word **આપ** comes from Hindi and is used in place of **તમે** in formal situations when showing respect, and treated as honorific plural.

6.4 In Gujarati, certain verbs require the additional supportive verb 'to be'. These are known as *auxiliary verbs*: e.g. **જોઈએ છે**, **કરે છે**, **બેસે છે** ('wants', 'does', 'sits' respectively). **[see R25]**

Perfect tenses

6.5 As in English, the perfect tense is formed by using the past in the first person singular, followed by the verb 'to be':

હું ઊઠ્યો છું	(I have got up) present perfect
હું ઊઠ્યો હતો	(I had got up) past perfect
હું ઊઠ્યો હોઈશ	(I shall have got up) future perfect

6.6 Transitive verbs need an object to complete the meaning. Intransitive verbs do not have this requirement, e.g.

તે પાણી રેડે છે.	She pours (verb) the water (object).
તે સૂએ છે.	She sleeps.

The verb ઊઠ is intransitive.

The verb કર (do) is a transitive verb. So હું changes to મેં (see lesson 4).

મેં કર્યું છે	present perfect
મેં કર્યું હતું	past perfect
મેં કર્યું હશે	future perfect

Exercises

1   Re-arrange the following into four groups of four words connected by meaning:

હાથ	પગ	માથું	એકાવન
ઊઠ	એકસઠ	પૈસા	બેસ
ઈકોતેર	પરચૂરણ	ચાલ	નોટ
રૂપિયા	દોડ	એક્યાશી	કાન

2   Pair off the words in A with those appropriate in B.

A	B
પંદર	બેગ
ગાડી	કદાચ
પૈસા	પચાસ
સામાન	લેશો
ચોક્કસ	બસ
આપશો	પરચૂરણ

3   Translate into English:

Today was sunday. I woke up late in the moning. Then I ate breakfast, washed TV, but nothing interesting.

આજ રવિવાર હતો. હું સવારમાં મોડો ઊઠ્યો હતો. પછી નાસ્તો કર્યો હતો. ટી.વી. જોયું, પણ ખાસ કંઈ ન હતું. છાપાંની દુકાને ગયો. છાપું ખરીધું. ઘેર પાછો આવ્યો. છાપું વાંચ્યું. ખાસ સમાચાર ન હતા. પછી થોડું બાગકામ કર્યું. સાંજે ગીતા આવશે. તેની સાથે બહાર જઈશ. અમે બહાર જમીશું.

Using conjunctions, write, on similar lines, what you did last Sunday.

4   Find the odd words in each group:

(a)	સસ્તું	મફત	બેન	કીમતી
(b)	ડુંગર	તળાવ	સરકાર	બાગ
(c)	ડાબી	સોમવાર	જમણી	સીધી
(d)	કયા	આભાર	કેટલા	ક્યારે
(e)	જલદી	ધીમે	બિલાડી	ચાલ

5 Here are some answers. What were the questions?

(a) આ ગાડી મુંબઇ જશે.
(b) વડોદરાની ટિકિટના પંદર રૂપિયા પચાસ પૈસા.
(c) આપનો ૨૭ નંબરનો રૂમ છે.
(d) તમારાં ખમીસ સાંજે મળશે.
(e) આમ તો ખાવાલાયક ઘણી ચીજો છે.

6 Correct the following passage:

હું ભૂખ્યો હતી. હુંને રોટલી ખાધું. શાક ખાતી. દાળભાત ખાધું. પછી પાણી પીધો. કૉફી પીધું. થોડો વાર ટીવી જોઇ. નિશાળનો ઘરકામ કરી. પછી સૂતું.

7 Your friend has come to your town/city for the first time. In five sentences tell him or her some places to visit, using perfect tenses.

જોવાલાયક જગ્યાઓ Places worth visiting

Jenny enquires about places worth visiting in and around Baroda and sets off on her journey

જેની: નમસ્તે, અહીં વડોદરામાં જોવાલાયક કઇ કઇ જગ્યાઓ છે?

ક્લાર્ક: નમસ્તે. આમ તો ઘણું બધું છે પણ કીર્તિ મંદિર, સૂરસાગર તળાવ, મ્યુઝિયમ, કામાટી બાગ, ન્યાયમંદિર વગેરે જગ્યાઓ ખાસ જોવા જેવી છે. નજીકમાં પાવાગઢનો ઊંચો ડુંગર છે તથા ડભોઇનો કિલ્લો પણ છે. આ લો. ગુજરાત સરકારના પ્રવાસ વિભાગની આ સચિત્ર માહિતીપત્રિકા છે. તેમાંથી આપને વધુ વિગતો મળશે.

જેની: આભાર. આ બધું તો સરસ છે. હું અત્યારે જ નીકળીશ. બપોરે જમીશ નહીં. બહાર નાસ્તો કરીશ. રાતે પણ મારા મિત્રને ત્યાં જમીશ.

ક્લાર્ક: કંઇ વાંધો નહીં. રૂમમાં કોઇ કિંમતી ચીજો નથી ને?

જેની: ના ના. કૅમેરા ને પર્સ તો મારી પાસે જ છે. હા, ને ધોબીને કહેશો કે મારાં કપડાં સાંજે આપે.

ક્લાર્ક: ચોક્કસ. ચિંતા ન કરશો. હું તેનું ધ્યાન રાખીશ. આવજો. સાચવીને જજો.

જેની: આવજો.

JENNY: *Hello. Which places are worth visiting in Baroda?*

CLERK: *Actually, there are several places* [*worth visiting*]. *But those of special interest are Kirti Mandir, Sursagar Lake, the Museum, Kamati Bag* [*Park*], *and Nyay Mandir* [*'Temple of Justice' = High Court*]. *Nearby there is the mountain Pavagadh and the fort of Dabhoi. Please take this Tourist Board* [*information*] *illustrated leaflet for more details.*

JENNY: *Thank you. All this is very useful and I will start right now. I will not have lunch. I'll have a snack on my way and dine at my friend's place in the evening.*

CLERK: *Very well. There is nothing valuable in your room?*

JENNY: *Oh no. The camera and the purse are with me. Please tell the laundryman to bring my clothes by this evening.*

CLERK: *Certainly. Please don't worry. I'll take care of that. Goodbye. Take care.*

JENNY: *Goodbye.*

Vocabulary

જોવાલાયક	worth seeing	સચિત્ર	with pictures (ચિત્ર picture)
જગ્યાઓ	places	અત્યારે જ	right now
ઘણું બધું	much more (duplicative form)	નાસ્તો	snacks
		કંઈ વાંધો નહીં	that's all right (*lit.* there is no objection)
ખાસ	specially		
નજીકમાં	nearby		
કિલ્લો	fort	કિંમતી	costly
તળાવ	lake	ધોબી	washerman, laundryman
ડુંગર	hill		
બાગ	park	સાચવીને જજો	take care
સરકાર	government	ચિંતા ન કરશો	please don't worry
પ્રવાસ વિભાગ	Department of Tourism	ધ્યાન રાખીશ	will take care of

Grammatical notes

6.7 In Gujarati the verbal root is the same as the form of the imperative, second person singular. All other suffixes are added to the root.

6.8 The infinitive form is the root + **વું**. Thus,

કર	do (imperative, also the verbal root)
તું કર	you do (imperative singular)
કરવું	to do (infinitive)

Similarly,

ખાવું	to eat
જોવું	to see
લેવું	to take etc.

[see R17]

6.9 From the infinitive **જોવું** we can form

જોવાલાયક	worth seeing

Similarly,

ખાવાલાયક	worth eating
લેવાલાયક	worth taking

6.10 You can use **જેવી** in place of **લાયક** and the meaning remains the same. Thus,

જોવા જેવી વસ્તુ	worth seeing thing (i.e. a thing worth seeing)
ખાવા જેવી વસ્તુ	worth eating thing
લેવા જેવી વસ્તુ	worth taking thing

The only difference in the usage of **લાયક** and **જેવી** is that **લાયક** is invariable. It does not change according to the number and gender of the qualifier, while **જેવી** has all the forms **જેવો** (*m*), **જેવી** (*f*), **જેવું** (*n*), – all singular – and **જેવા**, **જેવાં**, plural. As usual, **જેવી** (*f*) is used for both singular and plural. Thus,

આ કિલ્લો (*m sg*) **જોવા જેવો છે.** This fort is worth seeing.
આ કિલ્લાઓ (*m pl*) **જોવા જેવા છે.** These forts are worth seeing.
આ જગ્યા (*f sg*) **જોવા જેવી છે.** This place is worth seeing.
આ જગ્યાઓ (*f pl*) **જોવા જેવી છે.** These places are worth seeing.
આ તળાવ (*n sg*) **જોવા જેવું છે.** This lake is worth seeing.
આ તળાવો (*n pl*) **જોવા જેવાં છે.** These lakes are worth seeing.

The imperative forms

6.11 As mentioned previously, the imperative forms are also the roots of the verb in the second person singular form. The imperative forms can be used in the present tense or in the future tense but for obvious reasons cannot be used in the past tense. Nor can there be an imperative form in the first person singular or plural. Here are two examples.

કર do

Present tense

Person	*Singular*	*Plural*
II	તું કર	તમે કરો
III	તે કરે	તેઓ કરે

Future tense

II	તું કરીશ/કરશે	તમે કરશો
III	તે કરશે	તેઓ કરશે

પી drink

Present tense

Person	*Singular*	*Plural*
II	તું પી	તમે પીઓ
III	તે પીએ	તેઓ પીએ

Future tense

II	તું પીશ/પીશે	તમે પીશો
III	તે પીશે	તેઓ પીશે

Exercises

8 Translate into Gujarati:

(a) Please give me two apples and some grapes.
(b) What day is it today?

(c) Tomorrow I will be in New York.
(d) Is it a very expensive shirt?
(e) In 1990 I was in India.

9 FIll in the blanks with appropriate words:

મારી પાસે ______ (twenty-five) (પચીસ/પચાસ) રૂપિયા છે. હું ______ (five) (પંદર/પાંચ) રૂપિયા મારી નાની ______ (sister) (ભાઈ/બેન)ને આપીશ. દસ રૂપિયાનાં ______ (socks) (મોજાં/હાથમોજાં) ખરીદીશ. પાંચ રૂપિયાના ______ (fruits) (શાકભાજી/ફળો) ખરીદીશ. પછી મારી પાસે પાંચ રૂપિયા ______ (will have) (હશે/થશે). તેને હું ______ (good) (સારા/મારા) કામ માટે વાપરીશ.

10 Change the following imperative forms into polite requests and use them in six different sentences:

આપ	બેસ	જમ
લે	પી	જા

11 Read the passage below, then write full answers in Gujarati to the questions which follow.

મારા ઘરનું બારણું પૂર્વ દિશામાં છે. સામે રમણલાલ રહે છે. તેમનું બારણું પશ્ચિમ દિશામાં છે. હું રસ્તો ઓળંગીને તેમને ત્યાં ગયો. તેઓ કાલે ભારત જશે. મારો ભાઈ ભારતમાં રહે છે. તેને માટે થોડાં ખમીસ રમણલાલ સાથે મોકલીશ. થોડી બદામ પણ મોકલીશ.

(a) મારા ઘરનું બારણું કઈ દિશામાં છે?
(b) રમણલાલ ક્યાં જશે?
(c) તેમની સાથે હું શું મોકલીશ?
(d) કોને માટે મોકલીશ?

12 Give the missing directions in Gujarati:

ઉત્તર

(a) ? પૂર્વ

(b) ?

13 Make sense of the following dialogue by re-arranging the words:

હુસેનઃ જવાનું આજે આપણે છે ત્યાં મામાને.
સકીનાઃ પણ ખરીદી આપણે માટે. હતું જવાનું.
હુસેનઃ કરીશું ખરીદી કાલે. હતો ફોન મામાનો
સકીનાઃ શું છે કાંઈ? ખાસ
હુસેનઃ માંદાં મામી છે ખૂબ. છે આવ્યો તાવ
સકીનાઃ તો. તો પડશે જવું ચોક્કસ
હુસેનઃ થા. તૈયાર તું જલદી

14 Copy the followng words:

આકૃતિ	ઋતુ
પૃથ્વી	ક્ષમા
કર્યાં	ક્રિકેટ
ઈશ્વર	ચક્કર

15 Join the half letters in column A to the full letters in column B and try to form a word using that conjunct:

A	*B*
સ્	ત
સ્	ટ
ખ્	ય
ગ્	ય
વ્	ય

Additional Vocabulary

પક્ષીઓ અને પ્રાણીઓ/પશુઓ *Birds and animals*

રીંછ (*n*)	bear	કરચલો (*m*)	crab
ભેંસ (*f*)	buffalo	બગલો (*m*), બગલી (*f*)	crane
ઊંટ (*n*)	camel		
બિલાડી (*f*), બિલાડો (*m*), બિલાડું (*n*)	cat	મગર (*m*), મગરી (*f*)	crocodile
		કાગડો (*m*), કાગડી (*f*)	crow
નાગ (*m*)	cobra		
ગાય (*f*)	cow	કોયલ (*f*)	cuckoo

હરણ (*n*)	deer
કૂતરો (*m*), કૂતરી (*f*), કૂતરું (*n*)	dog
ગધેડો (*m*), ગધેડી (*f*), ગધેડું (*n*)	donkey
બતક (*n*)	duck
ગરુડ (*n*)	eagle
હાથી (*m*)	elephant
માછલી (*f*)	fish
દેડકો (*m*)	frog
બકરો (*m*), બકરી (*f*)	goat
ઘોડો (*m*), ઘોડી (*f*), ઘોડું (*n*)	horse
શિયાળ (*n*)	jackal
સમડી (*f*)	kite
ઘેટું (*n*)	lamb
સિંહ (*m*) સિંહણ (*f*)	lion
વાંદરો (*m*), વાંદરી (*f*), વાંદરું (*n*)	monkey
ઘુવડ (*n*)	owl
બળદ (*m*)	ox
પોપટ (*m*)	parrot
મોર (*m*)	peacock
ડુક્કર (*n*)	pig
કબૂતર (*n*)	pigeon
ટટ્ટુ (*n*)	pony
સસલું (*n*)	rabbit
સાપ (*m*)	serpent
ચકલી (*f*), ચકલો (*m*), ચકલું (*n*)	sparrow
હંસ (*m*), હંસી (*f*)	swan
વાઘ (*m*) વાઘણ (*f*)	tiger
કાચબો (*m*), કાચબી (*f*)	tortoise
ગીધ (*n*)	vulture
વરુ (*n*)	wolf
લક્કડખોદ (*n*)	woodpecker

7 જૂના મિત્રોની મુલાકાતે જગ્યાની શોધમાં

Meeting old friends
Looking for accommodation

In this lesson you will learn about:

- Pronouns: reflective (પોતે), interrogative (કોણ), demonstrative (આ, પેલું), indefinite (કોઈ)
- More duplicative forms
- Case suffix -થી
- Some idiomatic constructions
- Changing the end vowel in some words while adding suffixes

જૂના મિત્રોની મુલાકાતે Meeting old friends

Sharad and Nita are husband and wife. Their friends, Ranjan and her husband, Nalin, have come to see them

શરદ:	આવો આવો નલિનભાઈ. ઓહો, આજે તો રંજનબહેન પણ સાથે છે! તમે તો હમણાં દેખાતાં જ નથી!
નલિન:	કેમ છો શરદભાઈ. અમે વિચાર તો ઘણા દિવસથી કરતાં હતાં. પણ છેવટે આજે રંજને જ કહ્યું કે નીતાબહેનને ત્યાં જઈએ.
રંજન:	હા. તમે લોકો તો અમારું ઘર ભૂલી જ ગયાં છો!
શરદ:	એમ નથી. વચ્ચે નીતાને પણ ઠીક ન હતું. હું પોતે પણ માંદો હતો. શરદી, તાવ. નીતા, જો તો, કોણ આવ્યું છે?
નીતા:	(રસોડામાંથી આવે છે) ઓહો, રંજન, આજે તું ભૂલી પડી! આવો નલિનભાઈ. શું લેશો? ઠંડું, ગરમ?
નલિન:	જે આપશો તે. અમને તો બધું ચાલશે.
શરદ:	નીતા, ઠંડી છે એટલે ગરમાગરમ મસાલાની ચા બનાવ.
નીતા:	સાથે ભજિયાં પણ ચાલશેને?
રંજન:	એની તો એ કદી ના જ ન પાડે! ચાલ નીતા, હું અંદર આવું છું. તમે બંને વાતો કરો.
શરદ:	જોયું નલિન, એમને બંનેને ખાનગી વાતો કરવી છે એટલે કેવો રસ્તો

શોધ્યો!
રંજનઃ એમ કે! તો તમે બંને રસોડામાં જાવ. અમે અહીં બેસીશું.
નીતાઃ રહેવા દે રંજન! એ પ્રયોગ કરવા જેવો નથી!
[સૌ ખડખડાટ હસી પડે છે]

SHARAD: *Welcome, Nalinbhai. Oh, Ranjanben is also with you! We don't see much of you these days!*

NALIN: *How are you Sharadbhai. We were thinking (of coming to see you) for a long time but today Ranjan insisted that we go to see Nitaben.*

RANJAN: *Yes. You have forgotten our house completely.*

SHARAD: *It's not like that. Nita was not well, nor was I. I've had a cold and fever. Nita, look who is here!*

[Nita comes out of the kitchen]

NITA: *Oh, Ranjan! You've come after such a long time* [lit. *you lost your way today*]. *Welcome, Nalinbhai. What would you like? Something hot or cold?*

NALIN: *Whatever you like! Anything will be fine.*

SHARAD: *Nita, it's cold (outside). Prepare some hot tea* [*with spices: Masala tea*].

NITA: *And you won't mind* [*having*] *Bhajiyas with that.*

RANJAN: *He would never say no to that! Nita, I will come with you* [*to the kitchen*]. *You two can talk here.*

SHARAD: *Look at that, Nalin. They want to talk privately and they have found a way!*

RANJAN: *Is that so? Then you two can go into the kitchen. We will sit here!*

NITA: *Enough! This experiment* [i.e. the men doing the cooking] *is not worth it.*

[All laugh heartily]

Vocabulary

લોકો	people (here it is used as 'you two')	ઠંડું	cold
		ગરમ	hot
		મસાલાની ચા	tea with special spices
ભૂલવું	to forget		

ભજિયાં	spicy preparation of gram flour mixed with vegetables deep-fried in oil	પ્રયોગ	experiment
ચાલશે	OK, will do (*lit.* walk)	ખડખડાટ	heartily (when used with laugh; *lit.* with sound)
ખાનગી	private	હસી પડે છે	laugh (this is a compound verb, see notes)
શોધ્યો	found out		

Some idiomatic constructions

દેખાતાં જ નથી — have not seen you for ages!

ઘર ભૂલી ગયા છો — you have come after such a long time (*lit.* you have forgotten this house)

ભૂલી પડી — come after a long time (*lit.* you lost your way). The word પડ (*lit.* fall) always goes with ભૂલ in such phrases. The number and gender suffixes are added: e.g. શરદ ભૂલો પડ્યો, નીતા ભૂલી પડી etc.

હસી પડે છે — breaks into laughter. The verb પડ is used as a compound verb (see lesson 8) with various other verbs and rarely has the original meaning 'fall'.

ના જ ન પાડે — will never say no. The verb પાડ literally means 'make it to fall'.

Grammatical notes

Duplicative forms

7.1 આવો આવો — The verb આવો means 'come'. આવો is an honorific plural. When repeated it implies intimacy.

ગરમાગરમ — 'piping hot'. The word ગરમ means 'hot' and when repeated you can say ગરમગરમ or you can use ગરમાગરમ adding an આ between the two words.

[see R38]

Pronouns

7.2 In lesson 5 we studied *personal pronouns* such as હું, તું, તે, etc. In this dialogue the word **પોતે** is a *reflexive pronoun* meaning 'self'.

હું પોતે	I myself
તું પોતે	you yourself
તે પોતે	he/she himself/herself

Another word **જાતે** is also used in the same manner: **તે જાતે.**

7.3 We have already met interrogative pronouns like **કોણ** (who), **કઇ** (which), **શું** (what) and demonstrative pronouns like **આ** (this) (lesson 3). 'This' remains the same in all numbers and genders. **પેલું** (that) is variable and changes to **પેલો-પેલી-પેલું-પેલા-પેલાં** : e.g.

પેલો માણસ (*m sg*)	that person
પેલા માણસો (*m pl*)	those persons
પેલી છોકરી (*f sg*)	that girl
પેલી છોકરીઓ (*f pl*)	those girls
પેલું ઘર (*n sg*)	that house
પેલાં ઘરો (*n pl*)	those houses

[see R9]

7.4 The words **કોઇ** (some), **ઘણું** (much), **બધું** (all) are the *indefinite pronouns* we used in the previous lessons. **ઘણું** can join with **બધું** and form a duplicative form **ઘણું બધું**, meaning 'much more'. This pronoun varies according to the number and gender of the qualifier, while **કોઇ** is invariable:

કોઇ માણસ (*m*)	some person
કોઇ છોકરી (*f*)	some girl
કોઇ ઘર (*n*)	some house
ઘણા બધા માણસો (*m pl*)	many people
ઘણા બધી છોકરીઓ (*f pl*)	many girls
ઘણાં બધાં ઘરો (*n pl*)	many houses

7.5 The *suffix* **-*થી*** is known as the ablative case. It shows ablation, i.e. separation:

ઘણા દિવસ*થી*	since (for) so many days
ચાકુ*થી*	cut it with a knife
ભારત*થી* બ્રિટન આવ્યો	came to Britain from India

[see R18, R22]

Exercises

1 Fill in the blanks:

(a) (From Birmingham) ________ લંડન કેટલું દૂર છે?
(b) એ વખતે હું ________ (myself) હાજર હતો.
(c) મારે માટે ચા ________ (will do).
(d) (Those persons) ____ ____ ઘણું કામ કરે છે.
(e) હું લંડન ________ (came) ત્યારે બહુ ગુજરાતીઓ ________ (not) હતા.

2 Translate the following passage into English:

હું પોતે ગયા રવિવારે ગ્લાસગો હતો. ત્યાં વરસાદ ન હતો પણ ઠંડી ઘણી હતી. આજે લંડનમાં વરસાદ છે એટલે ઠંડી નથી. આજે સાંજે હું નીતિનને ત્યાં જઈશ. એ ગઈ કાલે લુટનથી આવ્યો છે. એ ત્યાં કામ કરે છે. કોઈ વાર જાતે શનિ-રવિ અહીં આવે છે. એ સરસ માણસ છે. અમે સાથે જમીશું.

3 There are odd words in the passage. Replace them with the correct words:

મારાં બાની ઉંમર (age) પંદર વર્ષની છે. તે રોજ નિશાળે જાય છે. ખૂબ ઠંડીમાં તેઓ બાગમાં બેસે છે. વરસાદ પડે છે ત્યારે બહાર ફરે છે.

4 Use the following constructions in different sentences:

(a) ના જ ન પાડે.
(b) આજે તમે જાતે ભૂલા પડ્યા.
(c) ખડખડાટ હસી પડી.
(d) બધું ચાલશે.

5 Re-arrange the following in four groups of four words connected by meaning:

ચા	કૉફી	ઠંડી	કઈ
બસો	પવન	દૂધ	છસો
કોણ	ચારસો	આ	પાણી
ગરમી	વરસાદ	આઠસો	શું

6 Write a short dialogue for the following scenario (using different pronouns).

Meeting a pen-friend on the station for the first time.

7 Correct the following passage:

આજે હું ઠીક નથી છું. મને તાવ આવ્યું છે. હું ખાધું નથી. દૂધ પીતો છું. સાંજે એક ફળ લેશો. રાતે દવા પીધું ને સૂતું. આવતી કાલે સવારે સારી થશો.

જગ્યાની શોધમાં Looking for accommodation

Champaklal and Maniben have come from India and are looking for accommodation. Ramlal owns a house with one flat for rent.

રામલાલ:	આવો ચંપકભાઈ, આવો માશી. બેસો. ચાબા પીશો?
ચંપકલાલ:	ના ના રામભાઈ. જરા ઉતાવળ છે. આ તો છગનભાઈ કહેતા હતા કે તમારો ઉપરનો ફ્લૅટ ખાલી છે.
રામલાલ:	હા. છગનભાઈએ કહ્યું કે ચંપકભાઈ ભારતથી આવ્યા છે અને મકાન શોધે છે.
ચંપકલાલ:	હા. ગુજરાતી લત્તામાં હોય તો તમારાં બહેનને ઠીક પડે. એને અંગ્રેજી આવડતું નથી.
રામલાલ:	કંઈ વાંધો નહીં. રમા આવી ત્યારે તેને પણ આવડતું ન હતું. હવે તો 'થેંક યુ', 'સૉરી' કહે છે! અત્યારે મંદિરે ગઈ છે.
મણિબહેન:	એમ. જગ્યા ઉપર છે?
રામલાલ:	હા. ચાલો ઉપર. આ જુઓ, બેઠક ખંડ. આ સૂવાનો ઓરડો. આ રસોડું છે. બાજુમાં નાની ઓરડી છે તેમાં વધારાનો સામાન રહેશે.
મણિબહેન:	ભાડું કેટલું છે?
રામલાલ:	તમારી પાસેથી વધારે લઈશ નહીં. સો પાઉન્ડ આપજો. લાઈટ, ગૅસ, પાણી ને ટેક્સના જુદા થશે.
ચંપકલાલ:	(મણિબહેનને) એ તો જે વાજબી હશે તે જ લેશે. (રામલાલને) નીચે તમે છો એ જ મોટી વાત છે. ચાલો, પછી તમને ફોન કરીશ. આવજો.
રામલાલ:	આવજો.

RAMLAL:	*Welcome Champakbhai. Welcome Mashi. Please take a seat. Would you like to have tea or something?*
CHAMPAKLAL:	*Oh no, Rambhai. We are in a bit of a hurry. Chhaganbhai told me that your upper flat is vacant.*
RAMLAL:	*Chhaganbhai told me that you have come from India and need accommodation.*

CHAMPAKLAL: *Yes. We would prefer to have it in a Gujarati area. My wife doesn't speak [know] English.*

RAMLAL: *No problem! When Rama came here she knew nothing. Now she can say 'thank you', 'sorry'! She has gone to the temple.*

MANIBEN: *I see. Is the flat on the first floor?*

RAMLAL: *Yes. Let's go ... This is the living room. This is the bedroom. This is the kitchen. You can keep your extra things in this boxroom.*

MANIBEN: *How much is the rent?*

RAMLAL: *I won't charge you much. £100 only. Electricity, water and gas bills and other expenses will be separate.*

CHAMPAKLAL: [to Maniben] *Whatever he charges will be reasonable.* [to Ramlal] *The most important thing is that you stay here. OK. I will phone you later. Goodbye.*

RAMLAL: *Goodbye.*

Vocabulary

માશી	elderly lady (*lit.* mother's sister. It is customary to say **māshi** to show respect)	ખાલી	vacant
		જગ્યા	place (here, accommodation)
		શોધે છે	is searching
		લત્તો	area
		ઠીક	OK
ચાબા	tea and/or something	આવડતું નથી	does not know
		નાની ઓરડી	boxroom (*lit.* small room)
ઉતાવળ	hurry		
ઉપરનો	upper	ભાડું	rent
ફ્લૅટ	flat	વાજબી	reasonable

Colloquial notes

Some idiomatic constructions

7.6 **તમારાં બહેન** 'my wife' (*lit.* your sister). The older generation would not use the name of wife or husband. They would say **તમારાં બહેન** or **તમારા ભાઈ** (your brother) as the case may be.

Grammatical notes

7.7 **ચાબા** This is a duplicative form. The letter બ is repeated after the original word with the same vowel added as that of the preceding letter:

> **પાણી** (water) will be **પાણીબાણી**
> **કામ** (work) will be **કામબામ**

The additional meaning it conveys is '... or something similar'.

ચા is tea, so **ચાબા** would be tea and/or something similar to tea (something like coffee, juice, etc.)

પેનબેન would mean a pen 'or something similar' to write with (e.g. a pencil). **[see R38]**

Change while adding a suffix

7.8 When adding a suffix the last letter of the word undergoes a change. The general rule is that if the word ends in **આ** or **ઈ** no alteration is necessary. But if the word, originally without any suffix, ends in **ઉં** or **ઓ**, it first changes to **આ** and then the suffixes are added. Thus:

> **રાજા** (king) ends with **આ**, therefore **રાજાએ** etc.
> **રાણી** (queen) ends with **ઈ**, therefore **રાણીને** etc.

But **કૂતરું** (dog) ends in **ઉં**, so **ઉં** changes to **આ**. Adding the suffixes results in **કૂતરાએ**, **કૂતરામાં**, etc. **ઘોડો** (horse) ends in **ઓ**, so **ઓ** changes to **આ**, and adding the suffixes results in **ઘોડામાં**, **ઘોડાથી**, etc.

Exercises

8 Choose the odd word out from each group:

(a)	કૂતરું	તાવ	ઘોડો	બિલાડી
(b)	માણસ	છોકરો	શરદી	છોકરી
(c)	ઓરડી	ઘડો	રસોડું	ઓરડો

(d)	નલિની	શરદ	નીતા	વિચાર
(e)	દૂર	અક્કલ	નજીક	પાસે

9 Translate the following sentences into Gujarati:

(a) He would never say no to that.
(b) Would you like to have tea or something similar?
(c) I want some residential accommodation.
(d) I have not seen you for a long time.
(e) Someone is at the door.

10 Add the suffixes from column B to the words in column A and form sentences (one for each word):

A	*B*
માણસ	-માં
રાજા	-ની
શરદી	-થી
રસોડું	-નો
ઘોડો	-નું
દિવસો	-ના

11 Using duplicative forms, write a short dialogue for the following scenario:

ફળોની દુકાનમાં ખરીદી

12 Change the following sentences as indicated:

(a)	મને આ ઘર ગમ્યું નથી.	(affirmative)
(b)	તમારી પાસે પૈસા છે?	(remove question)
(c)	કાલે હું નિશાળે જઈશ.	(present)
(d)	નીતાને ઠીક ન હતું.	(present)
(e)	રામલાલે ઘર બતાવ્યું.	(future)

13 Use the following phrases in sentences:

(a) એની ચિંતા ન કરશો
(b) કંઈ વાંધો નહીં

(c) ચાલો ત્યારે
(d) રસ્તો શોધ્યો

Translate your sentences into English.

14 Conjunct exercises. Write the following words:

નિશ્ચય	વર્તન	વિદ્યા
પશ્ચિમ	આશીર્વાદ	વિદ્યાર્થી
ડાહ્યો	જ્ઞાન	અક્કલ
કહ્યું	અજ્ઞાન	જુદ્દું

Note: the conjunct શ્ચ is always written શ્ચ (as it is taken directly from the Devnagari script).

Additional vocabulary

Family કુટુંબ

ભાઈ	brother	મામા	maternal uncle
ભાભી	brother's wife	બા	mother
ભત્રીજો	cousin (brother's son)	સાસુ	mother-in-law
		ફોઈ	paternal aunt
ભત્રીજી	cousin (brother's daughter)	કાકા	paternal uncle
		સગું	relative
ભાણેજ	cousin (sister's son/daughter)	બહેન	sister
		દીકરો, પુત્ર	son
દીકરી, પુત્રી	daughter	જમાઈ	son-in-law
વહુ, પુત્રવધૂ	daughter-in-law	સાવકા	step-(father, mother, etc.)
પિતા, બાપા	father		
સસરા	father-in-law	વહુ, પત્ની	wife
પતિ, વર	husband	મામી	wife of maternal uncle
માસા	husband of maternal aunt	કાકી	wife of paternal uncle
ફુઆ	husband of paternal aunt	સાળો	wife's brother
માસી	maternal aunt	સાળી	wife's sister

8 નિશાળમાં માંદગી

At school Sickness

> **In this lesson you will learn about:**
> - Compound verbs
> - Postpositions
> - More colloquial expressions
> - Gender

નિશાળમાં At school

Amit and Meera are students. They are chatting in class before the arrival of their teacher

અમિતઃ આજે શીલાબહેન નથી?

મીરાઃ ના. માંદાં પડી ગયાં છે. ત્યાં સુધી ભૂગોળ બિપિનભાઈ શીખવશે.

અમિતઃ એમ. આજે પહેલાં અંગ્રેજી, ગણિત અને વિજ્ઞાન તો છે જ. પણ ઈતિહાસ તથા ચિત્રકામ આજે છે કે કાલે?

મીરાઃ પાછું સમયપત્રક ખોઈ નાખ્યુંને? લે. મારી પાસે વધારાનું છે. આ સાચવી રાખજે. આજે તો બપોર પછી સંગીત અને રમતગમત છે.

અમિતઃ તો તો મજા પડશે. મિસ સિમ્પ્સન સારાં શિક્ષિકા છે માટે મને સંગીત વિજ્ઞાન જેટલું જ ગમે છે.

મીરાઃ પણ આપણા વિજ્ઞાનશિક્ષક સ્મિથ તો એવા કડક છે! વળી તેમનું ઘરકામ પણ મેં કર્યું નથી.

અમિતઃ મને વિજ્ઞાન અઘરું લાગતું નથી. ખરી રીતે તો મને વિજ્ઞાન ઘણું ગમે છે.

મીરાઃ મને અંગ્રેજી ગમે છે. મને નવલકથાઓ વાંચવી ગમે છે.

અમિતઃ નવલકથા? છટ. એવો નકામો વખત બગાડવો પોસાય નહીં.

મીરાઃ બહુ સારું, હવે અવાજ નહીં. આપણાં અંગ્રેજીશિક્ષિકા આવી ગયાં છે.

AMIT: *Isn't Sheelaben coming today?*

MEERA: *No. She's sick. Bipinbhai will be taking us for geography.*

AMIT:	*I see. Well, we have English, maths and science too, but do you know if we have history and painting today or tomorrow?*
MEERA:	*It seems you've lost your timetable again. Take this copy. I have a spare one. And keep it safe. We have games and music this afternoon.*
AMIT:	*That will be nice. Miss Simpson is a good teacher and I like music as much as science.*
MEERA:	*But the science teacher, Mr Smith, is so strict and I haven't done my homework.*
AMIT:	*I don't find science difficult. As a matter of fact I like the subject a lot.*
MEERA:	*English is my subject. I love reading novels.*
AMIT:	*Novels? Oh no! I don't waste time with novels.*
MEERA:	*Well, you'd better keep quiet about that. Here comes our English teacher.*

Vocabulary

માંદાં	sick	શિક્ષિકા	teacher (female)
અંગ્રેજી	English	અવાજ	noise
ગણિત	mathematics	સમયપત્રક	timetable
વિજ્ઞાન	science	વખત બગાડવો	waste time
ઇતિહાસ	history	ખોઈ નાખ્યું	lost
ભૂગોળ	geography	સાચવી રાખજે	keep it safe
ચિત્રકામ	painting	અઘરું	difficult
સંગીત	music	વિષય	subject
રમતગમત	games	ઘરકામ	homework
શિક્ષક	teacher (male)	નવલકથા	novel

Grammatical notes

Compound verbs

8.1 (a) Gujarati has the peculiarity of combining two verbs which usually form an entirely different third meaning: for example, the verb પડ means 'fall' and જા means 'go'. However, the compound verb પડી ગયાં, combined with માંદાં (sick) means 'is sick'. The closest resemblance is the English 'fallen sick/ill':

શીલાબહેન માંદાં પડી ગયાં છે. Sheelaben is sick.

(b) The verb ખો means 'lose', નાખ means 'throw'; but when these two are combined, ખોઈ નાખ્યું, the meaning is 'lost'.

(c) The verb સાચવ means 'preserve', રાખ means 'keep'; but together, સાચવી રાખ, they mean 'keep it safe'.

(d) The verb આવ means 'come'; જા means 'go'. The compound આવી ગયાં (ગયાં is the past tense of જા) means 'came'. Similarly, જા used after verbs like પડ, ખા (પડી જા, ખાઈ જા) does *not* have the meaning 'go'. It just adds a sense of urgency or immediacy to the meaning of the first verb:

સફરજન ઝટ ખાઈ જા. Eat the apple immediately.
ઘરમાંથી ચાલી જા. Get out of the house.
દવા પી જા. Take the medicine. **[see R26]**

Note that the first verb in this is generally past tense with **-i** ending: e.g. પડી, ખોઈ, સાચવી, ખાઈ, etc.

Postpositions

8.2 In English, words like 'under', 'before', etc. are prepositions, coming *before* the word they govern: e.g. '*under* the table'. In Gujarati they are called postpositions because they are placed *after* the word they govern: e.g. ટેબલ *નીચે.*

8.3 Postpositions follow a noun or pronoun and show its relationship with another word in a sentence:

ટેબલ *નીચે* ચોપડી છે. The book is *under* the table.

These postpositions can be broadly classified according to meaning as given below.

Place and direction

8.4 અંદર (in), બહાર (out), પાસે (near), ઉપર (above), નીચે (below), વચ્ચે (between), etc. denote place or direction:

વર્ગની *અંદર* શિક્ષક નથી. There is no teacher *in* the class.
વિદ્યાર્થીઓ વર્ગની *બહાર* છે. The students are *out* of the classroom.
ગણિત અને વિજ્ઞાન *વચ્ચે* વિરામ છે. There is a break *between* the maths and science lessons.

Time

8.5 પહેલાં (before), પછી (after), આગળ (before), etc. denote time or sequence:

અમિત *પહેલાં* મીરા આવી. Meera arrived *before* Amit.
ગણિત *પછી* વિજ્ઞાન છે. The science lesson is *after* maths.

Instrumentality

8.6 વડે (by), મારફત (through), etc. denote instrumentality:

અમિતે હાથ *વડે* લખ્યું. Amit wrote *by* hand.
અરજી મારી *મારફત* મોકલશો. Send the application *through* me.

Absence

8.7 વિના (except), વગર, સિવાય (without), etc. denote the absence of a person or thing:

શીલા *વગર* કોઈ આવશે નહીં. No one is coming *except* (*lit.* without) Sheela.

Comparison

8.8 કરતાં (compared to), બરાબર (equal to), માફક (like) show a comparison between people or things:

મીરા *કરતાં* અમિત મોટો છે. Amit is older *than* (*lit.* to) Meera.
કામમાં બંને *બરાબર* છે. They are *equal to* each other (i.e. equally good) at the job.

Purpose

8.9 માટે (for), ખાતર (for), etc. show purpose:

આ દિવાળીની ભેટ તારે *માટે* છે. This Diwali gift is *for* you.

8.10 There are some case suffixes which are used in place of certain postpositions:

લક્ષ્મણ*થી* રામ મોટા છે. Ram is older *than* (*lit.* elder to) Laxman.
લક્ષ્મણ *કરતાં* રામ મોટા છે. Ram is older *than* Laxman.
શીલા ઘર*માં* નથી/શીલા ઘરની *અંદર* નથી. Sheela is not *in* the house.

8.11 Postpositions are written as a separate word while suffixes become part of the word they influence. **[see R30]**

Exercises

1 Translate into Gujarati:

(a) I was sick yesterday.
(b) I like music.
(c) I have lost my pen.
(d) Do it properly.
(e) Meera lost her book.

2 Fill in the blanks with appropriate postpositions:

ટેબલ ________ (under) બિલાડી બેઠી હતી. મીરા અને અમિત ઘરની ________ (in) આવ્યાં. બિલાડીને ________ (before) મીરાએ જોઈ. ________ (after) અમિતે જોઈ. મીરા બિલાડી ________ (for) દૂધ લાવી હતી. બિલાડી તરત બંને ________ (near) આવી. મીરાએ તેને પંપાળીને ________ (after) વાટકીની ________ (in) દૂધ આપ્યું. ત્યાં સુધી અમિતે પેન ________ (by) પત્ર લખ્યો.

3 Fill in the blanks:

(a) ઈલોના અમેરિકામાં માંદી ________ (was sick)
(b) મેં પાછો હાથરૂમાલ ________ (lost)
(c) અમિતને વિજ્ઞાન ________ (likes)
(d) તારી તબિયત ________ (all right) નથી
(e) જ્હૉન રવિવારે ફૂટબૉલ ________ (will play)

4 Correct mistakes where appropriate:

તારો આંખ દુખે છે? આંખમાં દવા નાખ્યો? દવા નથી નાખ્યો છે? દુકાન બંધ હતો? તો બીજી દુકાન ગયો. પૈસા છે? કેટલી પૈસા છે? આ બીજી પૈસા રાખું.

5 Translate into English:

(a) મને રમતમાં મજા પડે છે.
(b) આ હેડમાસ્તર કડક નથી.
(c) આ નવલકથા સારી છે.
(d) શનિવારે બપોર પછી અમે ખરીદી કરીશું.
(e) રવિવારે તમારી સાથે વખત ગાળીશ.

6 Make sentences using the following compound verbs:

ખોઈ નાખ　　પડી જા　　આવી જા

માંદગી Sickness

Amit and Meera are discussing their teacher's sickness

અમિતઃ હજી શીલાબહેન આવતાં નથી. વધુ માંદાં લાગે છે.
મીરાઃ હા. મારી મમ્મી તેમની ખબર કાઢવા આજ સવારે ગઈ હતી. તે કહેતી હતી કે તેમને સખત શરદી થઈ ગઈ છે અને તાવ પણ આવે છે.
અમિતઃ આજકાલ આખા યુરોપમાં ફ્લ્યુના વાયરા છે. ઘણા લોકો તેમાં સપડાઈ ગયા છે.
મીરાઃ તેમાં દર્દીનું શરીર એવું નિચોવાઈ જાય છે! જરાય શક્તિ જ રહેતી નથી.
અમિતઃ આખું શરીર દુખે, માથું દુખે, ને ઉધરસ ખાઈ ખાઈને તો પાંસળાં થાકી જાય.
મીરાઃ ને ડૉક્ટરો એસ્પિરિન લઈને આરામ કરવાનું જ કહે છે.
અમિતઃ દરદ મટાડવાને બદલે તેઓ દુઃખ દબાવનારી દવાઓ જ આપે છે.

મીરાઃ સૌને ઝટપટ સાજા થવું હોય છે.
અમિતઃ મારો અમેરિકન મિત્ર પીટર ભારત ગયો ત્યારે તેને મેલેરિયા થઈ ગયો હતો. નસીબ સારું તે માંડ માંડ બચ્યો.
મીરાઃ મારી બહેનપણી લીસાને તો તું ઓળખે છે. એ મુંબઈ ગઈ ને સખત ઝાડા થઈ ગયા. દેશ જોવાને બદલે માત્ર હૉસ્પિટલ જોઈ!
અમિતઃ મને પણ ગઈ કાલથી પેટમાં ખૂબ તકલીફ થાય છે.
મીરાઃ એકાદ-બે ઉપવાસ ખેંચી કાઢ! બધું મટી જશે.

AMIT: *Sheelaben hasn't arrived yet. She still seems to be sick.*
MEERA: *Yes. My mother went to see her this morning and told me she has a heavy cold and a fever.*
AMIT: *This flu is everywhere in Europe. A lot of people are suffering with it. It's an epidemic.*
MEERA: *When you have flu your body feels drained and you have no strength.*
AMIT: *Your body aches, you usually have a bad headache and your ribs hurt from continuous coughing.*
MEERA: *And all the doctors do is advise you to take aspirin and rest.*
AMIT: *Instead of prescribing a cure, they just give you pain-killers.*
MEERA: *The problem is that everyone wants instant relief.*
AMIT: *I had an American friend who got malaria while travelling in India. He was just lucky to survive.*
MEERA: *You know my friend Lisa who went to Bombay? She had acute diarrhoea and instead of seeing the country all she saw was the inside of a hospital!*
AMIT: *I've had a lot of trouble with my stomach since yesterday.*
MEERA: *Well, just fast for a day or two and you'll be all right!*

Vocabulary

સખત	heavy	ઝટપટ	instant
શરદી (*f*)	cold	માંડ માંડ	just
તાવ (*m*)	fever	ઝાડા	diarrhoea
નિચોવાઈ જાય છે	is drained	ઉપવાસ	fast (refrain from eating)
પાંસળાં (*n*)	ribs		
દુઃખ દબાવનારી દવા	pain-killers (*lit.* pain suppressors)	મટી જશે	will be cured
		વાયરા	epidemic
		તકલીફ	trouble

Grammatical and colloquial notes

8.12 **ખબર** means 'news'. When it combines with the verb **કાઢ** (bring out) it means 'going to see someone who is unwell'.

8.13 The verb **આવ** means 'come', but when used with **તાવ** (fever) it means the person concerned is suffering from fever.

8.14 **ઉધરસ** is 'coughing', **ખા** is 'to eat'. Words like cough, sneeze, yawn are always followed by the verb **ખા**:

તે ઉધરસ ખાય છે.	He is coughing.
તે છીંક ખાય છે.	He is sneezing.
તે બગાસું ખાય છે.	He is yawning.

8.15 The verb **ખેંચ** means 'to pull though', **કાઢ** means 'to extract'. When used as a compound verb, it implies reluctance and means 'have' or 'pass':

ઉપવાસ ખેંચી કાઢ	(have a) fast
દિવસો ખેંચી કાઢ	pass the days (in the sense of 'hanging on' or enduring until better times)

ખેંચી કાઢ also has the simple meaning of 'pull out':

દાઢ ખેંચી કાઢી.	A molar tooth was extracted, pulled.
કાંટો ખેંચી કાઢ્યો.	A thorn was pulled out.
મૂળિયું ખેંચી કાઢ્યું.	A root was pulled out.

Gender

8.16 In Gujarati every noun has a gender. In many words gender is revealed by the end vowel.

8.17 Nouns ending in **-o** are frequently masculine:

છોકરો	ઘોડો	કૂતરો	તબેલો	ખભો
boy	horse (*m*)	dog (*m*)	stable	shoulder

8.18 Those ending in **-i** are frequently feminine:

છોકરી	ઘોડી	કૂતરી	આંગળી	છરી
girl	horse (*f*)	dog (*f*)	finger	knife

8.19 Those ending in **-ũ** are frequently neuter:

છોકરું	ઘોડું	કૂતરું	બારણું	પીંછું
child	horse	dog (unspecified)	door	feather

8.20 There are no firm rules with respect to the above: **હાથ** (hand) is masculine, **જીભ** (tongue) is feminine and **કપાળ** (forehead) is neuter, all ending in **-a.** However:

8.21 Names of rivers are always feminine: **ગંગા, નાઈલ, થેમ્સ, મિસિસિપી.**

8.22 Names of cities and lakes are always neuter: **ન્યુ યૉર્ક, શિકાગો, મુંબઈ, બાઈકલ, ડાલ.**

8.23 Names of countries, mountains and oceans are masculine: **ભારત, પાકિસ્તાન, હિમાલય, પૅસિફિક.**

8.24 In some cases the suffix is used to show size. The ending **-o** indicates 'bigger' and an **-i** ending 'smaller': **ઓરડો** is a big room and **ઓરડી** a small room; **ચમચો** is a big spoon and **ચમચી** a small spoon.

8.25 There are some words which are expressed in two genders: **ચા** (tea) can be either masculine or feminine; **સવાર** (morning) can be feminine or neuter; **ખરચ** (expense) can be masculine or neuter.

8.26 Words borrowed from English also take on gender, which does not exist in the original: **ટેલિફોન** is masculine; **બસ** is feminine; **ટેબલ** is neuter. **[see R5]**

Exercises

7 Which is the odd word in the following columns?

(a)	શરીર	માથું	પાંસળાં	વાદળું
(b)	મમ્મી	મેલેરિયા	ભાઈ	બહેન
(c)	શરદી	તાવ	અમેરિકા	ફ્લ્યુ
(d)	યુરોપ	ભોજન	ઉપવાસ	નાસ્તો

8 Re-arrange the following sentences to make sense:

(a) લોકો વરસાદમાં કાલે ગયા સપડાઈ
(b) નાખ પાણી કાઢી નિચોવી કપડાં
(c) ગયો પડી કૅનેડામાં માંદો ટોની
(d) એટલે છે મને તાવ હું લઈશ દવા
(e) તીખાં છે ભજિયાં લાગે ભાવે છે પણ

9 In five sentences tell your doctor about an illness you have had.

10 Change the following sentences as indicated:

(a) મને તો અંગ્રેજી ગમે છે. (negation)
(b) આજે બપોર પછી સંગીત છે. (future)
(c) તેને મેલેરિયા થઈ ગયો હતો. (present)
(d) બધું મટી જશે. (past)
(e) વખત ગાળવો મને પોસાય નહીં. (affirmation)

11 Pair the opposites:

A	*B*
સાચું	સાજું
સારું	જા
માંદું	ખોટું
આવ	નરમ
કડક	ખરાબ

12 Read the passage and answer the questions that follow:

નટુભાઈ માંદા પડી ગયા. હું તેમની ખબર કાઢવા ગઈ. તેમને તાવ આવતો હતો. હું ફળ લઈ ગઈ હતી. તેમને હવે સારું છે. એકાદ અઠવાડિયું આરામ કરશે.

(a) કોણ માંદું પડી ગયું?
(b) તેમને શું થતું હતું?
(c) હવે કેમ છે?
(d) નટુભાઈ કેટલો આરામ કરશે?
(e) મળવા જનાર શું લઈ ગયાં હતાં?

13 Find out genders of all words in exercise 7 and use them in different sentences.

Additional vocabulary

માંદગીઓ *Illnesses*

શરદી (*f*)	cold
કબજિયાત (*f*)	constipation
ઉધરસ (*f*)	cough
ઝાડા (*m pl*)	diarrhoea
મરડો (*m*)	dysentery
તાવ (*m*)	fever
માથાનો દુખાવો (*m*)	headache
હૃદયરોગનો હુમલો (*m*)	heart attack
અપચો (*m*)	indigestion
ટાઢિયો તાવ (*m*)	malaria
ઓરી (*n pl*)	measles
દવા	medicine
આધાશીશી (*f*)	migraine
ઊલટી (*f*)	nausea
દુખાવો (*m*)	pain
લકવો, પક્ષાઘાત (*m*)	paralysis
દવાખાનું	surgery, clinic
ક્ષય (*m*)	tuberculosis

9 હાજરજવાબી જ્યૉર્જ બર્નાર્ડ શૉ શોખ

George Bernard Shaw Hobbies

In this lesson you will learn about:

- Comparative and superlative degrees
- Some important prefixes and suffixes
- Interjections: words expressing surprise, sorrow, etc.
- Adverbs
- Some more colloquial forms

હાજરજવાબી જ્યૉર્જ બર્નાર્ડ શૉ **Ready-witted Shaw**

જ્યૉર્જ બર્નાર્ડ શૉ એક જાણીતા નાટકકાર હતા. તેઓ હાજરજવાબી પણ હતા. એક વાર તેમને એક સ્ત્રીનો પત્ર આવ્યો. એ સ્ત્રી પોતાના રૂપ માટે ખૂબ જાણીતી હતી, જેને માટે તેને ખૂબ જ અભિમાન હતું. પત્રમાં તેણે લગ્ન માટે રજૂઆત કરી હતી. તેણે સૂચવ્યું હતું કે પોતાનું રૂપ અને શૉની બુદ્ધિ સંતાનમાં ઊતરશે. તે માતાપિતા બંનેના ગુણો ધરાવશે.

શૉએ તરત જવાબ લખ્યો, 'પણ ધારો કે બાળકમાં મારી સુંદરતા અને તમારી બુદ્ધિ આવશે તો?'

એ સ્ત્રી તરફથી પછી કોઈ જવાબ શૉને મળ્યો નહીં!

George Bernard Shaw was a famous dramatist. He was also quick-witted. Once he received a letter from a woman known for her beauty, of which she was very proud. In the letter she proposed marriage, suggesting that with her beauty and Shaw's intelligence any offspring would have the attributes of both parents.

'But,' Shaw immediately responded, 'suppose the child has my looks and your brains!'

He did not hear from the woman again.

Vocabulary

હાજરજવાબી	quick-witted	અભિમાન (*n*)	pride
રજૂઆત	proposal		

Grammatical notes

Degrees of comparison

9.1 In English, as in Sanskrit, there are *comparative* and *superlative* degrees, expressed by suffixes like '-er' and '-est' (wise, wis*er*, wis*est* and in Sanskrit **-tara** and **-tama**).

The literary Gujarati uses more words borrowed from Sanskrit, but in colloquial speech these are rarely used. It is much more common for words like **કરતાં** and suffixes like **-માં** and **-થી** to be employed:

અંગ્રેજીમાં શૉ સૌથી સારો નાટકકાર છે. Shaw was the best dramatist writing in English.
ઈબ્સન કરતાં શૉ મને ગમે છે. I like Shaw better than Ibsen.
ઊંચામાં ઊંચું પૂતળું નેલ્સનનું છે. Nelson's statue is the highest in London.

9.2 Although **-થી** and **-માં** appear in the above examples, they are not used exclusively to show the superlative or comparative:

હું ન્યુ યૉર્કથી આજે નીકળીશ. I will start from New York today.
હું ઘરમાં છું. I am in the house. (See 7.5 in Lesson 7)

9.3 Similarly, in addition to its use as a comparative, **કરતાં** can also be used as the past tense, feminine or neuter, of **kar** (to do) and as an adverb:

Comparative:	**રામ લક્ષ્મણ કરતાં મોટા હતા.** Ram was older than Laxman.
Superlative:	**સૌ કરતાં રામ મોટા હતા.** Ram was the eldest brother.
Verb:	**તેઓ કામ કરતાં.** They were working.
Adverb:	**કામ કરતાં કરતાં તે પડી ગયો.** He fell down while working.

As is seen from the last example, repetition is frequently used for emphasis. **[see R11]**

Some important suffixes and prefixes

9.4 -તા (**-tā**)

સુંદર	beautiful	સુંદરતા	beauty

By adding the -તા suffix an adjective is converted into a noun.

પવિત્ર	pure	પવિત્રતા	purity
સ્વતંત્ર	independent	સ્વતંત્રતા	independence

9.5 The -કાર (**-kār**) suffix denotes 'one who does':

ચિત્રકાર	one who paints, a painter (ચિત્ર painting)
કથાકાર	one who tells stories, a storyteller (કથા story, generally religious)
કલાકાર	one who does art, an artist (કલા art) **[see R32]**

9.6 The અ- (**a-**) *prefix* expresses negation, absence or lack of:

અવિનય	immodesty	(વિનય modesty)
અછત	scarcity	(છત abundance)
અયોગ્ય	improper	(યોગ્ય proper)

9.7 The અપ- (**ap-**) *prefix* means both 'not' and 'bad':

અપકીર્તિ	disrepute or bad repute (કીર્તિ reputation)
અપશુકન	bad omen (શુકન omen)

9.8 The નિર્ (**nir-**) *prefix* means 'without':

નિર્જીવ	lifeless, dead (જીવ life)
નિર્ભય	fearless (ભય fear) **[see R31]**

Exercises

1 Combine sentences A and B with appropriate conjunctions:

(a) A એ સ્ત્રી સૌથી વધુ જાણીતી હતી.
B એ સ્ત્રી સૌથી વધુ રૂપાળી હતી.

(b) A આજે વરસાદ આવશે.
B આજે વરસાદ ન પણ આવે.

(c) A તેણે કહ્યું.
B મારી પાસે પૈસા નથી.

2 Use the following constructions in your own sentences:
e.g. **જો માંસાહાર નહીં કરું તો નબળો થઈશ.**

(a) જો ________ તો ________
(b) જેમ ________ તેમ ________
(c) જ્યારે ________ ત્યારે ________
(d) જ્યાં ________ ત્યાં ________

***3 Use* કશું *(any) in the following sentences, remembering that it changes according to number and gender: e.g.* કશો *(m sg)* જવાબ ન આપ્યો.**

(a) ________ વાત (*f sg*) ન કરશો.
(b) ________ કામ (*n sg*) કરો.
(c) ________ ખબર (*f pl*) પડે તોને!
(d) ________ ગોટાળો (*m sg*) થયો લાગે છે.

4 Insert the appropriate verb forms in the following paragraph:

મારે ક્યાં ઇંગ્લૅન્ડમાં આખો વખત ________ (stay). ભાષણ કરવાનું શીખીને શું ________ (will do)? નાચ શીખીને હું સભ્ય કેમ ________ (become)? હું તો વિદ્યાર્થી ________ (is). મારે વિદ્યા ________ (to get).

5 Find the odd word out in each of the following:

(a)	રૂપાળી	રૂપ	સુંદરતા	જવાબ
(b)	સંતાન	પત્ર	બાળક	દીકરો
(c)	નાટક	નટી	પણ	નાટકકાર
(d)	તેણે	બુદ્ધિ	તેને	તેમણે
(e)	છે	રજૂઆત	હતું	હશે

6 Pair off opposite words from each column and use them in ten different sentences:

A	*B*
માન	અન્યાય
નીતિ	અસત્ય
સત્ય	નિર્જીવ
જીવ	અનીતિ
ન્યાય	અપમાન

7 Describe in five sentences the places worth visiting in your city, using comparative and superlative degrees.

શોખ Hobbies

Sita and Ramesh are discussing hobbies with each other

સીતા: નમસ્તે રમેશભાઇ, કેમ છો?
રમેશ: ઓહો, નમસ્તે સીતાબહેન, અત્યારમાં ક્યાં ઊપડ્યાં?
સીતા: હું હમણાં સંગીતના વર્ગોમાં જોડાઇ છું. દર શનિવારે સવારે હોય છે. તમે કેમ જોડાતા નથી?
રમેશ: હું અને સંગીત? મારો અવાજ સાંભળીને પડોશીઓ ઘર ખાલી કરી જશે!
સીતા: શી મજાક કરો છો! થોડા દિવસ પહેલાં જ તમને તખ્તા પર ગાતાં જોયા હતા.
રમેશ: એ તો નાટકમાં. તમે જે સાંભળ્યું તે મારો અવાજ ન હતો. એ તો રેકૉર્ડિંગ હતું અને હું તો માત્ર અભિનય કરતો હતો.
સીતા: એમ. તમને નાટક ઉપરાંત શેનો શોખ છે?
રમેશ: મને ક્રિકેટ બહુ ગમે છે. તમને?
સીતા: મને રમતોનો ખાસ શોખ નથી. હા, કોઇ વાર ટી.વી. પર ફૂટબૉલની મૅચ જોઇ નાખું ખરી! મેં સાંભળ્યું છે કે તમારી નાની બહેનને ટિકિટો એકઠી કરવાનો શોખ છે.
રમેશ: હા. મીરા તો તેની પાછળ ગાંડી છે. પણ તમારા મોટા ભાઇ ફોટોગ્રાફી પાછળ ગાંડા છે, નહીં?
સીતા: રોહિત હવે માત્ર શોખ તરીકે તે કરતા નથી. હવે તો તે ધંધાદારી બની ગયા છે.
રમેશ: એ એને માટે સારું જ છે. પણ માફ કરજો, હું તો વાતોએ ચડી ગયો. તમારે વર્ગમાં મોડું થશે. આવજો.
સીતા: આવજો.

SITA: *Hello Rameshbhai. How are you?*
RAMESH: *Hello Sitaben. What are you up to so early?*
SITA: *I recently started music classes. I go every Saturday morning. Why don't you come?*

RAMESH:	*Music and I don't get on. The neighbours would leave home if I tried to sing!*
SITA:	*You're joking. A few days ago I heard you singing on stage.*
RAMESH:	*That was in a play and what you heard wasn't me. It was a recording and I was just miming to it.*
SITA:	*What hobbies do you have apart from acting?*
RAMESH:	*I like cricket very much. What about you?*
SITA:	*I don't much like sports although I might occasionally watch a football match on television. I hear your younger sister collects postal stamps.*
RAMESH:	*Yes, Mira is crazy about stamps. But your elder brother is just as mad about photography.*
SITA:	*Rohit doesn't do it as a hobby any more. He is now a professional.*
RAMESH:	*Good for him. Anyway, sorry to have talked so much you'll be late for your class. I'll see you soon.*
SITA:	*OK. Goodbye.*

Vocabulary

શોખ (*m*)	hobby	નાટક (*m, n*)	play
સંગીત (*n*)	music	રમત (*f*)	game
પડોશી (*m*)	neighbour	ચોક્કસ	sure
મજાક (*f*)	joke	ખાલી કરવું	to vacate, empty
ગાંડા	mad	જોડાવું	to join
અભિનય (*m*)	acting	તખ્તો (*m*)	stage

Grammatical notes

Interjections

9.9 Words like **ઓહો, અરેરે, હાય હાય** express surprise, sorrow, etc.

ઓહો, સીતાબહેન, મેં તમને જોયાં જ નહીં. Oh, Sita! Sorry, I didn't see you. (**o-ho** registers mild surprise)
ઓહો, એમ વાત છે! Oh, I see! So it's like that!
અરેરે, બિચારો પડી ગયો. Oh God! That poor man has collapsed.

(**a-re-re** expresses sympathy and sadness)
હાય હાય, નીલા બહુ બીમાર છે? Oh no! Is Neela very ill? (**hāy hāy** is used only by women)

Adverbs

9.10 Adverbs denote time, place, manner, degree, cause or purpose, certainty, probability and negation:

આજે શનિવાર છે.	*Today* is Saturday.
હમણાં વર્ગ શરૂ થયો છે.	The class opened *recently.*
અત્યારમાં ક્યાં જાઓ છો?	Where are you going so *early*?
અહીં, પાસે *જ* છે.	It is *just* round the corner.
તમે *કેમ* જોડાતા નથી?	*Why* don't you join?
હું *કોઈ વાર* નાટક જોઉં છું.	*Sometimes* I go to a play.
તમે *ધીમે* ચાલો છો.	You walk *slowly.*
હું *ચોક્કસ* આવીશ.	I will *certainly* come.
આ કામ કરશો *નહીં.*	*Don't* do this work.

Note: નહીં can also be used to ask 'is it not?' :

લેવા કરતાં આપવામાં વધુ આનંદ મળે છે, નહીં? It is better to give than to receive, is it not? **[see R12]**

Duplicative form

9.11 કેટકેટલું: the adjective કેટલું means 'how much', 'how many':

કેટલા માણસ હશે?	*How many* people will be there?
મકાન કેટલું મોટું છે?	*How (much)* big is the house?

Note, however, that when the duplicative part કેટ-, formed from the first two letters of કેટલું, is added, it means 'how many varieties of ...' or 'so many ...'

કેટકેટલાં મકાનો	so many houses
કેટકેટલી જાતના શોખ	so many types of hobbies

[see R38]

Colloquial notes

9.12 **ક્યાં ઊપડ્યાં?** literally means 'where started' but is used in the sense of 'what are you up to?'. When preceded by **અત્યારમાં** (*lit.* just now) it means 'so early'.

9.13 **ફોટોગ્રાફી પાછળ તો એ ગાંડા છે.** He's just mad about photography. **સરલા પાછળ તો એ ગાંડો છે.** He's mad about Sarla (i.e. in love).

The same phrase is also used in English.

9.14 **જોઈ નાખું ખરો** (*m*)/**ખરી** (*f*) Sometimes I watch/look/see:

કોઈક વાર ટીવી જોઈ નાખું ખરો/ખરી. Sometimes I might watch television.

In this example **જોવું** means 'to see/watch/look', **નાખ** means 'to throw' and **ખરો** means 'right/correct'. When all three appear together the combination means 'might as well see'.

9.15 **હું વાતોએ ચડી ગયો** (I talked too much): **ચડ** means 'to climb' and **ગયો** means 'went' and **વાત** 'talk'; together they mean 'went on talking'. If **કામ** (work) is added to **ચડ** and **જા** the compound word takes on the meaning of 'joined':

હું આજથી કામે ચડી ગયો. I joined (i.e. started) work today (either for the first time or in the sense of 'resumed').

9.16 In colloquial speech the verb is sometimes implied:

એ તો નાટકમાં. (You might have seen me) in the play.
ને મારા મોટા ભાઈને ફોટોગ્રાફીનો My elder brother's (hobby is) photography. **હું ક્રિકેટ રમું છું. તમે?** I play cricket; and you?

Exercises

8 Think of suitable adjectives to fill in the gaps, bearing in mind that there is more than one way of answering:

દાંત	મોઢું	આંખ	નાક
સફેદ	ગોળ	કાળી	લાંબું
______	______	______	______
______	______	______	______

9 Pair off appropriate words from the two columns, and use them in ten sentences:

A	*B*
આજે	પછી
હમણાં	કદાચ
અહીં	ત્યાં
ધીમે	કાલે
ચોક્કસ	ઝડપથી

10 Arrange the following in order of size:

હાથી ઘોડો કૂતરો ઉંદર સિંહ કીડી મચ્છર

11 Translate Into English:

નાટક એક શોખ છે અને ધંધો પણ છે. નાટકકાર નાટક લખે છે. નટનટીઓ નાટક ભજવે છે. લોકો નાટક જુએ છે. કેટલાકને તે ગમે છે. કેટલાકને તે ગમતું નથી.

12 Re-arrange the following dialogue to make sense:

મીનાઃ સંગીતના હું માગું નમસ્તે છું જોડાવા વર્ગમાં
શિક્ષકઃ શું નમસ્તે તમારે? છે શીખવું
મીનાઃ શીખવી મારે છે સિતાર
શિક્ષકઃ છે પાઉન્ડ. પાંચ મહિને ફી સિતારની
મીનાઃ મળશે ભલે? ક્યાંથી ફૉર્મ
શિક્ષકઃ આપો લો ને સામે આ ભરીને
મીનાઃ વર્ગ છે થાય? શરૂ ક્યારે
શિક્ષકઃ સવારે વાગ્યે આ નવ શનિવારે

13 What are the questions to the following answers?

(a) મને ક્રિકેટનો શોખ છે.
(b) ચોક્કસ આવીશ.
(c) ના, હું સંગીત શીખવાનો નથી.
(d) મારી નાની બહેન ભણે છે.
(e) પડોશીઓ સારા છે.
(f) ગઈ કાલે હું કેપટાઉન હતો.

14 Choose the correct verbs from the parentheses.

મારું નામ સુજાતા (હશે/છે/હતું). મારી ઉંમર હાલ ૧૮ વર્ષની (હતી/છે/હશું). હું યુગાન્ડામાં જન્મી (હોઈશ/હતી/છે). હવે હું લંડનમાં રહું (છીએ/હતો/છું). અમે આવતા વરસે અમેરિકા જવાના (હતું/છીએ/હશે).

Additional vocabulary

ધંધાઓ ***Professions***

નટ	actor	મજૂર	labourer
નટી	actress	વકીલ	lawyer
જોશી	astrologer	જાદુગર	magician
હજામ	barber	કડિયો	mason
લુહાર	blacksmith	દૂધવાળો	milkman
કસાઈ	butcher	ચિત્રકાર	painter
સુતાર	carpenter	પ્રોફેસર, પ્રાધ્યાપક	professor
કારકુન	clerk	શિલ્પી	sculptor
મોચી	cobbler	ગાયક (*m*), ગાયિકા (*f*)	singer
રસોઈયો	cook		
નર્તક (*m*), નર્તિકા (*f*)	dancer	વિદ્યાર્થી (*m*), વિદ્યાર્થિની (*f*)	student
ઝવેરી	diamond merchant	દરજી	tailor
		શિક્ષક (*m*), શિક્ષિકા (*f*)	teacher
ડૉક્ટર	doctor		
રંગારો	dyer	ધોબણ/ધોબી	washerwoman/man
ખેડૂત	farmer		
માછીમાર	fisherman	કર્મચારી	worker
માળી	gardener	લેખક (*m*), લેખિકા (*f*)	writer
સોની	goldsmith		
પત્રકાર	journalist		

10 રજાઓમાં નાયગરા ફૉલ્સ
માતૃભાષાનું મહત્ત્વ
A holiday at Niagara Falls
Importance of the mother tongue

In this lesson you will learn about:

- Some more compound verbs
- Plurals of English loan words
- Active and passive voice
- Various moods
- Conjuncts (i.e. joining words)
- Participles

રજાઓમાં નાયગરા ફૉલ્સ A holiday at Niagara Falls

લયલા: કેમ છો જૅક? રજાઓમાં તમે ક્યાં જઈ આવ્યા?

જૅક: અરે લયલા, અમે તો અમેરિકા ગયાં હતાં. જિલ પણ સાથે હતી. ખૂબ મજા પડી.

લયલા: ઓહો. એમ. અમેરિકામાં ક્યાં ક્યાં ફર્યાં?

જૅક: આમ તો ઘણું જોયું પણ જિલને નાયગરા ફૉલ્સ ખાસ જોવો હતો એટલે ત્યાં ગયાં.

લયલા: કેવો'ક છે નાયગરાનો ધોધ?

જૅક: અદ્ભુત. અમે ત્યાં પહોંચ્યાં ત્યારે સાંજ પડી ગઈ હતી. રંગબેરંગી સ્પૉટલાઈટોના પ્રકાશમાં આખી જગ્યા દીપી ઊઠી હતી અને ભીડ પણ કેટલી બધી!

લયલા: મેં ક્યાંક વાંચ્યું હતું કે પ્રવાસીઓ ધોધ નજીકથી જોઈ શકે તે માટે તેની ચારે બાજુ કેટલાંય દૂરબીન મૂક્યાં છે?

જૅક: હા. ને એમાં જિલ હોશિયાર છે. એટલી ભીડમાં પણ તેણે તરત એક દૂરબીન ઝડપી લીધું! ધોધનું દૃશ્ય એટલું સુંદર હતું કે અમે સિક્કાઓ નાખતાં જ રહ્યાં.

લયલા: ધોધને દૂરથી સારી રીતે જોવાની સગવડ પણ હશે જ ને?

જૅક: નહીં ત્યારે! ધોધની બરાબર સામે પાંચસો ફૂટ ઊંચો સ્કાયલોન ટાવર

છે. લિફ્ટમાં બેસીને અમે ઠેઠ ઉપર પહોંચ્યાં. ત્યાંથી તો આખું દશ્ય ખૂબ જ રળિયામણું લાગતું હતું.

લયલા: કોઈને પણ ત્યાં જવાનું મન થઈ જાય તેવું તમે વર્ણન કર્યું. આવતા ઉનાળામાં હું જાતે જ જઈશ.

LEILA: *Hello, Jack. Where did you go for the summer holidays?*

JACK: *Hello, Leila. We went to America with Jill. We had a really good time.*

LEILA: *Where did you go in America?*

JACK: *Well, lots of places. Jill wanted to see Niagara Falls so we spent some time there.*

LEILA: *What's it like?*

JACK: *Great! It was evening when we arrived and the whole place was lit with coloured spotlights. The place was full of people.*

LEILA: *I remember reading that there were binoculars placed around the Falls so visitors can get a close look.*

JACK: *That's right. Jill was able to get to one despite the crowds. We kept putting money into the machine because it was such a marvellous thing to see.*

LEILA: *Is there a place where you can see the Falls clearly from a distance?*

JACK: *Of course. Just opposite the Falls there is the Skylon Tower. It's 500 ft high. We took a lift to the top. It really was a wonderful sight.*

LEILA: *You make it sound very tempting. I may go myself next summer.*

Vocabulary

અદ્‌ભુત	wonderful
દીપી ઊઠ્યો	illuminated
ભીડ (*f*)	crowd
દશ્ય (*n*)	scene
ધોધ (*m*)	waterfall
હોશિયાર	clever
દૂરબીન (*n*)	binoculars
સિક્કાઓ (*m*)	coins
સગવડ	accommodation, arrangement, convenience
બરાબર	exactly
ઠેઠ	at the top (*lit.* up to the last)
જાતે	self

Grammatical notes

Compound verbs

10.1 પડી ગઈ means 'fallen'; the verb પડ means 'fall'. The second verb in this compound is ગઈ, the past tense, feminine singular form of જવું (to go). In contrast to English, it is not only night that 'falls' in Gujarati, but also morning or evening. This compound can also be joined by the auxiliary verb હતી, the past tense feminine of હોવું (to be).

દીપી ઊઠી means 'came out beautifully': દીપવું means 'to appear beautiful' and ઊઠવું 'to get up'. ઊઠી is its past tense, third person feminine singular form. This compound can also be joined by the auxiliary હતી, past tense feminine singular form of હોવું.

ઝડપી લીધું means 'grabbed': ઝડપવું means 'to take hold of ' and લેવું 'to take'. લીધું is the past tense neuter singular of લેવું. Note that the first verb in the compound verbs is generally in the past tense, ending in **-i** (પડી, દીપી, ઝડપી, etc.) **[see R26]**

Auxiliary verbs

10.2 જોવો હતો (wanted to see), લાગતું હતું (looked like) are all examples of past tense forms of હોવું and complete the sense of the main verbs. **[see R25]**

Plural of English words used in Gujarati

10.3 Generally speaking, the plural formation of English loan words is achieved by the Gujarati suffix **-ઓ (-o)**:

લાઈટ (light)	લાઈટો
સ્કૂલ (school)	સ્કૂલો
ટેબલ (table)	ટેબલો
ટ્રેન (train)	ટ્રેનો

The exceptions are words like ફૂટ (foot) and ઇંચ (inch), which remain the same in singular and plural:

એ છ ફૂટ લાંબો છે.	He is 6 feet tall.
આ દોરી ૧૦ ઇંચ કાપો.	Cut this string 10 inches long.

Active and passive voice

10.4 **અમે સિક્કાઓ મશીનમાં નાખીએ છીએ.**
We are putting coins into the machine.
અમારાથી સિક્કાઓ મશીનમાં નખાય છે.
The coins are put into the machine by us.

The first sentence is in the active form, where the subject **અમે** is actively connected to the action of 'putting'. In the second sentence it is the coins which are important and the subject is passive.

When the passive voice is employed, the verb changes:

Active	*Passive*
નાખવું	નખાવું
કરવું	કરાવું
લખવું	લખાવું

Here are some more examples:

તે કામ કરે છે.	He is doing the work.
તેનાથી કામ કરાય છે.	The work is done by him.
રીટા કાગળ લખે છે.	Rita is writing a letter.
રીટાથી કાગળ લખાય છે.	A letter is being written by Rita.

In the passive voice:

(a) the suffix **-થી (-thi)** is added to the subject;
(b) the suffix **-આય (-āy)** or **-વાય (-vāy)** is added to the verbal root to form a passive verb;
(c) if the first letter of the verb has an **ā** vowel it changes to **a**: e.g. **નાખ-નખાય;**
(d) similarly a single-letter verb with an **ā** vowel changes to **a**, e.g. **આ-અવાય, જા-જવાય.**

Impersonal

10.5 There is a third construction in Gujarati which is impersonal and known as **bhāve prayog:**

> **જનકથી બોલાતું નથી.** Janak is unable to speak (*lit.* Speaking is not possible for Janak).

It is determined by the relation of the impersonal verb to the doer:

> **પહેલાં મારાથી ખવાતું હતું.** I was able to eat before (*lit.* Previously eating was possible by me).

The **-થી** suffix used in the passive voice continues here, but the suffix **-આતું** is added to the verbal root, **ખવાતું**, **દોડાતું**, **પીવાતું**, etc.
[see R33, R34]

Colloquial notes

10.6 **નહીં ત્યારે!** The word **નહીં** means 'not' and **ત્યારે** means 'then'. Used together, they become the exclamation 'of course'.

10.7 In the sentence **ભીડ પણ કેટલી બધી!** the last word, **હતી** (was), would be omitted. The English translation is 'The place was overcrowded'. This construction is used to express proportion, quantity or intensity:

ઊંચો પણ કેટલો બધો!	How tall it was!
ઠંડી પણ કેટલી બધી!	It was extremely cold.
પવનનું તોફાન પણ કેટલું બધું!	It was a violent wind.

In these examples the omission of the verbs **હતો**, **હતી**, **હતું** actually emphasizes the degree of the effect.

10.8 **ઠેઠ** means 'to the last/end' but is used in various ways:

અમે ઠેઠ ઉપર પહોંચ્યાં.	We reached the top.
હું હારમાં ઠેઠ છેલ્લે હતો.	I was last in the queue.
ઠેઠ છેડે પકડો.	Hold it at the end.
તે ઠેઠ લંડનથી મુંબઇ આવ્યો છે.	He has come from London (to Bombay) (i.e. 'all the way' from London).

તેને ઠેઠ વડા પ્રધાન સુધીની લાગવગ છે.	He has influence as far as the prime minister.

Exercises

1 Translate the following into English:

(a) હું ઠેઠ પેનિસિલ્વેનિયાથી આવું છું.
(b) મારી પાસે આ દેશના સિક્કાઓ નથી.
(c) અહીં રહેવાની સગવડ છે?
(d) દૂરબીનથી દૂરનાં દૃશ્યો સરસ દેખાય છે.
(e) બ્રિટનમાં સૌથી ઊંચો માણસ કોણ છે તે તમે જાણો છો?

2 Correct the following passage:

રામલાલભાઈ ઝાડ ઉપર પડી ગયું. તે માથું વાગી ગયું. તેથી બેભાન થઈ ગઈ. શારદાબહેન દોડ આવ્યું ગયાં. ફોન કર્યું. હૉસ્પિટલવડે ગાડું આવ્યો. તેને લઈ ગયો.

3 Find the odd word out and use them in five different sentences:

(a)	ખવાય	પીવાય	જમાય	દોડ
(b)	કર	નખાવું	લખાવું	બોલાવું
(c)	સિક્કો	રમત	પૈસો	નાણું
(d)	ધોધ	નદી	ઉંદર	સરોવર
(e)	દૂર	પથ્થર	ઉપર	સામે

4 Change as directed:

(a)	મારાથી ભારત જવાશે	(active voice)
(b)	હું શાકાહારી ખોરાક ખાઉં છું	(passive voice)
(c)	અહીં એક ટેબલ છે	(plural)
(d)	હીરાભાઈથી દોડાતું નથી	(affirmation)
(e)	ગાય ઘાસ ખાય છે	(past tense)

5 Write a dialogue of six exchanges about a recent holiday.

6 Match the words in column A with those in column B:

A	B
સારું	અગવડ
ઠંડી	અંધારું
પ્રકાશ	નીચે
ઉપર	ખરાબ
સગવડ	ગરમી

માતૃભાષાનું મહત્ત્વ The importance of the mother tongue

ભારતમાં આવીને મારે ગુજરાતમાં કામ કરવાનું રહેશે એ ખબર પડી ત્યારથી મેં ગુજરાતી શીખીને જ આવવાનો સંકલ્પ કર્યો. એ વખતે હું મદ્રાસમાં ગણિતની ડિગ્રી માટે અભ્યાસ કરતો હતો. એમાં આખો વ્યવહાર અંગ્રેજીમાં ચાલતો.

અધ્યાપકો અને વિદ્યાર્થીઓ પણ શુદ્ધ અંગ્રેજી સારી રીતે જાણતા. છતાં વર્ગમાંથી બહાર આવે કે તરત આખો વ્યવહાર પોતાની મધુર તમિળ ભાષામાં કરે. એટલે મને થયું કે કેળવણીનું સાચું કામ વ્યક્તિગત સંપર્ક, માર્ગદર્શન અને મિત્રતા દ્વારા થાય. એ માટે માતૃભાષા જ જોઈએ. ત્યારથી મેં દૃઢ નિશ્ચય કર્યો કે ગુજરાતમાં જઈશ તો ગુજરાતી શીખીને જ જઈશ.

(ફાધર વાલેસ)

When I realized that during my stay in India I would have to work in Gujarat, I decided to learn Gujarati before going. At the time I was studying in Madras for a mathematics degree. All communication was in English. Lecturers and students spoke English well. I noticed that although the students had a good grasp of English, as soon as they came out of class they communicated with one another in their sweet Tamil language. So I had the idea that the real work of education is achieved through personal contact, guidance and friendship, and for this one needs to know the mother tongue of the students. From that moment I made the firm decision that whenever I went to Gujarat I would first learn Gujarati.

(Father Vallace)

Vocabulary

સંકલ્પ (*m*)	decision	**કેળવણી** (*f*)	education
વ્યવહાર (*m*)	communication	**વ્યક્તિગત**	personal
અધ્યાપક (*m*)	lecturer	**સંપર્ક** (*m*)	contact

શુદ્ધ	pure	માર્ગદર્શન (*n*)	guidance
મધુર	sweet	મિત્રતા (*f*)	friendship
તમિળ	Tamil (one of the South Indian languages)	માતૃભાષા (*f*)	mother tongue
		દૃઢ	firm
		નિશ્ચય (*m*)	decision

Grammatical notes

Mood

10.9 એ માટે માતૃભાષા જ જોઈએ 'A mother tongue is needed for that' or 'for which a knowledge of the mother tongue is necessary'. This is a sentence that expresses some duty or obligation. It is in *potential mood.* The verb જોઈએ shows the manner in which the statement is made. Other examples are:

સૌએ સારાં કામ કરવાં જોઈએ. Everyone should do good turns.
ગરીબોને મદદ કરવી જોઈએ. Poor people should be helped.
સાચું બોલવું જોઈએ. One should speak the truth.

These sentences can be constructed without the auxiliary verb at the end, but its use makes it an *obligatory* form.

Conditional mood

10.10 જો ગુજરાતમાં જઈશ તો ગુજરાતી શીખીને જ જઈશ. *lit.* 'If I happen to go in Gujarat, I will go after learning the Gujarati language', meaning 'If I go to Gujarat I will first learn the language.' Here the mood is clearly conditional, governed by 'If ... then'.

In Gujarati જો (if) is sometimes dropped, the conditional nature of the sentence being understood by the use of તો 'then'. Note: in English it is the reverse, with 'if ' carrying the import of the sentence and 'then' frequently becoming redundant.

Subjunctive

10.11 The subjunctive mood represents doubt, something that may or may not occur.

આખો વ્યવહાર અંગ્રેજીમાં ન પણ ચાલે. The whole dialogue might not be in English.
આજે તડકો ન પણ પડે. The sun may not shine today.
કાલે બરફ પડે પણ ખરો. Tomorrow it might snow.

Imperative

10.12 This may be a command or a request:

છોકરાંઓ, તોફાન બંધ કરો. Calm down, children.
કાલે પેલી ચોપડી લાવશો? Will you please bring that book tomorrow?

Indicative

10.13 This involves statements of fact:

મદ્રાસની કૉલેજમાં અભ્યાસ અંગ્રેજીમાં ચાલતો હતો. Classes in Madras College were in English.
સૂર્ય પૂર્વ દિશામાં ઊગે છે. The sun rises in the east.
ગુજરાત ભારતમાં આવેલું છે. Gujarat is in India.

Adjectives

10.14 There are two types of adjectives, variable and invariable. The first group changes according to the number and gender of the qualifier:

આખો whole, entire	આખો વ્યવહાર (*m sg*)
સાચું real, correct	સાચું કામ (*n sg*)

Invariable adjectives, as the name implies, do not change:

શુદ્ધ purely, pure	શુદ્ધ અંગ્રેજી good/pure English
મધુર sweet	મધુર તમિળ sweet Tamil
દૃઢ firm	દૃઢ નિશ્ચય firm decision

[see R10]

Conjuncts

10.15	ત્યારથી	since then
	અને	and
	છતાં	even
	કે	that
	તો	then

Here are examples:

એ ખબર પડી *ત્યારથી* મેં નક્કી કર્યું... I decided (about it) once I realized that...

The two sentences **એ ખબર પડી...** (I realized/understood that...) **મેં નક્કી કર્યું** (I decided) are joined by **ત્યારથી.** The word **જ્યારથી** (since then) is implicit.

લડાઈ શરૂ થઈ *ત્યારથી* ભાવ વધ્યા છે. The rates have increased since the outbreak of war.

અધ્યાપકો *અને* વિદ્યાર્થીઓ અંગ્રેજી બોલતા હતા. The lecturers and students were (both) speaking in English.

વિદ્યાર્થીઓ સારું અંગ્રેજી જાણતા હતા *છતાં* વર્ગની બહાર તમિળમાં બોલતા. The students spoke good English yet used Tamil outside the class.

The sentences **વિદ્યાર્થીઓ સારું અંગ્રેજી જાણતા હતા** and **વર્ગની બહાર તમિળમાં બોલતા** are joined by **છતાં**.

મેં નિશ્ચય કર્યો કે ગુજરાતમાં ગુજરાતી શીખીને જ જઈશ. I decided I would go to Gujarat after learning the language.

The sentences **મેં નિશ્ચય કર્યો** and **ગુજરાતમાં ગુજરાતી શીખીને જ જઈશ** are joined by **કે**.

ગુજરાતમાં જઈશ *તો* ગુજરાતી શીખીને જ જઈશ. If I go to Gujarat it will be after learning the language.

The sentences **ગુજરાતમાં જઈશ** and **ગુજરાતી શીખીને જ જઈશ** are joined by **તો.** **[see R28]**

Participles

A participle derives from a verb but functions as an adjective or a noun. In Gujarati it is called **kru-dant.**

Past participles

10.16 **કરેલું કામ નકામું જતું નથી.** Work done is never wasted.
Here the suffix **-એલ** is added to the root of the verb followed by the number–gender suffixes: **કરેલું** (neuter singular because **કામ** is neuter)

Root + past participle **-el** + number–gender suffix
કર + એલ + ઉં = કરેલું

Past participle formations of verbs like **ખા, પી, બેસ** take their past tense forms **ખાધું, પીધું, બેઠું**, etc. before the number – gender suffixes:

ખાધેલો ખોરાક	food that was eaten
પીધેલું પાણી	water that was drunk
બેઠેલી સ્ત્રી	woman who was sitting

Conjunctive participle

10.17 This participle denotes an action which has taken place *before* the one expressed by the principal verb, e.g. **આવવું** (to come) in the following example:

ભારતમાં *આવીને* હું ગુજરાતી શીખું છું.
Having *come* to India I am learning Gujarati.

The suffix **-ઈને** is added to the root, i.e. root + **-ine**: **આવ + ઈને = આવીને**. Similarly,

પૅરિસ *જઈને* હું ઍથેન્સ જઈશ. After going to Paris I will go to Athens.

ફ્રેન્ચ *શીખીને* હું ફ્રાન્સ ગયો. I went to France after learning French.

ઘરકામ *કરીને* દરરોજ હું વર્ગમાં આવું છું. I come to the class each day after doing my homework.

આવીને, જઈને, શીખીને, કરીને show that the action has already been completed.

Present participle

10.18 Here the action is happening in the present.

ગણિતનો અભ્યાસ *કરતા* ફાધર વાલેસ ગુજરાતી શીખ્યા.
Father Vallace, who was doing mathematics, studied Gujarati.

Here the verb કરવું is changed into the past participle by root + ત + the number–gender suffix, i.e. કરતા (third person honorific form).

Note: The same form can also be in the past tense if used at the end of a word:

ફાધર વાલેસ ગણિતનો અભ્યાસ કરતા.

Father Vallace was studying mathematics.

Similarly,

ચડતો માણસ	climbing man
તરતી માછલી	swimming fish
પડતું પાંદડું	falling leaf
રમતા છોકરાઓ	playing boys
વાંચતી સ્ત્રીઓ	reading women
ભસતા કૂતરા	barking dogs

Note: In Gujarati all the above forms are common although some, namely those connected with people, are not normally used in English.

Future participle

10.19 As its name suggests, the action in the future participle has yet to take place:

પરીક્ષા આપનારા વિદ્યાર્થીઓ અહીં બેસશે.

Students taking the examination will sit here.

આપવું is 'to give', with the root આપ. To form the future participle the -નાર suffix is added, followed by the number and gender suffixes: root + નાર + number–gender suffix. Similarly:

દોડનારો ઘોડો	the horse that is going to run
ખાનારી બિલાડી	the cat that is going to eat
સંતાનારું સસલું	the rabbit that is going to hide
ભાગનારા કાયરો	the cowards who are going to run away
રાંધનારી સ્ત્રીઓ	the women who are going to cook
ઊડનારાં પંખીઓ	the birds that are going to fly

[see R37]

Colloquial notes

10.20 ખબર પડી: ખબર means 'news'; પડી means 'fell'. When combined, they assume the meaning 'got the news'.

Other changes that occur with the usage of પડી are

સમજ પડી followed, understood (સમજ understanding)

આવી પડી came, i.e. arrived at the wrong place and/or at the wrong time

Here is an example: હું અહીં ક્યાંથી આવી પડી?

Why did I (*f*) come here? (to the wrong place)

રાત પડી	night had fallen
રજા પડી	it was a holiday

પડી is the past feminine form of પડવું (to fall) and can also be used in its literal sense:

ઝાડ પરથી કેરી પડી. A mango fell from the tree.

Exercises

7 Re-arrange the following in four groups of four words:

યુરોપ	ભાષા	આગ	વિદ્યાર્થી
અંગ્રેજી	કોલસા	કૉલેજ	એશિયા
ધુમાડો	કેળવણી	અમેરિકા	તમિળ
આફ્રિકા	ગુજરાતી	લાકડાં	વર્ગ

8 Which employment matches the individual?

A	*B*
અધ્યાપક	બાંધકામ
વિદ્યાર્થી	બાગકામ
ભોમિયો	બાળઉછેર
માતા	અભ્યાસ
કડિયો	કેળવણી
માળી	માર્ગદર્શન

9 Correct the following sentences:

(a) ઘરડાંને મદદ કરવું જો

(b) આજે પૈસા ન પણ મળીશ

(c) આખો ઘર બંધ હતો

(d) હું સાચું નિશ્ચય કરીએ છીએ

(e) તે ઘેર જા પછી ઑફિસ ગયું

(f) તરતું છોકરી બહાર નીકળ્યો

10 Translate into Gujarati:

(a) The flying birds came down.
(b) Barking dogs don't bite.
(c) One should not cheat.
(d) I will not go if it rains.
(e) Personal contact is better than the phone.

11 Describe your room using the following vocabulary:

અંદર	બહાર	ઉપર	નીચે	બાજુમાં
સામે	પાસે	આગળ	પાછળ	દૂર

12 Fill in the blanks:

જો હું આવીશ તો થાકી ________. એટલે ઘરમાં જ ________. કદાચ વરસાદ ________ પણ ખરો તો છત્રી ________ જશો. મારા ________ ચોપડી ________ ? અહીં આવ્યો ________ મેં કશું વાંચ્યું નથી. તમે પાછા આવો ત્યાં ________ મારે શું ________ રહેશે?

13 Use each of the following words in a different sentence taking particular care over number and gender.

લેનાર દેનાર ઊઠનાર બેસનાર ખાનાર પીનાર

Additional vocabulary

શાક ભાજી *Vegetables*

કોબી (*f*)	cabbage	લીંબુ (*n*)	lemon/lime
ગાજર (*n*)	carrot	ભીંડા (*m*)	okra/ladies' fingers
ફ્લાવર (*n*)	cauliflower		
કોથમીર (*f*)	coriander	ડુંગળી (*f*)	onion
રીંગણું (*n*)	eggplant	બટાટા (*n*)	potato
લસણ (*n*)	garlic	મૂળા (*m*)	radish
આદુ (*n*)	ginger	પાલખ (*f*)	spinach
ભાજી (*f*)	leaf vegetables	ટમેટા (*n*)	tomato

11 થિયેટર તરફ
નાટક જોયા પછી
Towards the theatre
After the play

In this lesson you will learn about:

- More colloquial phrases and compound verbs
- Frequently used English loan words
- Compound words
- The causal form
- The past, present and future continuous

મહેમાનો થિયેટરમાં Hosts and guests

Ilona is a friend of Varsha who is visiting Bombay from London. Varsha and her husband Anant are her hosts

વર્ષા: કેમ છો ઈલોના, બપોરે શીલાને ત્યાં બરાબર જમ્યાં?

ઈલોના: હા, આભાર. તમારી શીલાએ ગુજરાતી વાનગી બનાવી હતી. દાળનું સૂપ હતું ને તેમાં કશાકના ખૂબ જ સ્વાદિષ્ટ ટુકડાઓ નાખ્યા હતા. મને બહુ જ ભાવ્યું.

વર્ષા: ઓહો, એ તો દાળઢોકળી! દાળઢોકળીની વાતમાં શીલાને કોઈ ન પહોંચે! તો હવે સાંજનો શો પ્રોગ્રામ છે? નાટક જોવા જવું છે કે ફિલ્મ?

ઈલોના: ફિલ્મો તો લંડનમાં પણ જોઈએ જ છીએને! અહીં તો મારે સારું ગુજરાતી નાટક જોવું છે. બની શકશે?

વર્ષા: હા, હા, કેમ નહીં? હું હમણાં જ અનંતને ઑફિસમાં ફોન કરી દઉં છું. આપણા સૌ માટે એ ટિકિટો મેળવી લેશે. એ હજી શહેરમાં જ છે.

થિયેટરની બત્તીઓનો પ્રકાશ ધીમે ધીમે ઘટવા લાગ્યો. પડદો ઝળહળી ઊઠ્યો. માઈકમાંથી જાહેર થયું, 'હવે આપની સમક્ષ રજૂ થાય છે, જાણીતું નાટક 'આતમને ઓઝલમાં રાખ મા'. કળાકારો છે...

VARSHA: *How are you, Ilona? Have you had lunch at Sheela's?*

ILONA: *Yes, thanks. She made a Gujarati dish – lentil soup with something very tasty in it. It was delicious.*

VARSHA: *It must be Dal Dhokli. No one can touch Sheela when it comes to Dal Dhokli... So what would you like to do this evening? Would you like to go to the theatre or see a film?*

ILONA: *I can just as well see films in London. What I would really like to do is go to a good Gujarati play. Is that possible?*

VARSHA: *Of course. Why not? I'll phone Anant at his office right now and ask him to get the tickets while he's in town.*

At the theatre

The hall lights dim. A spotlight focuses on the curtain. A voice announces: 'Now we present for you the famous play **ātamne ojhalmā̃ rākh mā**. The actors are...'

Vocabulary

વાનગી	dish
દાળ	lentil soup
કશાકના	of something
ટુકડાઓ	pieces
ભાવ્યું	liked (used only in connection with food)
કોઈ ન પહોંચે	no one can touch ... (*lit.* reach)
બત્તીઓ	lamps
પ્રકાશ	light
ઘટવા લાગ્યો	got dim
ઝળહળી ઊઠ્યો	became illuminated
જાહેર થયું	was announced
સમક્ષ	before
રજૂ	show, display, present
આતમ	soul (આત્મા)
ઓઝલ	cover
રાખ	keep
મા	not
આતમને ઓઝલમાં રાખ મા	*lit.* don't keep your soul under cover (i.e. hidden)

Colloquial notes

11.1 The phrase **કોઈ ન પહોંચે** is used to show that someone is unsurpassable or incomparable in their field. (**પહોંચવું** means 'to reach'.)

Use of English loan words in Gujarati

11.2 Here are some words Gujarati has borrowed from English: **પ્રોગ્રામ** (programme), **સૂપ** (soup), **ફિલ્મ** (film), **ફોન** (phone), **ટિકિટો** (tickets – here the Gujarati plurality suffix **(-o)** has been added to the English word 'ticket'), **થિયેટર** (theatre), **માઈક્રોફોન** (microphone). There are, however, many words which have a Sanskritized Gujarati version which are sometimes found in printed form, e.g. **પ્રોગ્રામ = કાર્યક્રમ, ફિલ્મ = ચલચિત્ર, ટિકિટ = મૂલ્યપત્રિકા, થિયેટર = નાટ્યગૃહ, માઈક = ધ્વનિવર્ધક યંત્ર**, etc.

11.3 **તો ... જોઈએ જ છીએને!** We see it every day.
This phrase shows repetition – and it implies a desire for a change. Similar examples are:

> **ભાત તો રોજ ખાઈએ જ છીએને!** We eat rice every day.
> **ટીવી તો રોજ જોઈએ જ છીએને!** We watch television every day.
> **ચા તો રોજ પીએ જ છીએને!** We drink tea every day.
> **બસમાં તો રોજ જઈએ જ છીએને!** We go by bus every day.

In each of these examples the implication is that the speaker wishes there could be a change in the situation.

Note: **તો** here has a similar meaning to the English 'as well' and is not part of the **જો ... તો** (if... then) construction.

11.4 In the dialogue at the start of this lesson **તો** changed its meaning in various places according to the context. In **ઓહો, એ *તો* દાળઢોકળી!** (Oh, it must be **dāḷ-ḍhok-ḷi**) it has the meaning 'it was/it must be'. Here is another example:

> **ઓહ, એ તો નરગિસ.** Oh, that must be the actress Nargis.

11.5 ***તો* હવે સાંજનો શો પ્રોગ્રામ છે?** *Then* what is the programme in the evening?
Here, **તો** means 'then'. There is no expectation of **જો** (if) and again, it is not an, 'if... then' construction.

11.6 **અહીં *તો* મારે સારું ગુજરાતી નાટક જોવું છે.** Here I want to see a good Gujarati play.
In this example **તો** is used for emphasis. It is similar to **તારે *તો* આવવું જ પડશે** (you will have to come/you must come).

Grammatical notes

Here are some further examples of auxiliary and compound verbs.

11.7 Auxiliary verbs: બનાવી હતી, નાખ્યા હતા, જોઇએ છીએ are all verbal forms of હોવું (to be). **[see R25]**

11.8 Compound verbs: કરી દઉં, મેળવી લેશે, ઝળહળી ઊઠ્યો. The roots in the first two verbs are કર and દે ('do' and 'give'), while in the second combination they are મેળવ and લે ('obtain' and 'take') and in the third are ઝળહળ and ઊઠ ('shine' and 'get up').

11.9 To complete the sense or to emphasize the meaning, an auxiliary verb is sometimes added to the compound verb, e.g. કરી દઉં છું. **[see R26]**

11.10 The use of શક shows doubt and confirmation. As a noun શક means 'doubt'. When used as a verb in a question it throws doubt on the previous word:

બની શકશે? Will it be possible? (બન literally means 'to happen')

11.11 But it carries confirmation when used as a statement:

તેનાથી આ કામ બની શકશે. He will do the work (*lit.* the work will be done by him).

11.12 If જ follows તેનાથી, it gives emphasis, showing that no one but the person concerned could do the work. Similarly, કરી શકશે, થઈ શકશે, જઈ શકશે can show doubt or affirmation depending on whether the interrogative form is used or not.

11.13 By now you are familiar with some of the more important case suffixes. With દાળ*નું*, કશાક*ના*, ઢોકળી*ની*, સાંજ*નો*, બત્તીઓ*નો* the suffixes નો, ની, નું, ના denote possession and are the equivalent of the English 's. **[see R18, R23]**

11.14 The suffix માં in તેમાં, વાતમાં, લંડનમાં, શહેરમાં carries the meaning 'in'.

11.15 Sometimes both માં and થી are used together when the sense changes to 'from' e.g. માઈકમાંથી (from the microphone). **[see R18, R24]**

11.16 The suffix **ને** in **શીલાને, મને, અનંતને, આતમને** means 'to'.

શીલાને કોઈ ન પહોંચે.
મને બહુ જ ભાવ્યું હતું.
આતમને ઓઝલમાં રાખ મા.
અનંતને ફોન કરું છું. **[see R18, R20]**

11.17 **મા** without a nasal vowel is **not** a suffix. It means 'mother' and, in its colloquial form, can also mean 'not'. **કર મા** means 'don't do that' and **ઓઝલમાં રાખ મા** means 'don't keep in (i.e. wear) the veil'.

Exercises

1 Re-arrange the words to make sense of the following dialogue:

દુર્ગેશ:	છે બહાર? જવું ક્યાં આજે
સુશીલા:	તો જઈએ છીએ રોજ જ બહાર ને
દુર્ગેશ:	જોઈએ તો ટીવી આજે
સુશીલા:	ઓહો છે ફિલ્મ હિંદી સરસ
દુર્ગેશ:	છે કામ કરે નરગિસ તેમાં સુનીલ દત્ત અને
સુશીલા:	દિવસે ઘણા બેસીશું શાંતિથી

2 Write a short dialogue directing a stranger to the theatre.

3 Choose the correct words from the parentheses:

રસ્તા પર ધીમે ધીમે અંધારું (થયો/થઈ/થયું). માણસો પણ ઘટવા (લાગ્યો/લાગી/લાગ્યા). એકાએક બત્તીઓ બંધ થઈ (ગયો/ગઈ/ગયું). શાંતાબહેન ડરી (ગયાં/ગયું/ગઈ). એની પાછળ કોઈ આવતું (હતો/હતી/હતું). તેમને થયું, આમાંથી ભગવાન જ બચાવી (શકશો/શકશું/શકશે).

4 Use an auxiliary verb in the following sentences:

(a) ગઈ કાલે શોભનાએ દાળ સરસ બનાવી ________.
(b) આવતી કાલે હું સાન ફ્રાન્સિસ્કો જવાનો ________.
(c) ગયા વરસે આ ધોધ પાસેના દૂરબીનમાં સુરેશે સિક્કા નાખ્યા ________.
(d) મેં હમણાં જ ખાધું ________એટલે ભૂખ નથી.
(e) એ આવતી કાલે ત્યાં કામ કરતો ________.
(f) મારે અત્યારે જ પૈસા જોઈએ ________.

5 Match the following:

A	*B*
બત્તી	સાંજ
દાળ	ઝડપથી
ફિલ્મ	ભાત
માઈક	પ્રકાશ
ધીમેથી	જાહેરાત
સવાર	નાટક

6 Use five words related to the theatre in five different sentences.

7 Which adjective matches the person?

A	*B*
ફિલ્મી કળાકાર	તોફાની
પ્રોફેસર	ધૂની
પ્રધાન	સુંદર
ચિત્રકાર	ભુલકણા
વિદ્યાર્થી	અભિમાની

8 Translate into English:

(a) હું બપોરે જમતો નથી.
(b) લીલા રોજ સાંજે ફરવા જાય છે.
(c) જાણીતું નાટક સારું જ હોય તેમ ન પણ બને.
(d) આ લેખ તેનાથી જ લખી શકાશે.
(e) એક કલાકમાં આ કામ કરી દઈશ.

નાટક જોયા પછી **After the play**

Varsha, Ilona and Anant discuss the play

વર્ષા: કેમ ઈલોના, નાટક કેવું લાગ્યું?
ઈલોના: ઘણું સરસ. મને ભાષાની મુશ્કેલી પણ લગભગ ન પડી કારણ પાત્રો અભિનય ઘણો જ સરસ કરતાં હતાં. વળી તમે કથા અગાઉથી સમજાવતાં હતાં.
વર્ષા: હા. ને નાટકનો વિષય પણ જકડી રાખે તેવો જ હતો.
અનંત: પણ મને અંત બહુ ન ગમ્યો. કૉલેજનો પ્રિન્સિપાલ જેવો માણસ

દાણચોરોનો નાયક શા માટે બનતો હશે? આ સંપૂર્ણ અવાસ્તવિક લાગતું હતું.

વર્ષા: પણ સેટિંગ, ધ્વનિ અને પ્રકાશઆયોજન એટલું બધું વાસ્તવિક લાગતું હતું! છેલ્લા પ્રવેશમાં તો જાણે એમ જ લાગ્યું કે હુ મુંબઈના વિમાનમથક પર જ બેઠી છું.

ઈલોના: વર્ષા, તમે કહ્યું હતું કે મૂળ નાટક તો મરાઠીમાં લખાયું છે.

વર્ષા: હા. મરાઠીમાં એનું નામ 'આંસુ બની ગયાં ફૂલ' રાખ્યું હતું.

ઈલોના: ખરેખર? ગુજરાતી નામ 'આતમને ઓઝલમાં રાખ મા' કરતાં હું આ નામ વધુ પસંદ કરું. મૂળ નામ જ વધુ સારું લાગે છે.

VARSHA: *Ilona, did you like the play?*

ILONA: *It was wonderful. The language was not difficult to follow because the acting was so good and you were already explaining the plot to me.*

VARSHA: *The subject was very interesting* [lit. *gripping*].

ANANT: *Yes, but I didn't much like the ending. Why should the principal of a college become the boss of a gang of smugglers? It was totally unrealistic.*

VARSHA: *Maybe. But the sets, lighting and sound effects were so realistic. In the final scene I felt I was really at Bombay Airport.*

ILONA: *Varsha, you said this play was originally written in Marathi.*

VARSHA: *Yes, it was. In Marathi it was called 'The Tears Become Flowers'.*

ILONA: *Really? I prefer that to the Gujarati 'Don't Cover Your Soul'. The original sounds much better.*

Vocabulary

મુશ્કેલી	difficulty	અવાસ્તવિક	unrealistic
લગભગ	mostly, nearly	વાસ્તવિક	realistic
અભિનય	acting	ધ્વનિ	sound
અગાઉથી	before	પ્રકાશઆયોજન	light set-up, arrangement of lights
કથા	plot		
વિષય	subject		
જકડી રાખે એવો	gripping	છેલ્લા	last
અંત	end	પ્રવેશ	scene

દાણચોરો	smugglers	વિમાનમથક	airport
નાયક	leader, hero (in a play)	મૂળ	original, root
		આંસુ	tears
સંપૂર્ણ	totally, completely	ફૂલ	flowers
		ખરેખર	really

Colloquial notes

11.18 કેવું લાગ્યું? is very useful in everyday speech. It is used to ask someone's opinion: e.g.

એ માણસ કેવો લાગ્યો? What do you think about the man?
રસીલાની રસોઇ કેવી લાગી? How was Rasila's cooking?
આ કાપડ કેવું લાગે છે? How good is this cloth?
હવે કેમ લાગે છે? How do you feel now?

Grammatical notes

Compound words

11.19 As with Sanskrit and German, Gujarati conjoins two, or sometimes three, words. They are connected by different types of suffixes, conjuncts, clauses, etc., each of which has a particular name in both Sanskrit and Gujarati. Without going into detail, which is not necessary save in advanced Gujarati, the common name for these compounds is **samās**.

In notes 11.20–11.23 are a few of the more frequently used compound words.

11.20 Two words joined by અને:

દાળઢોકળી –દાળ અને ઢોકળી	lentil soup *and* dhokli
માબાપ–મા અને બાપ	mother *and* father
ભાઇબહેન–ભાઇ અને બહેન	brother *and* sister
ચાપાણી –ચા અને પાણી	tea *and* water
હાથપગ – હાથ અને પગ	hand *and* feet
ખરુંખોટું – ખરું અને ખોટું	right *and* wrong

11.21 Two words joined by ને, થી, નો, ની, નું, ના, માં, etc. (case suffixes):

પ્રકાશઆયોજન – પ્રકાશનું આયોજન arrangement of lights (*lit.* lights' arrangement)

વિમાનમથક – વિમાનનું મથક airport (*lit.* aeroplane's headquarters)

મનગમતું – મનને ગમતું likable (*lit.* pleasing *to* the mind)

વ્યવહારકુશળ – વ્યવહારમાં કુશળ expert *in* social transactions

સ્વાર્થરહિત – સ્વાર્થથી રહિત unselfish (*lit.* free *from* selfishness)

11.22 Words joined by જેનું... તે:

નકામું – જેનું કામ નથી તે something or someone unnecessary

માથાભારે – જેનું માથું ભારે છે તે stubborn, headstrong (*lit.* one whose head is heavy)

ઘરભંગ – જેનું ઘર ભંગાયું છે તે widow, widower (*lit.* one whose house is broken)

બહુમાળી – જેને બહુ માળ છે તે multi-storey building (one which has many storeys)

ત્રિલોચન – જેને ત્રણ આંખ છે તે Lord Shiva (*lit.* one who has three eyes)

ચંપાવરણું – જેનો વર્ણ ચંપા જેવો છે તે one who has golden-yellow skin

11.23 Miscellaneous:

આગગાડી – આગ વડે ચાલતી ગાડી steam train (*lit.* train which runs with fire)

દાણચોર – દાણ (tax) આપ્યા વગર ચોરીથી જે માલ લાવે છે તે smuggler (*lit.* an importer who steals by avoiding tax)

દૂધપૌંઆ – દૂધમાં બનાવેલા પૌંઆ parched rice prepared with milk

દહીંવડાં – દહીંમાં બનાવેલાં વડાં **vaḍās** (spicy dish) made with yoghurt

[see R39]

Causal

11.24 In this construction the subject passes on the work to someone else:

અકબર બેસે છે. Akbar is sitting.
અકબર છોકરાંઓને બેસાડે છે. Akbar makes the children sit.
આદિલ કાગળ લખે છે. Adil writes a letter.
આદિલ પત્ર લખાવે છે. Adil makes someone write a letter (i.e. dictates).
સીતા લાકડાં કાપે છે. Sita is chopping wood.
સીતા લાકડાં કપાવે છે. Sita is having the wood chopped.

Here you see that the causal form is made with **-આડ** or **-આવ** added to the verbal root *before* other suffixes: **બેસ-બેસાડ**; **લખ-લખાવ**. **[see R35]**

Present continuous

11.25 In Gujarati the simple present and present continuous forms are the same, so that **તે કામ કરે છે** can mean either 'he works' or 'he is working'.

Past continuous

11.26 **કર** do

Person		*Singular*	*Plural*
I		હું કરતો હતો	અમે કરતા હતા
II		તું કરતો હતો	તમે કરતા હતા
III	*m*	તે કરતો હતો	તેઓ કરતા હતા
	f	તે કરતી હતી	તેઓ કરતાં હતાં
	n	તે કરતું હતું	તેઓ કરતાં હતાં
i.e.			
I		R + તો હતો	R + તા હતા
II		R + તો હતો	R + તા હતા
III	*m*	R + તો હતો	R + તા હતા
	f	R + તી હતી	R + તાં હતાં
	n	R + તું હતું	R + તાં હતાં

Similarly, જા_જતો હતો, પી_પીતો હતો, લે_લેતો હતો, etc.

Future continuous

11.27	*Person*		*Singular*	*Plural*
	I		હું કરતો હોઈશ	અમે કરતા હોઈશું-હશું
	II		તું કરતો હોઈશ	તમે કરતા હશો
	III	*m*	તે કરતો હશે	તેઓ કરતા હશે
		f	તે કરતી હશે	તેઓ કરતાં હશે
		n	તે કરતું હશે	તેઓ કરતાં હશે

That is R + the past tense suffix + number gender suffix followed by the future tense forms of હો:

કર + તો હોઈશ
ખા + તો હોઈશ
પી + તો હોઈશ
લે + તો હોઈશ etc.

Exercises

9 Re-arrange the following in four groups of four words connected by meaning.

આનંદ	ધ્વનિ	ફ્રેંચ	સાઈકલ
અંગ્રેજી	પ્રકાશ	સેટિંગ	શોક
બસ	મરાઠી	ભય	પડદો
ગુસ્સો	વિમાન	ટ્રેન	ગુજરાતી

10 Fill in the blanks:

અમે થિયેટરમાં ________ જોવા ગયાં હતાં. અમે ________ અગાઉથી મેળવી લીધી હતી. નાટક ઘણું જાણીતું ________. બધાં જ પાત્રો સરસ ________ કરતાં હતાં ________ તે ખૂબ ગમ્યું. પછી અમે બહાર ________ ગયાં. જમવાનું ________ હતું એટલે અમને બહુ ________ પછી અમે ________ પાછાં આવ્યાં.

11 Match the opposite words from the two columns.

A	*B*
ઉપર	જમણી
અંદર	પાસે
આગળ	બહાર
દૂર	નીચે

પહેલાં	પાછળ
ડાબી	પછી

12 Add the relevant suffixes to the following:

(a) નાટક ________ વિષય સૌ ________ ગમે તેવો હતો.
(b) થિયેટર ________ દાખલ થયાં ને બત્તીઓ ________ પ્રકાશ ઘટી ગયો.
(c) શકીલ ________ માઇક ________ બોલેલું બરાબર ન સંભળાયું.
(d) ભારત ________ વડા પ્રધાન હેરો ________ વિદ્યાર્થી હતા.
(e) સરિતા પાસે ________ ટિકિટ લઈ દીપક ________ આપ.

13 Using the word તો, write five sentences on what you are going to do tomorrow.

14 Correct the following sentences:

(a) માથુરથી આ કામ બની શકો.
(b) સાંજની શી પ્રોગ્રામ છે?
(c) હુંને આ નામ ઘણો ગમે છું.
(d) મારો પૈસા ધીમે ધીમે ખલાસ થઇ ગયું.
(e) રજની અને સરોજ બહાર હતો.

15 Change the following to the causal form:

(a) ભાનુ રમે છે
(b) જયા લખે છે
(c) ચંદ્રકાન્ત હસતો હતો
(d) અરજણ ઘાસ કાપશે
(e) જહાંગીર કામ કરે છે

16 Change the sentences as directed:

(a) હું આજે નાટક જોવા જાઉં છું. (past continuous)
(b) જહાંગીર અગિયારીમાં જતો હતો. (present continuous)
(c) રવિવારે તમે ઘરની સફાઇનું કામ કરતા હશો. (past continuous)
(d) અમે થિયેટરમાંથી નીકળ્યા ત્યારે સાંજ પડી ગઈ હતી. (future continuous)
(e) નલિની ઑફિસમાંથી છૂટીને દુકાનમાં ચોપડી ખરીદતી હતી. (future continuous)

Additional vocabulary

જંતુઓ ***Insects***

કીડી (*f*)	ant	મંકોડો (*m*)	large black ant
માકડ (*m*)	bed bug	જૂ (*f*)	louse
મધમાખી (*f*)	bee (honey)	તીડ (*n*)	locust
પતંગિયું (*n*)	butterfly	મચ્છર (*n*)	mosquito
વાંદો (*m*)	cockroach	વીંછી (*m*)	scorpion
અળસિયું (*n*)	earthworm	કરોળિયો (*m*)	spider
આગિયો (*m*)	firefly	ઊધઈ (*f*)	termite
માખી (*f*)	fly	ભમરી (*f*)	wasp

12 પ્રેસ પર
પ્રવાસ કથા
At the newspaper office
A travelogue

In this lesson you will learn about:

- More active/passive forms
- More causal forms
- More relative pronouns
- More duplicative forms
- The **-e** suffix in the cardinals
- Reporting and narrative styles

પ્રેસ પર At the newspaper office

Mr Patel is the editor of a Gujarati weekly. Ms Ami Joshi is the chief reporter. She is asked about a presentation ceremony she covered for the newspaper

પટેલ: અમી, પછી તમે કાલે યુનિવર્સિટીના પદવીદાન સમારંભમાં ગયાં હતાં? મારાથી તો ન અવાયું.

અમી: હાજી. લોગન હૉલ ખીચોખીચ ભરાઈ ગયો હતો. સોઆસની પરીક્ષાઓમાં ઉત્તીર્ણ થનાર સૌને પદવીઓ મળી હતી. સૌ વિદ્યાર્થીઓ તેમના ખાસ ઝભ્ભાઓમાં હતા. સૌ વિભાગોના અધ્યક્ષો પણ સરઘસાકારે આવીને તખ્તા ઉપર પોતપોતાની જગ્યાએ ગોઠવાઈ ગયા હતા. તેમણે પણ તેમના પરંપરાગત ઝભ્ભાઓ અને ચોરસ ટોપીઓ પહેરી હતી.

પટેલ: એ તો અપેક્ષા હતી જ. પણ કોઈ ખાસ નોંધપાત્ર ઘટના?

અમી: હાજી. બે વિદ્વાનોને માનદ ફેલોશિપથી સન્માનવામાં આવ્યા. તેમાંના એક, ડૉ. ભાયાણી, SOAS દ્વારા આ રીતે સન્માનિત થનારાઓમાં પ્રથમ ગુજરાતી હતા. તેઓ ખૂબ જ જાણીતા ભાષાશાસ્ત્રી છે અને ૬૦ ઉપરાંત પુસ્તકો લખ્યાં છે.

પટેલઃ	ઓહો. એ તો આપણા માટે મહત્ત્વના સમાચાર. તમે તેમની મુલાકાત લીધી?
અમીઃ	નાજી. તેઓ માંદા હતા તેથી તેમનાથી આવી શકાયું નહોતું.
પટેલઃ	સભામાં એમના વિષે કોઈ પરિચય અપાયો હતો?
અમીઃ	હાજી. SOASના એક સિનિયર પ્રોફેસર રાઈટે એમની સિદ્ધિઓને વિસ્તારથી બિરદાવી હતી. પશ્ચિમના મહાન ભાષાવૈજ્ઞાનિક ડૉ. ટર્નર સાથે એમની તુલના કરવામાં આવી હતી. એ આખા વ્યાખ્યાનની નકલ મેં મેળવી લીધી છે.
પટેલઃ	સરસ. એનો અહેવાલ જેમ બને તેમ જલદી તૈયાર કરી નાખો ને તેમનો ફોટો પણ મેળવી લો. કાલના અંકમાં હું તેને લઈ લેવા માગું છું.

PATEL:	*Ami, did you go to the presentation at the university yesterday? I could not.*
AMI:	*Yes, sir. The hall was full to capacity. All the successful graduate and post-graduate students collected their degrees. They were all dressed in gowns and the heads of department arrived in procession to take their seats on the dais. They too had traditional robes and mortarboards on their heads.*
PATEL:	*That's to be expected. Was there anything particularly notable?*
AMI:	*Yes, sir. Two scholars were awarded honorary fellowships. One of them, Dr Bhayani, is the first Gujarati to be honoured in this way by the School of Oriental and African Studies. He is a well-known linguist who has written more than sixty books.*
PATEL:	*That's an important story for us. Did you interview him?*
AMI:	*No, sir. Dr Bhayani could not come because he is ill. It was awarded in his absence.*
PATEL:	*Did anyone say anything about him?*
AMI:	*Yes. Professor Wright, a senior professor at SOAS, praised his achievements at some length, comparing him to Dr Turner, the most famous western linguist. I got hold of a copy of his speech.*
PATEL:	*Good. Write your report as quickly as possible and get a photograph of Dr Bhayani. I want to carry the story in tomorrow's paper.*

Vocabulary

પદવીદાન	convocation
સમારંભ	ceremony
ખીચોખીચ	packed to capacity
ઉત્તીર્ણ	pass (in examination)
ખાસ	typical
વિભાગોના અધ્યક્ષો	heads of department
ઝભ્ભા	gowns, robes
સરઘસાકારે	in procession
પરંપરાગત	in traditional manner
નોંધપાત્ર	noteworthy

વિદ્વાનો	scholars
સન્માનવું	to honour
મુલાકાત	interview
ગેરહાજરી	absence
ભાષાશાસ્ત્રી ભાષાવિજ્ઞાની	linguist
તુલના	comparison
વ્યાખ્યાન	lecture
અહેવાલ	report
ઉપરાંત	over and above
સંશોધન	research
પરિચય	introduction
બિરદાવી	appreciated
સિદ્ધિઓ	achievements

Grammatical notes

12.1 *More active and passive forms*

(a) **મારાથી ન અવાયું.** It was not possible (for me) to come. (passive)
હું ન આવી શક્યો. I could not come. (active)

(b) **તેમનાથી એ કામ હંમેશ મુજબ *કરાયું* હશે.** The work might have been done (by them). (passive)
તેમણે એ કામ હંમેશ મુજબ *કર્યું* હશે. They might have done the work. (active)

(c) **ડૉક્ટરથી આવી શકાયું ન હતું.** It was not possible for the doctor to come. (passive)
ડૉક્ટર આવ્યા ન હતા. The doctor could not come. (active)

(d) **તમારાથી તૈયાર થશે?** Will the work be done (by you)? (passive)
તમે તૈયાર રાખશો? Will you do the work? (active)

[see R33, R34]

12.2 *More causal forms*

(a) **ત્યાં વિદ્યાર્થીઓને બેસાડ્યા હતા.** The students were made to sit there. (causal)

ત્યાં વિદ્યાર્થીઓ બેઠા હતા. The students were sitting there.

(b) તમે ફોટો કોઈની પાસે કઢાવી લો. Get someone to print the photograph. (causal)
તમે ફોટો કાઢો. Print the photograph (yourself).

(c) હું ટાઈપિસ્ટ પાસે તૈયાર કરાવું છું. I will have it typed by the secretary. (causal)
હું ટાઈપ કરું છું. I will type it myself.

[see R35]

12.3 *Auxiliary forms*

ગયાં *હતાં,* ગયો *હતો,* મળી *હતી,* બેસાડ્યા *હતા,* ગોઠવાઈ ગયા *હતા,* કરાયું *હશે,* પહેરી *હતી,* અપાયો *હતો,* બિરદાવી *હતી,* લીધી *છે.* **[see R25]**

12.4 *Compound verbs*

ભરાઈ ગયો, ગોઠવાઈ ગયા, મેળવી લો, કરી નાખો. **[see R26]**

12.5 *Sentences with verbs implied*

(a) પણ કોઈ ખાસ નોંધપાત્ર ઘટના (બની હતી)?
But was there anything noteworthy?
The verb બની હતી (happened) is implied.

(b) આપણા માટે મહત્ત્વના સમાચાર (છે).
These are (this is) important news for us.
The verb છે (are) is implied.

Note: unlike English, 'news' is plural in Gujarati.

Exercises

1 Translate the following sentences into Gujarati:

(a) Did you go to Athens yesterday?
(b) Your description is very clear.
(c) How can we achieve the real objectives of education?
(d) Give me your notes immediately.
(e) I am sorry I could not come to your party.
(f) I recently got my degree.

2 From the dialogue at the start of this lesson find three sentences containing the passive voice and change them to the active. Make another three of your own.

3 Match the following:

A	*B*
પદવીદાન	ટોપી
પ્રોફેસર	ઉત્તીર્ણ
પરીક્ષા	તબિયત
નાદુરસ્ત	ગેરહાજરી
હાજરી	વિદ્વાન
ઝબ્બો	સમારંભ

4 Fill in the appropriate participles:

ભસ ________	કૂતરો	(barking dog)
વાંચ ________	છોકરી	(reading girl)
પડ ________	ફળ	(falling fruit)
પડ ________	મકાન	(the building that was going to fall)
ચૂંટા ________	પક્ષ	(the party is going to be elected)
કરે ________	કામ	(the work done)

5 Using the vocabulary from the dialogue, describe a concert or a play you have been to; use present perfect, past perfect and past perfect continuous tenses, wherever possible.

6 Find the odd words in each of the following:

(a)	ખીચોખીચ	ખાલીખમ	ભરાયો	ફળ
(b)	તરત જ	મગજ	હમણાં જ	અત્યારે જ
(c)	બિલાડું	પાંદડું	ઘોડું	સસલું
(d)	વિદ્યાર્થીઓ	પદવીઓ	ઝભ્ભાઓ	ગધેડાઓ
(e)	હસતું	જંતુ	ખાતું	પીતું

પ્રવાસકથા A travelogue

યુરોપ અને અમેરિકામાં મેં જે સુંદર ગાયો જોઈ તેથી જિજ્ઞાસા વધી કે આમના ઉછેરની વ્યવસ્થા કેવી રીતે થાય છે? ઇંગ્લૅન્ડ જેવા નાનાસરખા દેશમાં ઘાસનાં ખેતરોમાં તંદુરસ્ત

ગાયો ચરતી જોઈને આંખો ઠરે છે. કેટલીક જગ્યાએ વિશાળ ખેતરના સાત ભાગ પાડ્યા હોય છે. દરેક વાર માટેનો એક ભાગ. સાતે ભાગ પૂરા કરીને પહેલા ભાગમાં ગાયો પાછી આવે ત્યારે તેમાં ફરી ચરી શકાય તેવું સુંદર ઘાસ ઊગી ગયું હોય છે. ઇંગ્લૅન્ડ કરતાં પણ સ્વિટ્ઝર્લૅન્ડમાં અને જર્મનીમાં ગાયોની સુંદર વ્યવસ્થા છે. એક ગાય માટે રોજનું ચાળીસ લિટર દૂધ તો સામાન્ય ગણાય છે. અમેરિકાનું ટેક્સાસ સ્ટેટ એટલે ઘઉં અને ગાયોનું જ સ્ટેટ છે. [સ્વામી સચ્ચિદાનંદ]

When I saw such beautiful cows in Europe and America I was curious to know how they were bred. In a small country like England it was good to watch healthy cows grazing. In some areas big farms are divided into seven pastures; each is grazed for one day in the week. By the time the cows have grazed in each and return to the first, it is ready for grazing again. In countries like Switzerland and Germany the arrangement is even better. It was common for a cow to give 40 litres of milk a day. In the USA, Texas is known as the state of wheat and cows.

Vocabulary

જિજ્ઞાસા	curiosity, keenness	ખેતર	farm
ઉછેર	breeding	ચરી શકાય એવું	ready for grazing
ચરી શકાય	can graze		
તંદુરસ્ત	healthy	સામાન્ય	common
આંખો ઠરે છે	good to watch (*lit.* cools the eyes)		

Grammatical notes

Relative pronoun: જે ... તે

12.6 The relative pronoun જે is used for both persons and things and does not change with number and gender.

જે વાવશો તે લણશો. Whatever (you) sow, (that) (you) will reap.

12.7 જે can also be used as an adjective:

મેં જે સુંદર ગાયો જોઈ તે તંદુરસ્ત હતી. The beautiful cows (which) I saw were healthy.

12.8 The case suffixes **-ને**, **-થી**, **-માં**, etc. can also be used with these pronouns:

મેં જે સુંદર ગાયો જોઈ *તેથી* જિજ્ઞાસા વધી. The beautiful cows (which) I saw, increased my curiosity (*lit.* my curiosity was increased *because of that*).

12.9 The duplicative forms **જે જે ... તે તે**:

જે જે આ ગાયો જુએ તે તે ખુશ થાય છે. Whoever sees these cows is happy.

The repetition of **જે** changes the meaning from 'who' to 'whoever'. **[see R38]**

Conjunctive participle

12.10 The text in this lesson contains the following examples of the conjunctive participle:

ગાયો ચરતી *જોઈને* આંખો ઠરે છે. It is good to see the cows grazing (*lit.* The eyes are satisfied after seeing the cows grazing).

સાતે ભાગ પૂરા *કરીને* પાછી આવે... After spending time in each of the seven fields... (*lit.* After completing all seven parts...) **[see R37]**

Invariable adjective

12.11 ***સુંદર* ગાયો, *તંદુરસ્ત* ગાયો, *વિશાળ* ખેતર, *સાત* ભાગ, *સુંદર* ઘાસ** are examples of invariable adjectives. **[see R10]**

12.12 The ordinal numbers, like **પહેલો**, **બીજો**, etc., are variable adjectives:

પહેલો ભાગ, પહેલી ચોપડી, પહેલું ઘર
બીજો માણસ, બીજી ગાય, બીજું ખેતર, etc.

The -e suffix in cardinal numbers

12.13 When an **-e** suffix is added to a cardinal number it carries the meaning 'all the':

સાતેય ભાગ પૂરા કરીને... After completing *all the* seven parts...
તમે દસે ચોપડી વાંચી લીધી? Have you finished *all the* ten books?

12.14 When used in negation, **-e** means 'not a' or 'not a single' or 'not any':

તે એકે ચોપડી વાંચી નથી? You have not read a single book?
ત્રણે છોકરાઓ ન આવ્યા. Not one of the three boys arrived.

Colloquial notes

12.15 **આંખો ઠરે છે** means 'the eyes cool down' and indicates something pleasant to see:

સરસ ગાયો જોઈને *આંખો ઠરે છે.* One is pleased to see the beautiful cows.
એનો હોશિયાર દીકરો જોઈને મારી *આંખ ઠરી.* I was happy to see his intelligent son.

It is, of course, used in its normal sense of 'cooling down':
ગરમ પાણી તરત ઠરી ગયું. The hot water quickly cooled.

Exercises

7 Use the verb ઠરવું in three sentences, each with a different meaning.

8 Fill in the following columns with suitable adjectives:

ગાય	ખેતર	પ્રોફેસર	પત્રકાર	તંત્રી
કાળી	લીલું	વિદ્વાન	ચાલાક	કુશળ
________	________	________	________	________

Note: there is more than one answer.

9 What are the opposites of

	A	B
(a)	તંદુરસ્ત	________
(b)	સુંદર	________

(c) વ્યવસ્થા ________
(d) વિશાળ ________
(e) સામાન્ય ________

10 Fill in the blanks:

હું યુરોપ ________ અમેરિકા ________ સુંદર ગાયો ________ ________ ત્યારે મને થાય ________ કે આવી ગાયો ________ ઉછેર કેમ થતો ________? ઘાસનાં ખેતરો ________ અંદર તંદુરસ્ત ગાયો ફરતી ________ છે. કેટલીક જગ્યાએ સાત વાર ________ સાત ભાગ ________ હોય છે. સાત દિવસ જુદા જુદા ________ માં ________ પાછી પહેલી ________ આવે ત્યારે ત્યાં ઘાસ ________ ગયું હોય છે.

11 Using words from the glossary describe a small farm.

12 Describe your present job/studies and compare it with work you have done in the past.

13 Change the sentences as directed:

(a) કાલે મારી પાસે આ મકાન હશે. (negation)
(b) કરેલું કામ નકામું જતું નથી. (affirmation)
(c) હું યુરોપ જઈશ. હું અમેરિકા જઈશ. (make into a single sentence)
(d) ગઈ કાલે મને પેટમાં દુખતું હતું. (future continuous)
(e) મને મોસ્કોમાં ગમે છે પણ ન્યુ યૉર્કમાં ગમશે? (remove the doubt)
(f) શીલાને કાનમાં સખત દુખાવો છે. (past continuous)

14 Make five different sentences using the જે ... તે construction.

Additional vocabulary

આકારો *Shapes*

ગોળ (*m*)	circle	લંબચોરસ (*m*)	rectangle
ષટ્કોણ (*m*)	hexagon	ચોરસ (*m*)	square
લંબગોળ (*m*)	oblong	ત્રિકોણ (*m*)	triangle

13 સાન ફ્રાન્સિસ્કો સવારમાં ફરવા

San Francisco Morning walk

In this lesson you will be revising:

- Auxiliary verbs
- Omission of a verb
- Omission of જો in the 'if ... then' construction
- Duplicatives
- Case suffixes
- Conjuncts
- Compound words
- Participles – past, present, future
- Honorific plural
- Degrees of comparison

સાન ફ્રાન્સિસ્કો San Francisco

સાન ફ્રાન્સિસ્કોમાં હું ઊતર્યો હતો તે ઘર ઊંચી ટેકરી ઉપર હતું. મારા રૂમની બારી નીચે તળેટી પર પડતી હતી. ત્યાં પાસે વિશાળ હવાઈ મથક તથા છીછરો સમુદ્ર હતાં. પક્ષીઓની માફક ઊડતાં નાનાંમોટાં જાતજાતનાં વિમાનો હું જોયા કરતો. હવાઈ મથક ઉપર ૨૦૦-૫૦૦ વિમાનો ટૅક્સીઓની માફક ઊભાં હોય. ખેડૂતો, ડૉક્ટરો, વકીલો, ઉદ્યોગપતિઓ વગેરે સૌને પોતપોતાનાં વિમાનો હોય. ખેતરો સુધી જવું હોય તો ખેડૂતો વિમાનમાં જાય. નવાઈની વાત તો એ કે વિમાનની કિંમત લગભગ સારી કાર જેટલી જ. આટલાં બધાં વિમાનો પક્ષીઓની માફક ચડઊતર કર્યા કરે, છતાં છેલ્લાં ચાળીસ વર્ષમાં અહીં અકસ્માત થયો નથી. (સ્વામી સચ્ચિદાનંદ)

In San Francisco the house in which I stayed was on a hill. The window of my room overlooked the foot of a hill. At the base there was a large airport next to a shallow sea. I saw a variety of planes flying like birds. At this airport there were about 500 planes, standing like taxis. Farmers, doctors, solicitors, industrialists – all had personal planes. The farmers would set out for their farms in planes. Surprisingly, the price of a plane was only the same as a good car. There are so many planes taking off and landing like birds, yet over the past forty years there has not been a single accident. *(Swami Sachchidanand)*

Vocabulary

ટેકરી	hill	છીછરો	shallow
તળેટી	plain at the foot of a mountain or hill	સમુદ્ર	sea
		ઉદ્યોગપતિ	industrialist
		ખેડૂત	farmer
વિશાળ	large	વકીલ	solicitor
હવાઈ મથક	airport	છેલ્લાં	last

Revision

13.1 Note the various forms of the verbal root હો:

ઊતર્યો હતો, પડતી હતી, હતાં, ઊભાં હોય, જવું હોય

13.2 Note the omission of the verb in the following sentence, where 'was' is implied:

નવાઈની વાત તો એ (હતી) કે વિમાનની કિંમત લગભગ સારી કાર જેટલી જ (હતી). Surprisingly, the price of a plane *was* only the same as a good car.

13.3 Note the omission of the word **જો** 'if' in the 'if ... then' construction:

(જો) ખેતરોમાં જવું હોય *તો* ખેડૂતો પોતાનાં વિમાનોમાં જાય.
If the farmers had to go to their farms *then* they would go in their own planes.

13.4 Note the use of the reflexive pronouns in these two sentences:

ખેડૂતો *પોતાનાં* વિમાનોમાં જાય. The farmers were going in *their own* planes.
સૌને *પોતપોતાનાં* વિમાનો હોય. Everyone had *his own* plane.

[see R9]

In the second sentence the reflexive pronoun પોતાનાં has a *duplicative* form: **પોતપોતાનાં.** This is a style used for emphasis both in colloquial speech and in writing.

જાતજાતનાં is another duplicative form meaning 'of various types'. જાત means 'type', and when repeated gives the sense of 'variety'. **[see R38]**

13.5 Note the case relations with suffixes like સાન ફ્રાન્સિસ્કો*માં*, રૂમ*ની*, પક્ષીઓ*ની*, જાતજાત*નાં*, ટેક્સીઓ*ની*, સૌ*ને*, ખેતરો*માં*, વિમાન*માં*, વિમાન*ની*, વર્ષ*માં*. Also the use of propositions like પાસે, સુધી, ઉપર, નીચે, માફક.

13.6 Note the use of the conjuncts **તથા, કે, છતાં** in the following:

હવાઈ મથક *તથા* સમુદ્ર હતાં... An airport *and* a sea...
નવાઈની વાત તો એ કે વિમાનની કિંમત... It was surprising that the price of the plane...
...કર્યા કરે *છતાં* અહીં અકસ્માત થયો નથી. *Yet* there has not been a single accident. **[see R28]**

13.7 Note the compound words:

હવાઈમથક	airport	હવાઈ જહાજને ઊભાં રહેવાનું મથક
ઉદ્યોગપતિ	industrialist	ઉદ્યોગનો પતિ
નાનાંમોટાં	big and small	નાનાં અને મોટાં

[see R39]

Exercises

1 Translate the following sentences:

(a) Jane's house is at the top of the hill.
(b) Suleman was going to the airport.
(c) I paid quite a large amount for this car.
(d) There was recently a big conference of industrialists in Delhi.
(e) Which is the best and most healthy exercise?
(f) I like to watch the rising sun on the seashore at Brighton.

2 Change the following into the future tense:

સાન ફ્રાન્સિસ્કોમાં હું ઊતર્યો હતો તે ઘર ઊંચી ટેકરી ઉપર હતું. મારા રૂમની બારી નીચે તળેટી પર પડતી હતી. ત્યાં પાસે વિશાળ હવાઈ મથક તથા છીછરો સમુદ્ર હતાં. પક્ષીઓની માફક ઊડતાં નાનાંમોટાં વિમાનો હું જોયા કરતો.

3 Fill in the blanks:

(a) વિમાન ઉપર ________ (climbing up) હતું અને વાદળાં નીચે ________ (climbing down)

(b) અહીં મોટો વિમાની ________ (accident) થયો અને સો માણસો ________ ________ (died).

(c) (of various types) ________ મકાનો અહીં જોવા મળે છે.

(d) નદી ________ (shallow) હોય ત્યાંથી ચાલીને ________ (opposite) તીર જઈ શકાય.

(e) ________ (large) પર્વતો અને ________ (deep) ખીણો મેં જોઈ.

(f) તમે ________ (in the degree presentation) ગયાં હતાં?

4 Re-arrange the following into four groups connected by meaning:

હરવું	મોટા	બાગ	પંખી
નાના	ફરવું	જંતુ	ખેતર
પ્રાણી	વાડી	મધ્યમ	ચઢવું
બગીચો	પક્ષી	ઊતરવું	વિશાળ

5 Complete the following with appropriate adjectives (there can be more than one answer):

ખેડૂત	વકીલ	ડૉક્ટર	સ્વામી	ઉદ્યોગપતિ	ડ્રાઈવર
________	________	________	________	________	________
________	________	________	________	________	________
________	________	________	________	________	________

6 Correct any mistakes in the following paragraph:

હું મુંબઈના વિમાની મથક ઊતર્યું ત્યારે સવાર પડ્યો હતો. આકાશમાં સૂરજ દેખાતી ન હતું ને વરસાદ પડતી હતું. મેં એક ટૅક્સી મગાવ્યો ને ડ્રાઈવરને કહ્યો કે ચર્ચગેટ જવી છે. કેટલી પૈસો? તે કહ્યું ભાઈસાહેબ, મીટર પ્રમાણું આપજી. હું સામાન મૂકી. ડ્રાઈવર ગાડી ચાલ.

સવારમાં ફરવા Morning walk

પૂર્વ દિશામાં ઊગતા સૂર્યને જોયો છે? વહેલા ઊઠીને ફરવા જશો તો તેનો આનંદ અનુભવી શકશો. પણ આવા ફરવા જનારા માણસો કેટલા? તમારી જાતને પૂછો કે તમે શું કરવા વિચારો છો? તમે કદાચ કહેશો કે મને ફરવું બહુ ગમતું નથી. તો એક વાર સવારમાં ફરીને પાછા આવો. એટલી સ્ફૂર્તિ આવશે કે રોજ જવાનું નક્કી કરશો. કરેલી મહેનત નકામી નહીં જાય. ફરવાની કસરત સૌથી સહેલી અને સારી છે. તેમાંય સવારની હવા તો સૌથી શુદ્ધ હોય છે. તેને ફેફસાંમાં ભરી લો. ગયેલા દિવસો તો પાછા આવતા નથી, પણ હજી મોડું થયું નથી. આવતી કાલે સવારથી જ શરૂ કરો. ઊગતો સૂર્ય તમારું સ્વાગત કરવા તૈયાર છે.

Have you ever seen the rising sun? You will experience its joy if you get up early and go out for a morning walk. But how many of us do that? Perhaps you will say you don't much like walking. Well, just do it once. You will feel so energetic that you will want to go every day. It will not be wasted effort. Walking is both the easiest and the best exercise. Morning air is pure. Fill your lungs with it. Days that are gone will not return, but it is never too late. Begin tomorrow morning. The rising sun will be ready to welcome you.

Vocabulary

ઊગતો	rising	શુદ્ધ	pure
સ્ફૂર્તિ	energy	ફેફસાં	lungs
મહેનત	labour	સ્વાગત	welcome
કસરત	exercise		

Grammatical notes

Present participle

13.8 ઊગતો સૂર્ય, ચાલતી સ્ત્રી, ઊડતું પંખી

The words underlined are the present participles. They are actually the past tense verbs of ઊગ, ચાલ, ઊડ, but when used before the noun serve as adjectives and show action in the present.

Past participle

13.9 ગયેલા દિવસો, *કરેલી* મહેનત, પીધેલું પાણી
The underlined words are past participles and show action already completed.

Future participle

13.10 જનારા માણસો, તરનારી છોકરીઓ, કૂદનારું વાંદરું
The underlined words are future participles which express action which is yet to occur.

Conjunctive participle

13.11 ઊઠીને, ફરીને, જઈને
Here an action has already taken place before that of the verb.

General participle

13.12 This participle does not refer to any particular tense.
મને ફરવું બહુ ગમતું નથી. I don't much like walking.
અમને *છૂટા* પડવું ગમતું નથી. We don't like to be separated.
[see R37]

Honorific plural

13.13 Throughout the passage the honorific plural form **તમે** is used. Accordingly, the verbs are also in the plural form. **[see R7]**

Conjuncts

13.14 Note the use of conjuncts like **પણ, કે** in the following sentences:
તમે આનંદ અનુભવી શકશો, *પણ* આવા જનારા કેટલા? (*lit.*) You will enjoy, but how many of us do that?

એટલી સ્ફૂર્તિ આવશે કે રોજ જવાનું નક્કી કરશો. You will feel so energetic that you will want to go every day.

[see R28]

Superlatives

13.15 **ફરવાની કસરત *સૌથી* સહેલી અને સારી છે.** Walking is the best exercise of all.

સવારની હવા તો *સૌથી* શુદ્ધ હોય છે. The morning air is the purest of all.

As mentioned previously (in notes 9.1, 9.2, 9.3) there are no specific suffixes to show comparatives or superlatives. The suffix **-થી** is added to the word **સૌ** 'all', thereby meaning 'amongst all'. Note that the suffix **-થી** is not used exclusively to show the superlative. **[see R11]**

Exercises

7 Re-arrange the words to make sense of the following dialogue :

હોટેલવાળોઃ છો શું કરો? સાહેબ
સ્વામીઃ છું ધાર્મિક આપું વ્યાખ્યાનો હું
હોટેલવાળોઃ રસ સરસ છે ધર્મમાં પણ મને સાહેબ
સ્વામીઃ છે સારું રસ છે તમને એવો એમ તે
હોટેલવાળોઃ વાંચ્યું મેં છે ફક્ત હજી બાઈબલ જ
સ્વામીઃ આચરણ તેમાંનું છે તો ખરું
હોટેલવાળોઃ કહી સાચી તદ્દન આપે વાત
સ્વામીઃ આનંદ કરીને તમારી વાત થયો સાથે

8 Translate into English:

(a) વકીલો હંમેશાં ખોટું જ બોલે છે તે સાચું નથી.
(b) આ મકાનની કિંમત લગભગ મારા મકાન જેટલી જ છે.
(c) નવાઈની વાત તો એ છે કે એ કદી અમદાવાદની બહાર ગયો જ નથી.
(d) મને કુદરતનાં દૃશ્યો જોવાં બહુ જ ગમે છે.
(e) કરેલું કામ કદી નકામું જતું નથી.
(f) ઘરની બહાર નીકળીને તેમણે મારું સ્વાગત કર્યું.

9 How many ways can you find to say 'no'? Put each of them into a sentence.

10 Write down five things you were going to do yesterday.

11 Arrange the following in order of size

વિમાન સાઈકલ ગાડું કાર ખટારો

12 Match the words in each column.

A	*B*
સરસ	આનંદ
ખુશી	કીર્તિ
યશ	શુદ્ધ
દરિયો	સારું
વહાણ	સમુદ્ર
ચોખ્ખું	જહાજ

13 Write a short dialogue on directing a stranger from the airport to a seaside resort.

14 Describe a morning walk using the following words:

અંદર બહાર ઉપર નીચે આગળ પાછળ આજે કાલે બાજુ સામે

Additional Vocabulary

ધાતુઓ *Metals*

ખનિજ (*f*)	minerals	પોલાદ (*n*)	steel
સોનું (*n*)	gold	પિત્તળ (*n*)	brass
રૂપું (*n*), ચાંદી (*f*)	silver	કાંસું (*n*)	bronze
તાંબુ (*n*)	copper	જસત (*n*)	zinc
લોઢું, લોખંડ (*n*)	iron		

14 પત્રલેખન

Letter writing

In this lesson you will learn about:

- Personal letters
- Official letters
- Governmental letters
- Invitations

Personal letter

૧૮, એલ્મ ગાર્ડન્સ,
હેમ્પસ્ટેડ,
લંડન, તા. ૨૬-૭-'૯૩

પ્રિય બહેન કુસુમ,

ઘણા દિવસથી તારો કોઈ પત્ર નથી. વચ્ચે નવીનભાઈ અને નીતાભાભી આવ્યાં હતાં ત્યારે સૌના કુશળ સમાચાર આપ્યા હતા. પણ તમે બધાં એવાં તે કયા કામમાં રોકાઈ ગયાં છો કે બે લીટી લખવાનીય ફુરસદ ન મળે!

એટલે જ એમ થયું કે ચાલો જાતે જ જઈ આવું! આ દિવાળીની રજાઓમાં ત્યાં આવવા વિચાર છે. ભારત છોડ્યાને આજકાલ કરતાં દસ વરસ થઈ ગયાં! સાચું લાગતું નથી! હજી જાણે હમણાં જ તો સહાર ઍરપૉર્ટ પરથી તમે મને વળાવ્યો હતો! સમય કેવો ઝડપથી પસાર થઈ જાય છે!

ત્યાં આવીશ એટલે મુંબઈમાં પ્રતાપભાઈ અને ભાભીને મળાશે. પ્રદ્યુમ્નભાઈનું કલાપ્રદર્શન પણ જહાંગીર આર્ટ્સ ગૅલેરીમાં ચાલતું હશે તે જોવાશે. પૂનામાં રંજન અને તેની વહુ પલ્લવીને ત્યાં પણ જવું છે. તેમનાં બાળકો પરાગ અને પ્રણવને કેટલાય વખતથી જોયાં નથી. હવે તો મોટાં થઈ ગયાં હશે! રાજકોટમાં ચંદાની તબિયત નરમગરમ રહે છે. ભાઈબીજને દિવસે ત્યાં પહોંચવાની ગણતરી છે. એ તો રાજીનાં રેડ થઈ જશે! તમારી સૌની સાથે વડોદરાનો વિકાસ પણ જોવો છે.

તમારાં સૌ માટે શું શું લાવું તેની યાદી બનાવી તરત મોકલશોને? સૌને યાદ.

લિ.

જતીનના સ્નેહસ્મરણ

18 Elm Gardens
Hampstead
London NW3 2BJ
26 July 1993

My dear Kusum,

I've not heard from you for ages. A few days ago I saw Navin and Nita, who tell me you are well. However, I would prefer to hear any news directly from you. As it is I have now decided to come to India for Diwali and hope to see you then. I can't believe that it is already ten years since I left for England. It seems like yesterday that I took off from Sahar Airport. Time flies!

I will be seeing Pratapbhai and Bhabhi in Bombay and am hoping to make time in order to see Pradumna's exhibition of paintings at the Jehangir Art Gallery. I would also like to see Ranjan and his wife, Pallavi, in Poona. I haven't seen their sons, Parag and Pranav, for such a long time. They must be quite grown up by now.

I will be making a special trip to Rajkot on Bhaibeej to see my sister, Chanda, whose health these days is only so-so. I know she will be surprised and very pleased to see me.

I will, of course, be seeing you in Baroda. Please let me know what I can bring you from London.

Love,

Jatin

Vocabulary

કુશળ સમાચાર	news (of well-being), OK	ભાઈબીજ	the second day of the new year according to the Hindu calendar. It means 'Brother's Day'
ફુરસદ	to make time		
વળાવ્યો	bade goodbye		

નરમગરમ	so-so (*lit.* soft and warm)		and traditionally women invite their brothers for dinner
રાજીનાં રેડ	very happy	ગણતરી	hope to (*lit.* counting)

Notes

(a) As with letters in English the address goes at the top right-hand side and is followed by the date.

(b) The word પ્રિય is equivalent to 'Dear' but the name of the person to whom the letter is written is preceded by ભાઈ (for a man) or બહેન (for a woman).

(c) If you are writing to an older person add પૂજ્ય before the name instead of પ્રિય (પૂજ્ય 'revered').

(d) If the letter is semi-formal (i.e. the person is known to you but the relationship is distant) address the recipient as સ્નેહી ભાઈશ્રી/બહેન as the case may be.

(c) When you end the letter use લિ., which is a short form of the word લિખિતંગ, which denotes the writer.

(f) After લિ. you can either write આપનો (*m*), આપની (*f*) or just your name: e.g.

લિ. આપનો જગદીશ
લિ. આપની ચંદા
or લિ. જગદીશ/ચંદા

(g) After the name there is a variety of endings:

પ્રણામ or વંદન or નમસ્કાર (*lit.* bow down)	for elderly people
સ્નેહસ્મરણ (happy memories)	for people of the same age group
જય ભારત or જય જય (*lit.* victory to India, or victory)	a general form of address
સલામ આલેકૂમ (peace to you)	used by Moslems

(h) Older people writing to younger use ચિ. (a short form of ચિરંજીવ) instead of પ્રિય, meaning 'may you live long'.

(i) He/she will end the letter by writing આશીર્વાદ, literally: blessing. Moslems will end with the Arabic equivalent: દુઆ.

Exercise

Write a letter to your grandmother in India enquiring about her health.

Professional letters

An example of a professional letter is given here with a woman from New York asking a publisher about a book.

પુષ્પા અમીન
૧ સ્ટુઅર્ટ પ્લેસ
વ્હાઇટ પ્લેન્સ, ન્યુ યૉર્ક
તા. ૨૩.૭.૯૩

પ્રતિ
વ્યવસ્થાપકશ્રી,
રટલેજ
૧૧ ન્યુ ફેટર લેન
લંડન

વિષય : આપના ગુજરાતી પુસ્તક અંગે

શ્રીમાન,

સવિનય જણાવવાનું કે આપના તરફથી તાજેતરમાં ગુજરાતી ભાષા સહેલી રીતે અંગ્રેજી મારફત શીખવાનું પુસ્તક પ્રગટ થયું છે એમ જાણવા મળ્યું છે. મારી બહેનપણી સરોજે એ પુસ્તક જોયું છે. એના કહેવા પ્રમાણે સૌ સહેલાઈથી ગુજરાતી શીખી જાય એવી સરળતાથી એ લખાયું છે.

મારી દીકરી અહીં જ જન્મીને મોટી થઈ છે. તેને ગુજરાતી લખતાંવાંચતાં આવડે તેવી મારી ઇચ્છા છે. તે માટે મારે એ પુસ્તકની જરૂર છે. તો તેની કિંમત, ટપાલ તથા રવાનગી ખર્ચ અંગે મને વળતી ટપાલે જણાવશો? જો અહીં જ એ મળતું હોય તો પુસ્તકવિક્રેતાનું સરનામું મોકલશો. આપનાં આ જાતનાં અન્ય પ્રકાશનોની યાદી પણ મોકલવા કૃપા કરશો.

આભાર.
આપની વિશ્વાસુ
પુષ્પા અમીન

Pushpa Amin
1 Stuart Place
White Plains
New York 10689
23.7.93

The Manager
Routledge
11 New Fetter Lane
London EC4P 4EE

Subject: Your book on Gujarati

Dear Sir,

I understand you have recently published a book on learning Gujarati through English. A friend who has seen it tells me it is structured in a way which provides a simple introduction to the language.

I am by birth a Gujarati but my daughter was born and brought up in the USA. I would very much like her to read and write Gujarati and hope that your new publication will help her achieve this end.

Please let me know by return of post the cost of the book, including postage and packing charges. I would also be very grateful if you could send me your current book list with particular reference to any other Gujarati publications.

Thanking you,

Yours faithfully,

Pushpa Amin

Vocabulary

વ્યવસ્થાપક	manager	વળતી ટપાલે	by return of post
તાજેતરમાં	recently		
મારફત	through	પુસ્તકવિક્રેતા	bookseller
જન્મીને મોટી થઈ	born and brought up	અન્ય	other
		પ્રકાશનો	publications
રવાનગી ખર્ચ	delivery charges (post and packing)		

Notes

(a) Formal letters are addressed **શ્રીમાન** (*m*), **શ્રીમતી** (*f*), the equivalent of 'Dear Sir/Madam'.

(b) **સવિનય જણાવવાનું કે** is the formal beginning of a letter. It means 'I respectfully inform you that ...'

(c) **આપનો/ની વિશ્વાસુ** is equivalent to 'Yours faithfully'.

Exercise

Write a letter, as a manager, replying to a query about a book.

Invitation to a wedding

Such invitations used to be very formal and stylized but this is changing. A current invitation may read as follows:

સ્નેહીશ્રી,
અમારી દીકરી
ચિ. શર્વરી
ચિ. નિહાલ
(ભાનુબહેન-મહેન્દ્રભાઈ દેસાઈના સુપુત્ર)
સાથે
સપ્તપદીમાં પગલાં પાડશે.
આનંદના એ અવસરે સહભોજનમાં

સહભાગી થવા સ્નેહભર્યું નિમંત્રણ

જયેન્દ્ર વ્યાસ
શૈલા વ્યાસ
હરેન્દ્ર વ્યાસ

રજની વ્યાસ
સરોજ વ્યાસ
અનિલા વ્યાસ

કારતક વદ ૧૧
તા. ૨૦, નવેમ્બર, ૧૯૯૨
શુક્રવારે બપોરે ૧૨.૦૦

ચંદરવો પાર્ટી પ્લૉટ
જલતરંગ ક્લબ
ધરણીધર દેરાસર થઈને
અમદાવાદ-૩૮૦ ૦૦૭

Dear

Our daughter
SHARVARI
will marry (with)
NIHAL
(son of Bhanuben and Mahendrabhai Desai)

On such a happy occasion we cordially
invite you to join us for dinner

Jayendra Vyas
Shaila Vyas
Harendra Vyas

Rajni Vyas
Saroj Vyas
Anila Vyas

Kartak Vad 11
20 November 1991
Friday, 12-00 noon

Chandarvo Party Plot
Jaltarang Club
Ahmedabad 380007

Vocabulary

સુપુત્ર	son (*lit.* good son: **સુ** good, **પુત્ર** son)
અવસર	occasion (generally a happy one)
સહભોજન	dining together
સહભાગી	partake
નિમંત્રણ	invitation
કારતક વદ ૧૧	reading of the Hindu calendar: the eleventh day of the second half of the first month, i.e. **Kartak**.

સપ્તપદીમાં પગલાં પાડશે will marry (*lit.* walking seven steps). In the marriage ritual bride and groom take seven steps together, at each point stopping and swearing an oath of fidelity to each other. **સપ્ત** means 'seven' and **પદ** means 'steps'.

Governmental letters

Correspondence to or from government agencies takes on a particular form, unlike that of other official letters.

નં.

નાણાંવિભાગ,
સચિવાલય,
ગાંધીનગર
તા.

પ્રતિ
શ્રી નાયબ સચિવ,
બાંધકામ વિભાગ,
સચિવાલય,
ગાંધીનગર

વિષય : નાણાકીય મંજૂરી

ઉપર્યુક્ત વિષય પરત્વે આપના તા. _______ ના પત્ર નં. _______ ના ઉત્તરમાં સવિનય જણાવવાનું કે ઉક્ત કેસના કાગળો આ વિભાગમાં નથી. આ વિભાગના તા. _______ ના પત્ર નં. _______ અનુસાર તે કેસ બાંધકામ વિભાગને પાછો મોકલાઈ ગયો હોઈ, આપના વિભાગમાં તપાસ કરવા વિનંતી છે.

નાયબ સચિવ
નાણાં વિભાગ
ગુજરાત સરકાર

No.

Finance Department
Sachivalaya
Gandhinagar
Dated:

To:
The Deputy Secretary
Public Works Department
Sachivalaya
Gandhinagar

Subject: Financial Sanction

In reply to your letter No. _______ dated _______, on the subject mentioned above, I have the honour to state that the papers concerning the said case are not with this Department. Since the case has already been returned to the Public Works Department under this Department letter No. _______ dated _______ you are requested to look for it in your own Department.

Deputy Secretary to the
Government of Gujarat.
Finance Department

Vocabulary

નાણાં વિભાગ	Finance Department	બાંધકામ વિભાગ	Public Works Department
સચિવાલય	Office of the Secretary of State	નાણાકીય મંજૂરી	Financial Sanction
ગાંધીનગર	Capital of Gujarat State	ઉપર્યુક્ત	above-mentioned
નાયબ સચિવ	Deputy Secretary	ઉક્ત	said

15 ભાષાંતર
Translation

In this lesson you will:
- Develop the ability to translate English into Gujarati and vice versa
- Be introduced to literary styles
- Have glimpses into aspects of Gujarat

Exercises

1 Translate into Gujarati

My life in London

I decided to take rooms on my own account instead of living any longer in a family. I also decided to move from place to place according to the work I had to do. The rooms were so selected as to enable me to reach the place of business on foot in half an hour. This saved fares and gave me walks of eight to ten miles a day. This habit kept me practically free from illness throughout my stay in England and gave me a fairly strong body.

(Mahatma Gandhi)

Vocabulary

selected	પસંદ કરી	habit	ટેવ
enable	શક્ય	practically	લગભગ
business	કામ	fairly	ઠીક ઠીક
fares	ભાડાં		

2 Translate into Gujarati

Gujaratis have migrated throughout the world and increasing numbers, both younger-generation Gujarati and non-Gujarati, want to learn the language. Gujarati is one of the most widely spoken languages of India and is the official language of Gujarat State, which itself has nearly 40 million inhabitants. Gujaratis form a large proportion of the 15 million Indians living overseas, with 600,000 in the UK, not just from India but from Britain's many former colonies.

Vocabulary

migrated	સ્થળાંતર	inhabitants	વસવાટ કરનારા, રહેવાસી
throughout the world	દુનિયાભરમાં	proportion	ભાગ, પ્રમાણ
generation	પેઢી	overseas	દરિયાપાર
official	સરકારી		

3 Translate into Gujarati

The first generation of Gujarati speakers in the UK use the same range of Gujarati as is found in the home country. Their vocabulary, however, is worthy of comment. Because of the long period of British rule in India, many English words such as 'station', 'ticket', 'pen', 'court' and 'coat' were a part of their everyday speech. These loan words have continued with the addition of words like 'video', 'tube', 'computer' and 'rocket'. Gujaratis formerly settled in East Africa also use certain Swahili words such as 'jugu' (peanuts), 'kisu' (penknife), 'bakudi' (bowl) and 'maramoja' (quick).

Vocabulary

generation	પેઢી	worthy of comment	નોંધપાત્ર
range	કક્ષા		
vocabulary	શબ્દભંડોળ	loan	ઉછીના

4 Translate into Gujarati

How many languages are there in the world? What languages do they speak in India? What languages have the most speakers? What languages were spoken in Australia or in California before European immigration? When did Latin cease to be spoken and when did French start? How did English become such an important world language? These and similar questions are asked often by the interested layman. As regards the first question one can say that some 4,000 languages are spoken today. Laymen are often surprised that the figure should be so high.

(Bernard Comie)

Vocabulary

speakers	બોલનારા	layman/men	સામાન્ય માણસ
immigration	પરદેશથી આવી વસવાટ કરવો	surprised	નવાઈ પામે છે

5 Translate into English

ભારતના નકશા ઉપરનો આપણો ભૂવિભાગ બહુ લાંબો-પહોળો નથી. પણ એની એક ખાસિયત ઊડીને આંખે વળગે છે. એને ભારતના બીજા કોઈ રાજ્યને નથી એવડો વિસ્તૃત, હજાર માઈલનો, દરિયાકિનારો છે. બીજી ખાસિયત એ છે કે જમીન ફળદ્રુપ છે અને ત્રીજી એ છે કે ચારે બાજુથી અનેક પ્રજાસમૂહો અહીં આવીને વસ્યા છે, જેમાં દરિયાઈ માર્ગે 'પવિત્ર અગ્નિ' સાથે પધારેલા અને દૂધમાં સાકરની જેમ ગુજરાતની વસ્તીમાં ભળી ગયેલા પારસીઓ ખાસ ધ્યાન ખેંચે છે. મહાભારતમાં ઉલ્લેખ છે કે અર્બુદગિરિ (આબુ) અને સમુદ્ર વચ્ચેનો આ પ્રદેશ ગાયનાં દૂધેભર્યાં આંચળ જેવો છે. દ્વારકા, ભરૂચ, ખંભાત, સુરત બંદરો જુદા જુદા સમયમાં વિકસ્યાં. બહોળા દરિયાકિનારાએ, ધરતીની ફળદ્રુપતાએ, અનેક જાતિસમૂહોના સંગમે ગુજરાતની પ્રજાના સ્વભાવઘડતરમાં ફાળો આપ્યો છે. અમદાવાદની બજારનો મજાનો મંત્ર રહ્યો છે-કડદો-બાંધછોડ, compromise. વ્યવહારુ ઉકેલ. આ વ્યવહારુપણું ઘણા નિરર્થક ક્લેશ, સંઘર્ષ, વેરઝેર મિટાવવામાં મદદરૂપ બને છે.

(ઉમાશંકર જોશી)

Vocabulary

નકશો	map	ધ્યાન ખેંચે છે	draws attention
ભૂવિભાગ	land (*lit.* ભૂ land, વિભાગ section)	આંચળ	udder
		બહોળા	extensive

ખાસિયત	peculiarity	સંગમ	union (*lit.* mixing of people)
ઊડીને આંખે વળગે	eye-catching (*lit.* flies and clings to the eye)	કડદો	compromise
વિસ્તૃત	extensive	વ્યવહારુ ઉકેલ	practical solution
ફળદ્રુપ	fertile	નિરર્થક	unnecessary
પ્રજાસમૂહ	groups of people	ક્લેશ	agony
દરિયાઈ માર્ગે	by the sea	સંઘર્ષ	conflict
પવિત્ર અગ્નિ	holy fire (as worshipped by the Parsis)	વેરઝેર	animosities
		મિટાવવામાં	in removing, eradicating

6 Translate into English

ગુજરાત એક રમણીય ભૂમિ છે. એ રસાળ છે, સુંદર છે, સમૃદ્ધ છે. નદીઓ અને સરોવરો, વાડીઓ અને ખેતરો, ગામડાં અને નગરો, ઉદ્યોગો અને બજારો, મંદિરો અને મહાલયોથી ગુજરાતની ધરતી સભર છે. એનો ઈતિહાસ પણ તેવો જ ગૌરવભર્યો છે. અનેક ઐતિહાસિક સ્મારકો, ધાર્મિક સ્થાનો, ઔદ્યોગિક મથકો અને કુદરતી સૌંદર્ય-સ્થળો ગુજરાતની સાંસ્કૃતિક ચેતનાનો પરિચય કરાવે છે. આ પ્રદેશમાં ફરતાં ફરતાં ભગવાન કૃષ્ણથી મહાત્મા ગાંધીજી સુધીની અનેક વિરલ વિભૂતિઓનાં સ્મરણો જાગે છે. ગુજરાતની હજારો વર્ષથી જળવાયેલી અસ્મિતા આપણે તેમાં જોઈ શકીએ છીએ.

(રજની વ્યાસ)

Vocabulary

રમણીય	beautiful	ઈતિહાસ	history
ભૂમિ	land	ગૌરવભર્યો	glorious
રસાળ	fertile	ઐતિહાસિક	historical
સમૃદ્ધ	prosperous	સ્મારકો	monuments
નદીઓ	rivers	ઔદ્યોગિક	industrial
સરોવરો	lakes	મથકો	centres
વાડીઓ	orchards	કુદરતી	natural
ખેતરો	farms	સૌંદર્યસ્થળો	beauty spots
ગામડાં	villages	સાંસ્કૃતિક	cultural
નગરો	cities	ચેતના	consciousness

ઉદ્યોગો	industries	વિરલ	rare
બજારો	markets	વિભૂતિઓ	personalities
મહાલયો	palatial buildings	સ્મરણો	reminiscences
ધરતી	land	અસ્મિતા	identity
સભર	full of		

7 Translate into English

સામાજિક જીવનમાં શિક્ષણને જેટલું મહત્ત્વ છે એટલું બીજી કોઈ વસ્તુને નથી. શિક્ષણ દ્વારા આપણે જ્ઞાન મેળવીએ છીએ. સમાજને ઉપયોગી થઈએ છીએ. શિક્ષણના સ્વરૂપ પર સમાજનું સ્વરૂપ આધાર રાખે છે. સારું શિક્ષણ મળે તો આપણે આપણા દોષ જોઈ શકીએ છીએ. આગળ વધી શકીએ છીએ. પ્રગતિ કરી શકીએ છીએ. આથી સમાજનો પણ વિકાસ થાય છે. શિક્ષણ અનેક રીતે મળી શકે છે. બાળકનો જન્મ થાય ત્યારથી જ એ શરૂ થાય છે. એ શિક્ષણ અનુભવમાંથી મળે. નિશાળના ભણતરમાંથી મળે. વડીલોના માર્ગદર્શનથી મળે. વાચનમાંથી મળે.

(ડૉ. કાલેલકર)

Vocabulary

સામાજિક	social	પ્રગતિ	progress
શિક્ષણ	education	વિકાસ	development
મહત્ત્વ	importance	જન્મ	birth
જ્ઞાન	knowledge	અનુભવ	experience
ઉપયોગી	useful	ભણતર	study
સ્વરૂપ	type	માર્ગદર્શન	guidance
દોષ	faults		

8 Translate into English

ગુજરાત તો ભારતનું નંદનવન છે. તાપી કે નર્મદા જેવી મહાસાગર જેવી નદીઓ જુઓ. પાલિતાણાનાં જૈન દહેરાંઓ જુઓ. અમદાવાદની મસ્જિદોનાં સ્થાપત્ય અને કોતરકામ જુઓ. મોઢેરાનું પ્રાચીન સૂર્યમંદિર જુઓ. પુરાતન સંસ્કૃતિના અવશેષો જ્યાં છે તે લોથલ જુઓ. ઊંચો ગઢ ગિરનાર ચઢો કે સમુદ્રકિનારે આવેલું સોમનાથનું ભવ્ય મંદિર જુઓ. બધે જ કુદરતની કૃપા અને મનુષ્યના સર્જનનો સુમેળ દેખાશે.

Vocabulary

નંદનવન	garden of paradise	પુરાતન	ancient
		અવશેષો	monuments
મહાસાગર	great ocean	ભવ્ય	glorious
દહેરાં	temples	કૃપા	blessings
મસ્જિદો	mosques	સર્જન	creation
સ્થાપત્ય	architecture	સુમેળ	harmony
પ્રાચીન	ancient	કોતરકામ	carving

9 Translate into English

ગુજરાતને ભારતના કુલ ૩૫૦૦ માઈલના સાગરકાંઠામાંથી ૧૦૦૦ માઈલનો કાંઠો મળ્યો છે. જૂના જમાનામાં દ્વારકા, ભરૂચ, ખંભાત, સુરત જેવાં બંદરો મારફતે દેશપરદેશ સાથે વેપાર ચાલતો. ગુજરાતીઓ સાગરખેડુઓ તો હતા જ, ને હજીય છે. અનેક જાતની પ્રજાઓ સાથે તે હળતાભળતા. સાહસ એનું બીજું નામ જ ગુજરાતી. દુનિયાનો કોઈ ખૂણો એવો નહીં હોય જ્યાં ગુજરાતી જઈને વસ્યો ન હોય! કરાચી કે કલકત્તા, લંડન કે પૅરિસ, ન્યુ યૉર્ક કે ટોકિયો, બધે એ હોય જ. આનાથી ગુજરાતીના ચારિત્ર્યનો મોટો ભાગ ઘડાયો છે. વેપાર એના લોહીમાં છે. એ પૈસો કમાઈ જાણે છે ને વાપરી પણ જાણે છે.

(રજની વ્યાસ)

Vocabulary

સાગરકાંઠો	sea coast	હળતાભળતા	mixed
બંદર	port	સાહસ	courage
વેપાર	trade	ચારિત્ર્ય	character
સાગરખેડુઓ	voyagers	લોહીમાં	in the blood

10 Translate into English

મુંબઈ એક એવું મહાનગર છે જ્યાં આળસુ માણસને પણ પરસેવાના રેલા ઊતરતા રહે છે. અહીં તદ્દન નવરો માણસ પણ કાયમ ઉતાવળમાં હોય છે. કોઈ શહેર મહાનગર બની જાય એની ખબર શી રીતે પડે? એ માટે બે લક્ષણો ધ્યાનમાં રાખવાં પડે. જ્યારે ધૂળ ઘટતી જાય અને ધુમાડો વધતો જાય ત્યારે જાણવું કે નગર હવે મહાનગર બની ચૂક્યું છે. વળી વૃક્ષનાં થડની સંખ્યા ઘટતી જાય અને બત્તીના થાંભલાની સંખ્યા વધતી જાય ત્યારે તો ચોક્કસ જાણવું કે મહાનગર વિકસી રહ્યું છે.

(ગુણવંત શાહ)

Vocabulary

મહાનગર	metropolis	ઉતાવળમાં	in a hurry
આળસુ	idler	લક્ષણો	signs
પરસેવો	perspiration	ધૂળ	dust
તદ્દન	totally, completely	ધુમાડો	smoke
નવરો	unemployed or having free time	વૃક્ષનાં થડ	trunks of the trees
કાયમ	always	બત્તીના થાંભલા	lampposts
		ચોક્કસ	no doubt

Reference grammar

This reference grammar provides a sufficiently detailed description of Gujarati to answer most questions the beginner may pose and is well worth the time and effort of some study.

R1 Sentence formation

In Gujarati a sentence can be formed with:

(a) a verb (V) (where the subject is implicit)

> બેસ **(bes)** sit down
> ઊઠ **(uṭh)** stand up

(b) a subject and a verb (SV)

> **તું દોડ (tũ doḍ)** you run
> **તમે ભણો (ta-me bha-ṇo)** you study

(c) a subject, object and verb (SOV)

> **હું ભાત ખાઈશ (hũ bhāt khā-ish)** I will eat rice.
> **તે દૂધ પીશે (te dudh pi-she)** He will drink milk.

Adjectives precede the subject or object and adverbs precede the verb.

See 1.1, 1.10.

R2 Agreement

Adjectives agree with the subject or object and verbs agree with the subject, except in the past tense of transitive verbs where they follow the object:

હું	**નરમ**	**ભાત**	**ધીમે**	**ધીમે**	**ખાઈશ**
hũ	**na-ram**	**bhāt**	**dhi-me**	**dhi-me**	**khā-ish**
I	soft	rice	slowly		will eat

(i.e. I will eat soft rice slowly).

In the past tense

> **મેં ભાત ખાધો (mẽ bhāt khā-dho)** I ate rice.

The verb ખાધો follows ભાત, which is masculine. If we change the object to રોટલી (**roṭ-li** chapati), which is feminine, the verb will change to a past tense feminine form, although the subject remains the same:

mẼ roṭ-li khā-dhi I ate a chapati.

See 1.1, 1.10.

R3 Nouns

Gujarati, like English, contains common, proper, concrete, abstract and collective nouns.

Common noun: માણસ (**mā-ṇas**) a man, પર્વત (**par-vat**) a mountain, ચોપડી (**chop-ḍi**) a book
Proper noun: ભારત (**bhā-rat**) India, અમેરિકા (**a-me-ri-kā**) America. હિમાલય (**hi-mā-lay**) Himalayas
Concrete noun: સોનું (**so-nũ**) gold, ખાંડ (**khā̃ḍ**) sugar, મીઠું (**mi-ṭhũ**) salt
Abstract noun: પ્રેમ (**prem**) love, અહિંસા (**a-hĩ-sa**) non-violence, ડર (**ḍar**) fear
Collective noun: કુટુંબ (**ku-ṭumb**) a family, ટોળું (**ṭo-ḷũ**) a crowd, લશ્કર (**lash-kar**) an army

R4 Capitals and articles

In Gujarati there are *no* capital letters and *no* definite or indefinite articles.

R5 Gender

There are three genders in Gujarati: masculine, feminine and neuter:

Masculine: બાગ (**bāg**) garden, રાજા (**rājā**) king
Feminine: ભીંત (**bhĩt**) wall, રાણી (**rā-ṇi**) queen
Neuter: બારણું (**bār-ṇũ**) door, બાળક (**ba-ḷak**) child

Note: every Gujarati noun has a gender.

Unfortunately, there are no rules for memorizing the gender of a word. કાન (ear) is masculine, આંખ (eye) is feminine and નાક (nose) is neuter.

However, there are some guidelines:

1 Words ending with **o** are masculine: **છોકરો (chhok-ro)** boy, **બિલાડો (bi-lā-ḍo)** male cat, **કૂતરો (kut-ro)** male dog.

2 Words ending with **i** are feminine: **છોકરી (chhok-ri)** girl, **બિલાડી (bi-lā-ḍi)** female cat, **કૂતરી (kut-ri)** female dog.

3 Words ending with **ũ** are neuter: **છોકરું (chhok-rũ)** child, **બિલાડું (bi-lā-ḍũ)** cat, unspecified, **કૂતરું (kut-rũ)** dog, unspecified; used generally when it is not necessary to specify gender.

Countries, mountains and oceans are masculine: **આલ્પ્સ** Alps, **બ્રિટન** Britain, **પૅસિફિક** Pacific, etc. Rivers are feminine: **ગંગા** Ganges, **નાઇલ** Nile, **થેમ્સ** Thames. Cities and lakes are neuter: **મુંબઈ** Bombay, **શિકાગો** Chicago, **બાઇકલ** Baikal.

In some cases the masculine ending **o** indicates that the subject is larger and the feminine ending **i** that the subject is smaller:

ઓરડો (or-ḍo) big room
ઓરડી (or-ḍi) small room
ચમચો (cham-cho) big spoon
ચમચી (cham-chi) small spoon

Certain words have two genders and in these cases the use of either one is correct:

ચા (chā) (*m, f*) tea; **સવાર (sa-vār)** (*f, n*) morning; **ખરચ (kha-rach)** (*m, n*) expense; **ઘડિયાળ (gha-ḍi-yāl)** (*f, n*) clock, watch

English words imported into Gujarati are given a gender:

Masculine:	**ટેલિફોન** telephone, **કોટ** coat, **કૅમેરા** camera
Feminine:	**બસ** bus, **બૅન્ક** bank, **પેન્સિલ** pencil
Neuter:	**ટેબલ** table, **કાર્ડ** card, **સ્ટેશન** station

See 1.2, 1.4, 8.16–8.26.

R6 Number

As in English, Gujarati has both a singular and plural form.

The suffix attached to a word to form the plural is itself changed according to the ending of that word: **-a, -ā** and **-i** at the end of a word add **-o** to form the plural:

માણસ (**mā-ṇas**) person	માણસો (**māṇ-so**) persons
રજા (**ra-jā**) holiday	રજાઓ (**ra-jā-o**) holidays
નદી (**na-di**) river	નદીઓ (**na-di-o**) rivers

-o and **-ũ** endings change to **-ā** and **-ā̃** respectively in the plural form:

ઘોડો (**gho-ḍo**) horse	ઘોડા (**gho-ḍā**) horses
છાપું (**chhā-pũ**) newspaper	છાપાં (**chhā-pā̃**) newspapers

Some words can take on an additional **-o** after the above changes, e.g. ઘોડાઓ (**gho-ḍā-o**) and છાપાંઓ (**chha-pā̃-o**). This additional ending is optional.

The words for pulses and grains are always in plural form although they carry no additional suffix:

ઘઉં (**gha-ũ**) wheat, ચોખા (**cho-khā**) rice, મગ (**mag**) moong beans

Other words used only in plural form are: સમાચાર (**sa-mā-chār**) news; ચશ્માં (**chash-mā̃**) glasses, spectacles; માબાપ (**mā-bāp**) parents.

See 1.3, 1.4, 10.3.

R7 Honorific plural

As a mark of respect the subject, even when in the singular, may take on a plural ending:

Normal:	ગાંધી	સરસ	માણસ	હતો
	gān-dhi	**sa-ras**	**mā-ṇas**	**ha-to**
	Gandhi was a good man			
Honorific:	ગાંધીજી	સરસ	માણસ	હતા
	gān-dhi-ji	**sa-ras**	**mā-ṇas**	**ha-tā**
	Gandhiji was a good man			

In this example the verb, in the past tense, third person singular હતો (**ha-to**) changes to its plural form હતા (**ha-ta**). The suffix **-ji** is an additional way of showing respect, after the name.

See 1.5, 6.3, 13.13.

R8 Person–personal pronoun

Gujarati maintains the second person singular form **tũ** (thou), which is no longer used in English.

Person	*Singular*	*Plural*
I	હું **(hũ)** I	અમે **(a-me)** we
II	તું **(tũ)** thou	તમે **(ta-me)** you
III	તે **(te)** he, she, it	તેઓ **(teo)** they

R9 Pronouns

Gujarati has the same pronouns as are found in English: personal, demonstrative, indefinite, relative, interrogative, reflexive and reciprocal.

Personal:	see the chart in R8
Demonstrative:	આ **(ā)** this પેલો **(pe-lo)** (*m*) that પેલી **(pe-li)** (*f*) that પેલું **(pe-lũ)** (*n*) that આ **(ā)** these પેલા **(pe-lā)** (*m*) those પેલી **(pe-li)** (*f*) those પેલાં **(pe-lā̃)** (*n*) those
Indefinite:	કેટલુંક **(keṭ-lũk)** something, સૌ **(sau)** all, દરેક **(da-rek)** everyone – for all genders and numbers
Relative:	જે ... તે **(je ... te)** that, જેવું ... તેવું **(je-vũ ... te-vũ)** whichever – for all genders and numbers
Interrogative:	કોણ **(koṇ)** who કયો **(ka-yo)** (*m sg*) કઈ **(ka-i)** (*f sg*) કયું **(ka-yũ)** (*n sg*) કયા **(ka-yā)** (*m pl*) કઈ **(ka-i)** (*f pl*) કયાં **(ka-yā̃)** (*n pl*) which શું **(shũ)** what – for all genders and numbers
Reflexive:	જાતે **(jā-te)** self, પોતે **(po-te)** self

The above reflexive forms remain the same in all numbers and genders and are interchangeable. The meaning of myself, yourself, herself, etc. is understood by the subject:

હું જાતે કરું છું. **hũ** ***jā-te*** **ka-rũ chhũ.** I do it *myself.*
તેઓ જાતે કરે છે **te-o jā-te ka-re chhe.** They do it themselves.
Reciprocal: **એકબીજા ek-bi-jā; અરસપરસ (a-ras-pa-ras) એકમેક (ek-mek)**... all meaning 'one another' or 'each other'.

All pronouns agree in number, gender and person with the words they qualify.

See 1.4, 5.5–5.10, 7.3, 3.1–3.4, 7.2, 13.4, 12.6–12.9.

R10 Adjectives

There are two types of adjectives in Gujarati – variable and invariable. The variables change their endings according to the number and gender of the nouns they qualify.

1 **સરસ (sa-ras)** good, **ખરાબ (kha-rāb)** bad, **નરમ (na-ram)** soft are all invariable.

sa-ras	**છોકરો (chhok-ro)** good boy	**છોકરાઓ (chhok-rā-o)** good boys
	છોકરી (chhok-ri) good girl	**છોકરીઓ (chhok-ri-o)** good girls
	છોકરું (chhok-rũ) good child	**છોકરાંઓ (chhok-rā̃-o)** good children

Here the adjective does *not* change with the number and gender of the noun it qualifies.

See 4.19, 10.14, 12.11.

2 **સારો (sā-ro)** good, **મોટો (mo-ṭo)** big, **કાળો (kā-ḷo)** black are some examples of the variable form where the adjective is influenced by number and gender.

સારો છોકરો (sā-ro chhok-ro) good boy
સારી છોકરી (sā-ri chhok-ri) good girl
સારું છોકરું (sā-rũ chhok-rũ) good child etc.

See 4.18, 10.13, 12.12.

R11 Degrees of comparison

In English, '-er' is added to form the comparative and '-est' to form the superlative. In Gujarati this is expressed with suffixes like **-થી (-thi)**, **-માં**

2

(-mā̃) or words like **કરતાં (kar-tā̃)**:

ઊંચામાં ઊંચો પર્વત હિમાલય છે.
ū̃-chā-*mā̃* ū̃-cho par-vat hi-mā-lay chhe.
(The) Himalayas contain the *highest* mountains.

Note: Himalayas literally means 'abode' **(ālay)** of 'ice/snow' **(him)** and in Gujarati is singular.

મને દૂધ કરતાં દહીં ભાવે છે.
ma-ne dudh *kar-tā̃* da-hī̃ bhā-ve chhe.
I like curds *better* (i.e. more) than milk.

See 9.1, 9.2, 9.3, 13.15.

R12 Adverbs

Adverbs denote time, place, manner, degree, cause or purpose, certainty, probability and negation.

Time	**આજે (ā-je)** today; **દરરોજ (dar-roj)** daily
Place	**અહીં (a-hī̃)** here; **પાસે (pā-se)** nearby
Manner	**ધીમે (dhi-me)** slowly; **ઝડપથી (jha-ḍap-thi)** quickly
Degree	**ખૂબ (khub)** much; **થોડું (tho-ḍū̃)** little
Cause/purpose	**કેમ (kem)** why; **શા માટે (shā mā-ṭe)** what for
Certainty	**ચોક્કસ (chok-kas)** certainly; **જરૂર (ja-rur)** definitely
Probability	**કદાચ (ka-dāch)** perhaps; **કોઈ વાર (ko-i vār)** sometimes
Negation	**નહીં (na-hī̃)** not; **ના (nā)** not

Some adjectives also perform as adverbs, depending on the context:

એનું કામ ચોક્કસ હોય છે.
e-nū̃ kām *chok-kas* hoy chhe.
His work is *precise.*
એ આ કામ ચોક્કસ કરશે.
e ā kām *chok-kas* kar-she.
He will do this work *precisely.*

In the first example the word **ચોક્કસ** is used as an adjective and in the second as an adverb.

See 9.10.

R13 Verbs

As with English, all Gujarati verbs fall into two categories: transitive (those requiring an object) and intransitive (those which do not require an object).

See 4.7–4.14, 6.6 for transitive; 4.3–4.6, 6.6 for intransitive.

Tenses

In the following sections 'R' stands for the *root of a verb,* which is the second person singular of the present tense and, as with English, also forms the imperative.

See 1.9, 6.7, 6.8.

R14 Present tense

Person	*Singular*	*Plural*
I	R + **ũ**	R + **ie**
II	R + **e**	R + **o**
III	R + **e**	R + **e**

See 1.4.

R15 Past tense

Person	*Singular*	*Plural*
I	R + **to** (*m*)	R + **tā**
	R + **ti** (*f*)	R + **tā̃**
	R + **tũ** (*n*)	R + **tā̃**
II	R + **to** (*m*)	R + **tā**
	R + **ti** (*f*)	R + **tā̃**
	R + **tũ** (*n*)	R + **tā̃**
III	R + **to** (*m*)	R + **tā**
	R + **ti** (*f*)	R + **tā̃**
	R + **tũ** (*n*)	R + **tā̃**

See 4.1– 4.14.

R16 Future tense

Person	*Singular*	*Plural*
I	R + **ish**	R + **i-shũ/a-shũ**
II	R + **ish**	R + **sho**
III	R + **she**	R + **she**

See 2.1.

	Present	*Past*	*Future*
Habitual action	તે રોજ ખાય છે. **te roj khāy chhe.** He eats daily.	તે રોજ ખાતો હતો. **te roj khā-to ha-to.** He ate daily.	તે રોજ ખાશે. **te roj khā-she.** He will eat daily.
Action in progress	તે ખાય છે. **te khāy chhe.** He is eating.	તે ખાતો હતો. **te khā-to ha-to.** He was eating.	તે ખાતો હશે. **te khā-to ha-she.** He will be eating.
Action completed	તેણે ખાઈ લીધું છે. **te-ṇe khā-i li-dhũ chhe.** He has finished eating.	તેણે ખાઈ લીધું હતું. **te-ṇe khā-i li-dhũ ha-tũ.** He had finished eating.	તેણે ખાઈ લીધું હશે. **te-ṇe khā-i li-dhũ ha-she.** He will have finished eating.
Action to take place	તે ખાવાનો છે. **te khā-vā-no chhe.** He (still) has to eat.	તે ખાવાનો હતો. **te khā-vā-no ha-to.** He (still) had to eat.	તે ખાવાનો હશે. **te khā-vā-no ha-she.** He will (still) have to eat.

All these are examples of the third person masculine singular. The feminine and neuter forms change only in the past tense.

R17 Infinitive

The infinitive is formed by adding **-વું (-vũ)** to the root of the verb. The second person singular in the imperative form is always the root of the verb, e.g. **આવ (āv)** come, **જો (jo)** see; so **આવવું, જોવું, ખાવું, પીવું, હસવું** etc. are infinitives.

See 1.9, 6.8, 6.9.

R18 Case suffixes

The Sanskrit division of eight cases and their suffixes is no longer rigidly adhered to in Gujarati. Depending on the context the same suffix carries different meanings. Again, different suffixes may have the same meaning. Here are the more important case suffixes with their meanings:

R19 Zero suffix

Frequently the subject has no suffix:

સુરેશ ખાય છે. **su-resh khāy chhe.** Suresh is eating.

R20 -ને (-ne) suffix

(a) To show the object:

રમેશ રામને જુએ છે.
ra-mesh rām-ne ju-e chhe.
Ramesh sees Ram.

(b) To show the act of giving:

તે ગરીબોને દાન આપે છે.
te ga-ri-bo-ne dān ā-pe chhe.
He gives alms to beggars.

(c) To express the meaning 'for' :

લતાને જમવાને બોલાવો.
la-tā-ne jam-vā-ne bo-lā-vo.
Call Lata for dinner.

See 4.17, 11.16, 13.5.

R21 -એ (-e) suffix

(a) To show the subject:

શિક્ષકે તેને સજા કરી.

shik-sha-ke te-ne sa-jā ka-ri.
The teacher punished him.

(b) To show 'by':

હું હાથે રાંધું છું.
hũ hā-the rā̃-dhũ chhũ.
I cook by my hand (i.e. for myself).

R22 -થી (-thi) suffix

(a) To show 'by':

તે છરીકાંટાથી ખાય છે.
te chha-ri-kā̃-ṭā-thi khāy chhe.
He eats by (i.e. with a) knife and fork.

(b) To show separation:

રમા ઘેરથી નીકળી.
ra-mā gher-thi nik-ḷi.
Rama started from home.

(c) To show comparison:

લેસ્ટરથી લંડન મોટું છે.
les-ṭar-thi lan-ḍan mo-ṭũ chhe.
London is bigger than Leicester.

See 7.5.

R23 -ન-(-n-) suffix

There are different forms of the **-n-** suffix, changing with the number and gender of the noun it qualifies : (**-no**, **-ni**, **-nũ**, **-nā**, **-nā̃**).

(a) To show relation:

ઘરની બારી તૂટી.
ghar-ni bā-ri tu-ṭi.
The window of the house broke.

(b) To show possession:

> આ લતાની ચોપડી છે.
> **ā la-tā-ni chop-ḍi chhe.**
> This is Lata's book.

(c) To show recent time:

> અતુલ ક્યારનો વાટ જુએ છે.
> **a-tul kyār-no vāṭ ju-e chhe.**
> Atul has been waiting for a long time (*lit.* Atul since long waiting is).

There are many different usages of the **-n-** suffix. The above are examples of the more frequent occurrences.

See 2.2, 11.13, 13.5.

R24 -માં (-mā̃) suffix

(a) To show 'in':

> કૂવામાં પાણી નથી.
> **ku-vā-mā̃ pā-ṇi na-thi.**
> There is no water in the well.

(b) To show degree of comparison:

> બધાં મકાનોમાં આ સૌથી સરસ છે.
> **ba-dhā̃ ma-kā-no-mā̃ ā sau-thi sa-ras chhe.**
> This is the best of all the houses.

See 1.8, 11.14, 13.5.

R25 Auxiliary verbs

Sometimes a verb requires the assistance of another verb to complete the meaning. હો **(ho)** is the verb most frequently used as auxiliary verb in Gujarati:

> કરે છે **(ka-re chhe)** does, is doing
> કરતો હોઈશ **(kar-to ho-i-sh)** will be doing

See 6.4, 10.1, 11.7, 11.9, 12.3, 13.1.

R26 Compound verbs

Sometimes two verbs are used together to form an extended meaning. For example, ફેંક (**phẼk**) throw + દે (**de**) give combine to form ફેંકી દે (**phẼ-ki de**) throw away:

એણે પેન ફેંકી.
e-ṇe pen phẼ-ki.
He threw the pen.
એણે પેન ફેંકી દીધી.
e-ṇe pen phẼ-ki di-dhi.
He threw away the pen.

See 8.1, 10.1, 11.8, 11.9, 12.4.

R27 Types of sentences

(a) *Simple sentence:*

આ મારો હાથ છે.
ā mā-ro hāth chhe.
This is my hand.

(b) *Compound sentence:*

આ ઘર છે પણ તે સારું નથી.
ā ghar chhe paṇ te sā-rũ na-thi.
This is a house but not a good one.

(c) *Complex sentence:*

જ્યાં તમે જશો ત્યાં હું આવીશ.
jyā̃ ta-me ja-sho tyā̃ hũ ā-vish.
Wherever you go I will come (i.e. follow).

R28 Conjunctions

Some conjuncts are used solely to join sentences:

જો ... તો (**jo ... to**) if ... then
છતાં (**chha-tā̃**) yet
માટે (**mā-ṭe**) therefore

Others are used to join words, sentences and phrases:

અને **(a-ne)** and
અથવા **(ath-vā)** or
નહીં તો **(na-hī̃ to)** otherwise

See 6.2, 10.15, 13.6, 13.14.

R29 Interjections

These are words showing delight, surprise, sorrow, etc. As with English, the Gujarati interjections are invariable:

વાહ **(vāh)** wow!
શાબાશ **(shā-bāsh)** well done!
અરેરે **(a-re-re)** oh no!
હાય હાય **(hāy hāy)** oh dear! (used only by women)
ઓહો **(o ho)** how nice!

See 9.9.

R30 Postpositions

The equivalent in English are the prepositions (under, before, in, etc.) so called because they occur *before* the word they influence. In Gujarati they occur *after,* so are called postpositions.

Postpositions may denote:

Place and direction:	અંદર **(an-dar)** in, બહાર **(ba-hār)** out, વચ્ચે **(vach-che)** in between
Time:	પહેલાં **(pa-he-lā̃)** before, પછી **(pa-chhi)** after
Purpose:	માટે **(mā-ṭe)** for
Instrumentality:	વડે **(va-ḍe)** by, મારફત **(mār-phat)** through
Absence:	વિના **(vi-nā)** વગર **(va-gar)** without, સિવાય **(si-vāy)** without, except
Comparison:	કરતાં **(kar-tā̃)** compared to, બરાબર **(ba-rā-bar)** equal, માફક **(mā-phak)** like

Postpositions are written as separate words while a suffix becomes part of the word which it informs:

ઘરની અંદર **(ghar-ni an-dar)** in the house
ઘરમાં **(ghar-mā̃)** in the house

See 8.2–8.11.

R31 Prefixes

There are several Gujarati prefixes which are taken from Sanskrit and Persian.

(a) Negative prefixes from Sanskrit:

અ- **(a-)**:

ન્યાય **(nyāy)** justice	**અન્યાય** **(an-yāy)** injustice
નીતિ **(ni-ti)** morality	**અનીતિ** **(a-ni-ti)** immorality

અપ- **(ap-)**:

માન **(mān)** honour	**અપમાન** **(ap-mān)** dishonour
જશ **(jash)** respect, prestige	**અપજશ** **(ap-jash)** disrespect

દુર્ **(dur-)** in the sense of 'bad':

ગુણ **(guṇ)** merit	**દુર્ગુણ** **(dur-guṇ)** demerit
ગંધ **(gandh)** smell	**દુર્ગંધ** **(dur-gandh)** foul smell

નિર્/નિસ **(nir-nis-)** without:

મૂળ **(muḷ)** root	**નિર્મૂળ** **(nir-muḷ)** rootless
દોષ **(dosh)** fault	**નિર્દોષ** **(nir-dosh)** faultless
તેજ **(tej)** lustre	**નિસ્તેજ** **(nis-tej)** lustreless

પરા- **(pa-rā-)** contrary:

જય **(jay)** victory	**પરાજય** **(pa-rā-jay)** defeat

સુ- **(su-)** good:

વાક્ય **(vāk-ya)** sentence	**સુવાક્ય** **(su-vāk-ya)** maxim
પુત્ર **(put-ra)** son	**સુપુત્ર** **(su-put-ra)** good son

પ્ર- **(pra-)** more:

ગતિ **(ga-ti)** movement	**પ્રગતિ** **(pra-ga-ti)** progress
બળ **(baḷ)** strength	**પ્રબળ** **(pra-baḷ)** very strong

(b) Persian prefixes: **બે** **(be-)** negation, **ગેર-** **(ger-)** absence, **બિન-** **(bin-)** contrary to, **ના-** **(nā-)** not, **બદ-** **(bad-)** bad.

જવાબદાર **(ja-vāb-dār)** responsible	**બેજવાબદાર** **(be-ja-vāb-dār)** irresponsible
ફાયદો **(phāy-do)** profit	**ગેરફાયદો** **(ger-phāy-do)** loss

જરૂરી (ja-ru-ri) necessary	**બિનજરૂરી (bin-ja-ru-ri)** unnecessary
પસંદ (pa-sand) like	**નાપસંદ (nā-pa-sand)** dislike
નસીબ (na-sib) fate	**બદનસીબ (bad-na-sib)** ill fate

See 9.6, 9.7, 9.8.

R32 Suffixes

-તા (-tā) changes an adjective to a noun:

સુંદર (sun-dar) beautiful	**સુંદરતા (sun-dar-tā)** beauty

-ઈક (-ik) -ઈય (-iy) belonging to:

સ્થાન (sthān) place	**સ્થાનિક (sthā-nik)** belonging to a place, local
ભારત (bhā-rat) India	**ભારતીય (bhār-ti-ya)** belonging to India, Indian

-આળુ (-ā-ḷu), -વાન (-vān), -માન (-mān) possessed of, having:

દયા (da-yā) compassion	**દયાળુ (da-yā-ḷu)** compassionate
ધન (dhan) money	**ધનવાન (dhan-vān)** rich, wealthy
બુદ્ધિ (bud-dhi) intellect	**બુદ્ધિમાન (bud-dhi-mān)** intelligent

-ટ, -ત, -ક, -તર (-ṭ, -t, -k, -tar) change the verb into a noun:

ગભરાવું (gabh-rā-vũ) to be afraid of	**ગભરાટ (gabh-rāt)** fright
રમવું (ram-vũ) to play	**રમત (ra-mat)** game
બીવું (bi-vũ) to be afraid of	**બીક (bik)** fright
જીવવું (jiv-vũ) to live	**જીવતર (jiv-tar)** life

-વટ, -આશ, -પ, -પણ, -આણ (-vaṭ, -āsh, -p, -paṇ, -āṇ) change the adjective to a noun:

ચોખ્ખું (chhok-khũ) clean	**ચોખવટ (chokh-vaṭ)** cleanliness, clarity
તીખું (ti-khũ) hot	**તીખાશ (ti-khāsh)** pungency
ઓછું (o-chhũ) less	**ઓછપ (o-chhap)** deficiency
ભોળું (bho-ḷũ) simple	**ભોળપણ (bhoḷ-paṇ)** simplicity
પોલું (po-lũ) hollow	**પોલાણ (po-lāṇ)** hollowness

Examples of frequently used Persian suffixes are:

-ગી, -ગીરી (**-gi-, gi-ri**) which convert adjectives into nouns:

માંદું (mā̃-dū̃) sick, ill	**માંદગી (mā̃d-gi)** sickness, illness
ગુલામી (gu-lā-mi) slavish	**ગુલામગીરી (gu-lām-gi-ri)** slavery

-દાર (**-dār**) indicates possession:

દુકાન (du-kān) shop	**દુકાનદાર (du-kān-dar)** shopkeeper

See 9.4, 9.5.

R33 Active/passive voice

In the active voice the subject plays the main role in a sentence while in the passive voice it is the object which has primacy.

હેમા ચોપડી વાંચે છે. he-mā chop-ḍi vā̃-che chhe. Hema is reading a book.

In the above sentence the subject, **હેમા**, is actively associated with the verb, **વાંચે છે**.

હેમાથી ચોપડી વંચાય છે. he-mā-thi chop-ḍi van-chāy chhe. The book is read by Hema.

Here the object, **ચોપડી**, is the focus while the verb and subject are passive.

The **-થી (-thi)** suffix is added to the subject in this type of construct while the verb **વાંચ (vā̃ch)** changes to **વંચાય (van-chāy)**. Similarly, **ખાય (khāy)** changes to **ખવાય (kha-vāy)**, **જાય (jāy)** to **જવાય (ja-vāy)**, **બેસ (bes)** to **બેસાય (be-sāy)**, etc.

See 10.4, 10.5, 12.1.

R34 bhāve prayog

There is a third formation in Gujarati, **ભાવે પ્રયોગ (bhāve prayog)** where the construction is impersonal and determined by the relation of impersonal verb to agent:

એનાથી ચલાતું નથી.
e-na-thi cha-la-tū̃ na-thi.
Walking is not possible by him (i.e. he is unable to walk).

See 10.5.

R35 Causal construction

This construction carries the meaning 'to get (someone) to do':

Simple હું કામ કરું છું. **hũ kām ka-rũ chhũ.** I am doing the work.
Causal હું કામ કરાવું છું. **hũ kām ka-rā-vũ chhũ.** I am getting someone to do the work.
Simple તું બેસે છે. **tũ be-se chhe.** You are sitting.
Causal તું બેસાડે છે. **tũ be-sā-ḍe chhe.** You make someone sit.

The causal suffix **-આવ- (-āv-)** or **-આડ- (-āḍ-)** is added to the verb.

Although the suffixes are not always interchangeable, there are no absolute rules about which one to use, e.g. you cannot say **કરાડું (ka-rā-ḍũ)** or **બેસાવું (be-sā-vũ)**.

However, if the root of the verb ends with **-ā**, **-i**, **-u** or **-o**, you place a **v** before the causal suffix: e.g. **ખા (khā)** eat, **પી (pi)** drink, **સૂ (su)** sleep, **જો (jo)** see, will become (**kha-vāḍ**, **pi-vāḍ**, **su-vāḍ**, **jo-vāḍ**) :

હું ખાઉં છું. **hũ khā-ũ chhũ.** I am eating.
હું ખવાડું છું. **hũ kha-vā-ḍũ chhũ.** I am making someone eat.

Similarly, **પીવાડું (pi-vā-ḍũ)**, **સુવાડું (su-vā-ḍũ)**, etc. You can also use root + **va** + **ḍ** + **āv** as an alternative: e.g. **પીવડાવ (piv-ḍāv)**, **ખવડાવ (khav-ḍāv)**, **સુવડાવ (suv-ḍāv)**, etc.

See 11.24, 12.2.

R36 Mood

The mood of a verb shows the manner in which a statement is made. The different mood forms are indicative, imperative, subjunctive, potential and conditional.

Indicative: this indicates a mood of fact:
બ્રિટનમાં સખત ઠંડી છે. **bri-ṭan-mā̃ sa-khat ṭhan-ḍi chhe.** It is too cold in Britain.

See 10.13.

Imperative: this indicates command or request:
શાંતિ રાખો. shān-ti rā-kho. Keep quiet.
પેન આપશો. pen āp-sho. Please give me a pen.
In many such cases the subject is implied, e.g. **તમે (ta-me)** you.

See 10.12.

Subjunctive: this represents a mood primarily of doubt, uncertainty or possibility and implies the future:

કાલે લતા ન્યુ યૉર્ક ન પણ જાય. **kā-le la-tā nyu-york na paṇ jāy.** Lata may not go to New York tomorrow.
લેસ્ટરમાં વરસાદ પડે પણ ખરો. **les-ṭar-mā̃ var-sād pa-ḍe paṇ kha-ro.** It might rain in Leicester.

See 10.11.

Potential: this expresses duty or obligation:

અપંગોને મદદ કરવી જોઈએ. **a-pan-go-ne ma-dad kar-vi jo-i-e.** One should help the disabled.

See 10.9.

Conditional: this has an 'if . . . then' meaning:
મને રજા મળે તો હું આફ્રિકા જઈશ. **ma-ne ra-jā ma-ḷe to hũ āph-ri-kā ja-i-ish.** If I get leave I will go to Africa.

See 10.10.

R37 Participles

A participle is a verbal adjective. It qualifies a noun but retains some properties of a verb.

Participles are divided into present, past, future, conjunctive and general.

Present: this shows that action is occurring in the present. The root of the verb is added to: -તો, -તી, -તું, -તા, -તાં **(-to, -ti, -tũ, -tā, -tā̃):**

દોડ **(doḍ)** run
દોડતો/તી/તું/તા/તાં **(doḍ/to/ti/tũ/tā/tā̃)** running

See 10.18, 13.8.

Past: Here the action has already been completed. The past participle is obtained by adding -યું **(-yũ)** or -એલ/-એલું **(-el/-e-lũ)** to the root:

કર **(kar)** do
કર્યું/કરેલ/કરેલું **(kar-yũ/ka-rel/ka-re-lũ)** already done

See 10.16, 13.9.

Future: Here the action has yet to take place. It is shown by adding -

નાર/નારો/-રી/-રું/-રા/-રાં (**-nār/-nā-ro/-ri/-rũ/-rā/-rā̃**) to the root of the verb:

કર (**kar**) do
કરનાર, કરનારો/રી/રું/રા/રાં (**kar-nār, kar-nā-ro/-ri/-rũ/-rā/-rā̃**) doer

See 10.19, 13.10.

Conjunctive: Here the action has taken place before the one expressed by the verb. It is shown by the suffixes **(-i/-i-ne)** attached to the root:

કર (**kar**) do
કરી, કરીને (**ka-ri, ka-ri-ne**) after doing that

See 10.17, 12.10, 13.11.

General: This expresses action without reference to a particular time. It is shown by adding -વું **(-vũ)** to the root:

કર (**kar**) do
કરવું (**kar-vũ**) should be done

See 13.12.

R38 Duplicatives

This is an important feature of Gujarati grammar. The various forms of repetition result in different meanings.

(a) Repetition of the same word, e.g. શું શું **(shũ shũ)** changes the meaning of શું **(what)** to 'how many'.

(b) Where the repeated word differs from the original in that the first letter is changed to બ (**b**): e.g. પાણીબાણી **(pā-ṇi-bā-ṇi)** meaning 'water *or something like that*'. In this example **bā-ṇi** in itself is meaningless but by changing the first letter of the preceding word it takes on the meaning of 'something similar' to that word.

(c) Repetition of a different word for emphasis: e.g. મોજમજા **(moj-ma-jā)** *great* enjoyment. Here મોજ **(moj)** has the same meaning as મજા **(ma-ja)** but joining them together emphasizes the enjoyment.

(d) Where a word which has no individual meaning is added to give the sense of 'etcetera'. e.g. ઢોરઢાંખર (**ḍhor-ḍhā̃-khar**). Here the word **ḍhor** means 'cattle'. **ḍhā̃-khar** has no meaning but, combined, the two words carry the sense of 'cattle *and the like*'. And **વાસણકૂસણ** **vā-saṇ ku-saṇ**. **vāsaṇ** means 'utensils'. **kusaṇ** has no meaning but, joined with **vā-saṇ,** it means 'utensils and things like that'.

See 5.1, 7.1, 7.7, 9.11, 12.19, 13.4.

R39 Compound words

These words are known as **સમાસ (sa-mās)**. They are a peculiarity of Sanskrit which is also a feature of Gujarati. There are many compound words which are identical in both languages. In Gujarati they are mainly used in literature but there are also many examples used in the everyday language:

Words joined by 'and' to form a third word:
માબાપ (mā-bāp) mother and father, i.e. parents

Words joined by any case suffix:
લોકહિત (lok-hit) people's benefit (**lok** people; **hit** benefit) **લોકનું હિત.**

Words joined by the meaning 'one who has':
ગૌરવર્ણું (gaur-var-ṇũ) one with a white complexion (**gaur** white; **varṇa** complexion)

See 11.19–11.23, 13.7.

Key to exercises

Lesson 1

Exercise 1

(a) majāmā̃; (b) garmi; (c) ṭhanḍi.

Exercise 2

(a) te kem chhe. (b) āje bahu ṭhandi chhe. (c) āje garmi nathi. (d) te majāmā̃ chhe. (e) hũ kām karũ chhũ. (f) te base chhe.

Exercise 3

(a) āje garmi chhe. (b) ājkāl ṭhanḍi bahu paḍe chhe. (c) tame paṇ āvjo. (d) ame karie chhie. (e) teo bese chhe. (f) tũ kare chhe.

Exercise 4

ghar, bājumā̃, pāchhaḷ, upar, niche, rasoḍũ, saras.

Exercise 5

(a) orḍāo; (b) nathi; (c) āvo; (d) āvjo; (e) chhie; (f) chho.

Exercise 6

(a) chhũ; (b) chho; (c) chhe; (d) chhe; (e) jāḷavjo; (f) karũ chhũ.

Exercise 7

(a) gharni āgaḷ bāg chhe. (b) nā, e ā orḍo nathi. (c) hā, ā rasoḍũ chhe. (d) ramaṇ ahĩ chhe. (e) gitā gharmā̃ nathi. (f) ramesh bāgmā̃ chhe.

Exercise 8

hũ–chhũ; ame–chhie; tũ–chhe; tame–chho.

Exercise 9

(a) tamārũ ghar saras chhe. (b) upar be orḍāo chhe. (c) pāchhaḷ shākbhāji uge chhe. (d) ramesh gharmā̃ chhe. (e) gitā andar nathi. (f) ā tārũ shāk chhe.

Lesson 2

Exercise 1

(a) ā bheṭ chhe. (b) hũ bāgkām karũ chhũ. (c) te kāle Birmingham pahÕchshe. (d) āje somvār chhe. (e) sulemān bhārat jashe. (f) rekhā gharmā̃ chhe.

Exercise 2

bheṭ–saras; ravivār–rajā; divas–rāt; ghaṇũ–thoḍũ; kām–ārām; divāḷi–tahevār.

Exercise 3

(a) tabiyat; (b) āvjo; (c) bāgmā̃; (d) āṭh vāge; (e) kāle; (f) rajā.

Exercise 4

(a) kem chho riṭāben? (b) divāḷini bheṭ chhe? (c) pārsal mokle chhe? (d) saras. āvje.

Exercise 5

Person	*Singular*	*Plural*
I	khāũ chhũ	khāie chhie
II	khāy chhe	khāo chho
III	khāy chhe	khāy chhe

Exercise 6

(a) chhũ; (b) rekhānũ; (c) sureshni; (d) shilāno; (e) hashe; (f) mināni.

Exercise 7

(a) kāle ṭhanḍi paḍshe. (b) hũ ā parsal England moklũ chhũ. (c) ame kām karie chhie. (d) rām gharni saphāi kare chhe. (e) divāḷimā̃ ghaṇū̃ kām chhe. (f) hū̃ ārām karish.

Exercise 8

phaḷ–tāju; drāksh–miṭhi; bhāv–sitter pens; mÕghi–sasti; āgaḷ–pāchhaḷ; ṭhanḍi–garmi.

Exercise 9

drāksh, keri, nāḷiyer, tarbuch.

Exercise 10

(a) sapharjan; (b) shākbhāji; (c) ṭhanḍi.

Exercise 11

(a) pestanji ane vipinbhāi. kāle. (b) kharidi. (c) ramaṇbhāine maḷshe.

Exercise 12

(a) khārū̃, kaḍvū̃, khāṭū̃, tikhū̃. (b) sapharjan, mosambi, ṭeṭi, limbu.

Exercise 13

uṭhish, karish, jamish, āvshe, joishū̃, paḍshe.

Lesson 3

Exercise 1

saras, kharāb; shaher, gām; shākāhāri, mā̃sāhāri; pāse, dur;
savāl, javāb; ek, be.

Exercise 2

(a) shaher; (b) dharm; (c) sā̃bhaḷ.

Exercise 3

ramesh, tũ kyā̃ jāy chhe? ghaṇũ dur chhe? victoriani pāsej chhe. hũ tyā̃ kharidi karish.

Exercise 4

ā kayũ ghar chhe? pensilno sho bhāv chhe? riṭānũ nāk nānũ chhe paṇ ā̃kh moṭi chhe. tũ āve chhe?

Exercise 5

(a) kayā shahernũ chhe? (b) divāḷini thoḍi kharidi karishũ. (c) ā kayā dharmnũ mandir chhe? (d) chāl, pahelā̃ shaher jaie.

Exercise 6

(a) ahī̃ jamaṇ āpe chhe? (b) ā riṭā chhe. (c) prakāsh, gitā ane bhānu sāthe āve chhe? (d) gharthi nishāḷ dur chhe?

Exercise 7

roṭli	dāḷ	bhāt	shāk
puchhish	karish	jamish	āvish
sitār	sangit	tablā̃	bhārtiya
kyā̃	koṇ	shũ	keṭli

Exercise 8

ghar, chha, āvshe, bharatni, jashe, kharidi

Exercise 9

(a) ā saras ghar chhe. (b) tame rājesh sāthe āvsho? (c) hũ london jaish nahi. (d) orḍo kyā̃ chhe?

Exercise 10

(a) sulemān paisādār nathi. (b) hũ kāle āvish nahī̃. (c) rādhā gharmā̃ nathi. (d) teo kāle shahermā̃ āvshe nahī̃.

Exercise 11

mane emā̃ samaj paḍti nathi. ghaṇā māṇas āve chhe. kāle koṇ āvshe shi khabar. āje chhokrā paṇ jashe.

Lesson 4

Exercise 1

(a) hū̃ kāle Lanḍanmā̃ hato. (b) tū̃ kāle nishāḷmā̃ āvyo hato. (c) tamāri pāse paisā hatā. (d) satishe latāne gher phon karyo hato. (e) rehmān ane sakinā sāthe bhaṇtā̃ hatā̃. (f) sāiman chopḍio kharidto hato.

Exercise 2

chhe, shanivār, hashe, jaish, jamish.

Exercise 3

(a) mẼ mojā̃ kharidyā̃. (b) mẼ tamne kāle phon karyo hato. (c) viliyam amdāvād gayo. (d) reshmā bhāratmā̃ gujrāti bhaṇi. (e) te kagaḷ lakhshe. (f) hū̃ shāk ane bhāt jamyo.

Exercise 4

(a) hū̃ ghaṇū̃ kām karū̃ chhū̃. (b) tamāri pāse e kāgal nathi. (c) kāle salmāne saras chikan khādhū̃. (d) tū̃ kāle māre tyā̃ āvish? (e) surekhā āvi tyāre hū̃ gharmā̃ na hato. (f) nokre kapḍā̃ dhoyā̃ pachhi te jamyo.

Exercise 5

bajār, kharidi; khamis, pātḷun; divas, sā̃j; āj, kāl; gharmā̃, bahār.

Exercise 7

tame māri sāthe āvti kāle avsho? āpṇe bajārmā̃ jaishu. pachhi kharidi karishu ane sāthe jamishū̃. majā paḍshe.

Exercise 8

The Christmas sale will start tomorrow. There will be sarees available at a 25 per cent discount. There was a sale last year but then the discount was less. Even so, almost everything was sold. This year there is a recession so people may not buy.

Exercise 10

ahī̃	tyā̃	upar	niche
āvshe	jashe	āvyo	gayo
sutrāu	reshmi	ṭerilin	ṭerikoṭan
savār	sā̃j	rāt	divas

Exercise 11

(a) mane ā rāg game chhe. (b) āje bajārmā̃ sel nathi. (c) ā nainānũ ghar hashe. (d) āvti kāle navin bahār jamshe. (e) ā ramaṇlālni dukān chhe. (f) dukāndār sāḍi veche chhe.

Exercise 12

(a) vipine sarlāne sāthe lidhi. (b) banne rehmānne tyā̃ gayā̃. (c) rehmānni khabar puchhvā gayā̃. (d) temṇe rehmānne phaḷ āpyā̃.

Lesson 5

Exercise 1

moṭũ, medān; ghaṇi, baheno; nāno, rasto; sārā̃, phulo; āchhā̃, rango; kāḷi, sāḍi.

Exercise 3

When I went out on Monday evening it wasn't raining. It wasn't even very cold. There were beautiful trees on both sides of the road. I had quite a long walk. Then I stopped and had a coffee. It was nine o'clock at night when I returned home.

Exercise 4

MEGI: āpṇe banne bahār jashũ?
JON: hā, jarur. chālo, paṇ kyā̃ jashũ?
MEGI: āpṇe rāṇinā mahel bāju jashũ?
JON: hā paṇ tyā̃ ghaṇā loko hashe.
MEGI: to voṭfarḍnā mandirni jagā kevi chhe?
JON: hā chālo. e saras ane shānt jagā chhe.

Exercise 6

(a) ek, traṇ. (b) keṭlũ. (c) ḍābi bāju. (d) kyā̃. (e) kyā̃thi.

Exercise 7

māri pāse ghar chhe. tāri pāse ghar nathi. mẼ kerino ras pidho. sita sṭeshan gai nathi? gāḍi moḍi chhe ne bas vaheli chhe. ame besishũ/besshũ.

Exercise 8

be	chār	pā̃ch	nav
ahī̃	tyā̃	sidhũ	sāme
uttar	dakshiṇ	purva	pashchim
phar	chāl	doḍ	bes

Exercise 9

(a) āje ṭren chhe teni mane khabar nathi. (b) mane sārā̃ khamis kyā̃thi maḷshe? (c) ā deshni sundar jagāo hũ joish. (d) briṭanmā̃ ramatnā̃ sārā̃ medāno chhe. (e) mārũ jamaṇ sārũ hatũ paṇ kOphi ghaṇi kharāb hati. (f) ahī̃ tamāre ghaṇo varsād hoy chhe?

Exercise 10

(a) rasto; (b) divas; (c) kāle; (d) phuṭbOl.

Exercise 11

(a) medānno rasto kayo hato? (b) ahī̃thi chār rastā ketlā dur hashe? (c) āje gāḍio bandh chhe. (d) hũ somvāre jamto nathi. (e) rasto oḷangine ḍabi bāju jajo.

Lesson 6

Exercise 1

હાથ	પગ	માથું	કાન
ઊઠ	ચાલ	બેસ	દોડ
ઈકોતેર	એકસઠ	એકાવન	એક્યાશી
પરચુરણ	પૈસા	નોટ	રૂપિયા

Exercise 2

પંદર, પચાસ; ગાડી, બસ; પૈસા, પરચુરણ; સામાન, બૅગ; ચોક્કસ, કદાચ; આપશો, લેશો.

Exercise 3

It was Sunday. I got up late. I had breakfast and switched on the television but there was nothing worth watching. I went to the shops, bought a paper and returned. I read the paper but there was nothing very interesting. Then I did some gardening. Gita is coming this evening. I will go out with her and we will have a meal in a restaurant.

Exercise 4

(a) બહેન; (b) બાગ; (c) સોમવાર; (d) આભાર; (e) બિલાડી.

Exercise 5

(a) આ ગાડી મુંબઈ જશે? (b) વડોદરાની ટિકિટના કેટલા પૈસા થશે? (c) મારો કેટલા નંબરનો રૂમ છે? (d) મારાં ખમીસ ક્યારે મળશે? (e) ખાવાલાયક કઈ ચીજો છે?

Exercise 6

હું ભૂખ્યો હતો/ભૂખી હતી. મેં રોટલી ખાધી. શાક ખાધું. દાળભાત ખાધાં. પછી પાણી પીધું. કૉફી પીધી. થોડી વાર ટીવી જોયું. નિશાળનું ઘરકામ કર્યું. પછી સૂતો/સૂતી.

Exercise 8

(a) મને બે સફરજન અને થોડી દ્રાક્ષ આપો. (b) આજે કયો વાર છે? (c) આવતી

કાલે હું ન્યુ યૉર્ક હોઈશ. (d) આ ખમીસ ખૂબ મોંઘું છે? (e) ૧૯૯૦માં હું ભારતમાં હતો.

Exercise 9

પચીસ, પાંચ, બહેન, મોજાં, ફળો, હશે, સારા.

Exercise 11

(a) મારા ઘરનું બારણું પૂર્વ દિશામાં છે. (b) રમણલાલ ભારત જશે. (c) રમણલાલ સાથે હું થોડાં ખમીસ અને થોડી બદામ મોકલીશ. (d) મારા ભાઈ માટે મોકલીશ.

Exercise 12

(a) પશ્ચિમ; (b) દક્ષિણ.

Exercise 13

હુસેનઃ આજે આપણે મામાને ત્યાં જવાનું છે.
સકીનાઃ પણ આપણે ખરીદી માટે જવાનું હતું.
હુસેનઃ કાલે ખરીદી કરીશું. મામાનો ફોન હતો.
સકીનાઃ શું કાંઈ ખાસ છે?
હુસેનઃ મામી માંદાં છે. ખૂબ તાવ આવ્યો છે.
સકીનાઃ તો તો ચોક્કસ જવું પડશે.
હુસેનઃ તું જલદી તૈયાર થા.

Lesson 7

Exercise 1

(a) બર્મિંગહામથી; (b) જાતે; (c) ચાલશે; (d) પેલા માણસો; (e) આવ્યો, ન.

Exercise 2

Last Sunday I was in Glasgow. It was not raining but it was very cold. It is raining here in London today but it is not cold. I will visit Nitin this evening. He came from Luton yesterday. He is working there. Sometimes he comes down to London for the weekend. He is a good man. We will eat together.

Exercise 3

મારાં બાની ઉંમર પંચોતેર વર્ષની છે. તે રોજ મંદિરે જાય છે. તેઓ ધાર્મિક છે અને માંસ ખાતાં નથી. ખૂબ ઠંડીમાં તેઓ ઘેર બેસે છે. ગરમી પડે ત્યારે ફરવા જાય છે.

Exercise 5

ચા	કૉફી	દૂધ	પાણી
બસો	ચારસો	છસો	આઠસો
કોણ	આ	કઇ	શું
ગરમી	ઠંડી	પવન	વરસાદ

Exercise 7

આજે મને ઠીક નથી. મને તાવ આવ્યો છે. મેં ખાધું નથી. દૂધ પીધું છે. સાંજે એક ફળ લઈશ. રાતે દવા પીશ ને સૂઈ જઈશ. આવતી કાલે સવારે સારો થઈ જઈશ.

Exercise 8

(a) તાવ; (b) શરદી; (c) ઘડો; (d) વિચાર; (e) અક્કલ.

Exercise 9

(a) એની તો એ ના જ ન પાડે. (b) તમે કાંઈ ચાબા લેશો? (c) મારે રહેવાની સગવડ જોઈએ છે. (d) તમે તો હમણાં દેખાતાં જ નથી. (e) કોઈ બારણે આવ્યું લાગે છે.

Exercise 12

(a) મને આ ઘર ગમ્યું છે. (b) તમારી પાસે પૈસા છે. (c) આજે હું નિશાળે જાઉં છું. (d) નીતાને ઠીક નથી. (e) રામલાલ ચંપકલાલને ઘર બતાવશે.

Lesson 8

Exercise 1

(a) ગઈ કાલે હું માંદો હતો/માંદી હતી. (b) મને સંગીત ગમે છે. (c) મારી પેન ખોવાઈ ગઈ છે. (d) બરાબર કરો. (e) મીરાએ ચોપડી ખોઈ નાખી.

Exercise 2

નીચે, અંદર, પહેલાં, પછી, માટે, પાસે, પછી, અંદર, વડે.

Exercise 3

(a) પડી હતી; (b) ખોઈ નાખ્યો; (c) ગમે છે; (d) બરાબર; (e) રમશે.

Exercise 4

તારી આંખ દુખે છે? આંખમાં દવા નાખી? દવા નથી નાખી? દુકાન બંધ હતી? તો બીજી દુકાને જા. પૈસા છે? કેટલા પૈસા છે? આ બીજા પૈસા રાખ.

Exercise 5

(a) I am interested in sport. (b) This headmaster is not strict. (c) This novel is good. (d) We will go shopping on Saturday afternoon. (e) I will spend time with you on Sunday.

Exercise 7

(a) વાદળું; (b) મેલેરિયા; (c) અમેરિકા; (d) યુરોપ.

Exercise 8

(a) લોકો કાલે વરસાદમાં સપડાઈ ગયા. (b) કપડાં નિચોવી પાણી કાઢી નાખ. (c) ટોની કૅનેડામાં માંદો પડી ગયો. (d) મને તાવ છે એટલે હું દવા લઈશ. (e) ભજિયાં તીખાં લાગે છે પણ ભાવે છે.

Exercise 10

(a) મને તો અંગ્રેજી ગમતું નથી. (b) આજે બપોર પછી સંગીત હશે. (c) તેને મેલેરિયા થઈ ગયો છે. (d) બધું મટી ગયું હતું. (e) વખત ગાળવો મને પોસાય છે.

Exercise 11

સાચું, ખોટું; સારું, ખરાબ; માંદુ, સાજું; આવ, જા; કડક, નરમ.

Exercise 12

(a) નટુભાઇ માંદા પડી ગયા. (b) તેમને તાવ આવતો હતો. (c) હવે સારું છે. (d) નટુભાઇ એકાદ અઠવાડિયું આરામ કરશે. (e) ફળ લઇ ગયાં હતાં.

Lesson 9

Exercise 1

(a) એ સ્ત્રી સૌથી વધુ જાણીતી અને રૂપાળી હતી. (b) આજે વરસાદ આવે કે ન પણ આવે. (c) તેણે કહ્યું કે તેની પાસે પૈસા નથી.

Exercise 3

(a) કશી; (b) કશું; (c) કશી; (d) કશો.

Exercise 4

રહેવું છે, કરીશ, બનીશ, છું, મેળવવાની છે.

Exercise 5

(a) જવાબ; (b) પત્ર; (c) પણ; (d) બુદ્ધિ; (e) રજૂ.

Exercise 6

માન	અપમાન
નીતિ	અનીતિ
સત્ય	અસત્ય
જીવ	નિર્જીવ
ન્યાય	અન્યાય

Exercise 9

આજે	કાલે
હમણાં	પછી
અહીં	ત્યાં
ધીમે	ઝડપથી
ચોક્કસ	કદાચ

Exercise 10

કીડી મચ્છર ઉંદર કૂતરો ઘોડો સિંહ હાથી

Exercise 11

Acting is both his hobby and his profession. The dramatist writes the play. The actors and actresses perform. People see the play. Some of them like it. Some don't like it.

Exercise 12

મીનાઃ	નમસ્તે. હુ સંગીતના વર્ગમાં જોડાવા માગું છું.
શિક્ષકઃ	નમસ્તે. તમારે શું શીખવું છે?
મીનાઃ	મારે સિતાર શીખવી છે.
શિક્ષકઃ	સિતારની ફી મહિને પાંચ પાઉન્ડ છે.
મીનાઃ	ભલે. ફૉર્મ ક્યાંથી મળશે?
શિક્ષકઃ	આ લો ને ભરીને સામે આપો.
મીનાઃ	વર્ગ ક્યારે શરૂ થાય છે?
શિક્ષકઃ	આ શનિવારે સવારે નવ વાગે.

Exercise 13

(a) તમને શાનો શોખ છે? (b) તમે કાલે આવશો? (c) તમારે સંગીત શીખવું છે? (d) તમારા ઘરમાં કોણ ભણે છે? (e) તમારા પડોશીઓ કેવા છે? (f) ગઈ કાલે તમે ક્યાં હતા?

Exercise 14

છે, છે, હતી, છું, છીએ.

Lesson 10

Exercise 1

(a) I came all the way from Pennsylvania. (b) I don't have any currency of this country. (c) Is there a boarding house or a hotel? (d) You can clearly see the distant countryside with binoculars. (e) Do you know who is the tallest man in Britain?

Exercise 2

રામલાલભાઇ ઝાડ ઉપરથી પડી ગયા. તેમને માથામાં વાગી ગયું તેથી બેભાન થઇ ગયા. શારદાબહેન દોડતાં આવ્યાં ને ફોન કર્યો. હૉસ્પિટલમાંથી ગાડી આવી. તેમને લઇ ગઇ.

Exercise 3

(a) દોડ; (b) કર; (c) રમત; (d) ઉંદર; (e) પથ્થર.

Exercise 4

(a) હું ભારત જઇશ. (b) મારાથી શાકાહારી ખોરાક ખવાય છે. (c) અહીં ઘણાં ટેબલો છે. (d) હીરાભાઈથી દોડાય છે. (e) ગાય ઘાસ ખાતી હતી.

Exercise 6

સારું, ખરાબ; ઠંડી, ગરમી; પ્રકાશ, અંધારું; ઉપર, નીચે; સગવડ, અગવડ.

Exercise 7

યુરોપ	અમેરિકા	એશિયા	આફ્રિકા
ગુજરાતી	તમિળ	અંગ્રેજી	ભાષા
કોલસા	લાકડાં	ધુમાડો	આગ
કેળવણી	કૉલેજ	વર્ગ	વિદ્યાર્થી

Exercise 8

અધ્યાપક, કેળવણી; વિદ્યાર્થી, અભ્યાસ; ભોમિયો, માર્ગદર્શન; માતા, બાળઉછેર; કડિયો, બાંધકામ; માળી, બાગકામ.

Exercise 9

(a) ઘરડાંને મદદ કરવી જોઇએ. (b) આજે પૈસા ન પણ મળે. (c) આખું ઘર બંધ હતું. (d) હું સાચો નિશ્ચય કરું છું. (e) તે ઘેર જઇને પછી ઑફિસે ગયો. (f) તરનારી છોકરી બહાર નીકળી.

Exercise 10

(a) ઊડતાં પંખી નીચે આવ્યાં. (b) ભસતા કૂતરા કરડતા નથી. (c) કોઇએ છેતરવું ન જોઇએ. (d) જો વરસાદ પડશે તો હું નહીં જાઉં. (e) ફોન કરતાં વ્યક્તિગત સંપર્ક સારો.

Exercise 12

જઈશ, રહીશ, પડે, લઈ, માટે, લાવ્યા, પણ, સુધી, કરવાનું

Lesson 11

Exercise 1

દુર્ગેશઃ આજે ક્યાં બહાર જવું છે?
સુશીલાઃ બહાર તો રોજ જ જઈએ છીએને.
દુર્ગેશઃ તો આજે ટીવી જોઈએ.
સુશીલાઃ ઓહો. સરસ હિંદી ફિલ્મ છે.
દુર્ગેશઃ તેમાં સુનીલ દત્ત અને નરગિસ કામ કરે છે.
સુશીલાઃ ઘણા દિવસે શાંતિથી બેસીશું.

Exercise 3

થયું, લાગ્યા, ગઈ, ગઈ, હતું, શકશે.

Exercise 4

(a) હતી; (b) છું; (c) હતા; (d) છે; (e) હશે; (f) છે.

Exercise 5

બત્તી, પ્રકાશ; દાળ, ભાત; ફિલ્મ, નાટક; માઈક, જાહેરાત; ધીમેથી, ઝડપથી; સવાર, સાંજ.

Exercise 7

ફિલ્મી કળાકાર, સુંદર; પ્રોફેસર, ભુલકણા; પ્રધાન, અભિમાની; ચિત્રકાર, ધૂની; વિદ્યાર્થી, તોફાની.

Exercise 8

(a) I don't eat in the afternoon. (b) Leela goes every day for an evening walk. (c) A famous play is not necessarily a good play. (d) This article could only be written by him. (e) I will finish this work in an hour.

Exercise 9

આનંદ	ગુસ્સો	ભય	શોક
અંગ્રેજી	મરાઠી	ગુજરાતી	ફ્રેંચ
બસ	વિમાન	ટ્રેન	સાઈકલ
ધ્વનિ	પ્રકાશ	પડદો	સેટિંગ

Exercise 10

નાટક, ટિકિટો, હતું, અભિનય, અમને, ગયાં, સરસ, ભાવ્યું, ઘેર.

Exercise 11

ઉપર, નીચે; અંદર, બહાર; આગળ, પાછળ; દૂર, પાસે; પહેલાં, પછી; ડાબી, જમણી.

Exercise 12

(a) નાટક*નો* વિષય સૌને ગમે તેવો હતો. (b) થિયેટર*માં* દાખલ થયાં ને બત્તીઓ*નો* પ્રકાશ ઘટી ગયો. (c) શકીલને માઈક*માંથી* બોલેલું બરાબર ન સંભળાયું. (d) ભારત*ના* વડા પ્રધાન હેરો*માં* વિદ્યાર્થી હતા. (e) સરિતા પાસે*થી* ટિકિટ લઈ દીપકને આપ.

Exercise 14

(a) માથુરથી આ કામ બની શકશે. (b) સાંજનો શો પ્રોગ્રામ છે? (c) મને આ નામ ઘણું ગમે છે. (d) મારા પૈસા ધીમે ધીમે ખલાસ થઈ ગયા. (e) રજની અને સરોજ બહાર હતાં.

Exercise 15

(a) ભાનુ રમાડે છે. (b) જયા લખાવે છે. (c) ચંદ્રકાન્ત હસાવતો હતો. (d) અરજણ ઘાસ કપાવશે. (e) જહાંગીર કામ કરાવે છે.

Exercise 16

(a) હું (ગઈ) કાલે નાટક જોવા ગયો હતો. (b) જહાંગીર અગિયારીમાં જાય છે. (c) (ગયા) રવિવારે તમે ઘરની સફાઈનું કામ કરતા હતા. (d) અમે થિયેટરમાંથી નીકળશું ત્યારે સાંજ પડી ગઈ હશે. (e) નલિની ઑફિસમાંથી છૂટીને દુકાનમાં ચોપડી ખરીદતી હશે.

Lesson 12

Exercise 1

(a) ગઈ કાલે તમે ઍથેન્સ ગયા હતા? (b) તમારું વર્ણન ઘણું સ્પષ્ટ છે. (c) આપણે શિક્ષણનું સાચું લક્ષ્ય કેમ પામી શકીએ? (d) તમારી નોંધો મને તરત આપો. (e) તમારી પાર્ટીમાં હું ન આવી શક્યો તેથી દિલગીર છું. (f) મેં તાજેતરમાં જ મારી ડિગ્રી મેળવી છે.

Exercise 3

પદવીદાન, સમારંભ; પ્રોફેસર, વિદ્વાન; પરીક્ષા, ઉત્તીર્ણ; નાદુરસ્ત, તબિયત; હાજરી, ગેરહાજરી; ઝભ્ભો, ટોપી.

Exercise 4

ભસ*તો*, વાંચ*તી*, પડ*તું*, પડ*નારું*, ચૂંટા*નારો*, કરે*લું*

Exercise 6

(a) ફળ; (b) મગજ; (c) પાંદડું; (d) ગધેડાઓ; (e) જંતુ.

Exercise 9

(a) માંદી/દો/દું; (b) કદરૂપો/પી/પું or ખરાબ; (c) અવ્યવસ્થા; (d) નાનો/ની/નું; (e) અસામાન્ય.

Exercise 10

અને, -માં, જોઉં છું, છે, -નો, હશે, -ની, હોય, માટે, પાડ્યા, ભાગ, ચરીને, જગ્યાએ, ઊગી.

Exercise 13

(a) કાલે મારી પાસે આ મકાન નહીં હોય. (b) કરેલું કામ નકામું જાય છે. (c) હું યુરોપ જઈને પછી અમેરિકા જઈશ. (d) આવતી કાલે મને પેટમાં દુખતું હશે. (e) મને મોસ્કોમાં ગમે છે ને ન્યુ યૉર્કમાં પણ ગમશે. (f) શીલાને કાનમાં સખત દુખાવો રહેતો હતો.

Lesson 13

Exercise 1

(a) જેનાનું ઘર ટેકરી ઉપર છે. (b) સુલેમાન ઍરપૉર્ટ જવાનો હતો. (c) આ કાર માટે મેં મોટી રકમ આપી છે. (d) તાજેતરમાં ઉદ્યોગપતિઓની એક મોટી પરિષદ દિલ્હીમાં થઈ ગઈ. (e) સૌથી સારી અને તંદુરસ્ત કસરત કઈ છે? (f) બ્રાઈટનના દરિયાકાંઠે ઊગતા સૂર્યને જોવો મને ગમે છે.

Exercise 2

સાન ફ્રાન્સિસ્કોમાં હું ઊતરીશ તે ઘર ઊંચી ટેકરી પર હશે. મારા રૂમની બારી નીચે તળેટી પર પડતી હશે. ત્યાં પાસે વિશાળ હવાઈ મથક તથા છીછરો સમુદ્ર હશે. પક્ષીઓની માફક ઊડતાં નાનાંમોટાં વિમાનો હું જોયા કરીશ.

Exercise 3

(a) ચઢતું, ઊતરતાં; (b) અકસ્માત, મરી ગયાં; (c) જાતજાતનાં; (d) છીછરી, સામે; (e) મોટા, ઊંડી; (f) પદવીદાન સમારંભમાં.

Exercise 4

હરવું	ફરવું	ઊતરવું	ચઢવું
નાના	મોટા	મધ્યમ	વિશાળ
પ્રાણી	પક્ષી	જંતુ	પંખી
બગીચો	બાગ	વાડી	ખેતર

Exercise 6

હું મુંબઈના વિમાની મથકે ઊતર્યો ત્યારે સવાર પડી હતી. આકાશમાં સૂરજ દેખાતો ન હતો ને વરસાદ પડતો હતો. મેં એક ટેક્સી મગાવી ને ડ્રાઈવરને કહ્યું કે ચર્ચગેટ જવું છે. કેટલા પૈસા? તેણે કહ્યું, ભાઈસાહેબ, મીટર પ્રમાણે આપજો. મેં સામાન મૂક્યો. ડ્રાઈવરે ગાડી ચલાવી.

Exercise 7

હોટેલવાળોઃ	સાહેબ, શું કરો છો?
સ્વામીઃ	હું ધાર્મિક વ્યાખ્યાનો આપું છું.
હોટેલવાળોઃ	સરસ. સાહેબ, મને પણ ધર્મમાં રસ છે.
સ્વામીઃ	એમ. તમને એવો રસ છે તે સારું છે.

હોટેલવાળોઃ	મેં હજી ફક્ત બાઈબલ જ વાંચ્યું છે.
સ્વામીઃ	ખરું તો તેમાંનું આચરણ છે.
હોટેલવાળોઃ	આપે તદ્દન સાચી વાત કહી.
સ્વામીઃ	તમારી સાથે વાત કરીને આનંદ થયો.

Exercise 8

(a) It is not true that lawyers always lie. (b) The price of this house is approximately the same as mine. (c) It is surprising that he has never been outside Ahmedabad. (d) I love to watch nature. (e) Work completed is never wasted. (f) He came out of his house and welcomed us.

Exercise 11

સાઈકલ ગાડું કાર ખટારો વિમાન

Exercise 12

સરસ, સારું; ખુશી, આનંદ; યશ, કીર્તિ; દરિયો, સમુદ્ર; વહાણ, જહાજ; ચોખ્ખું, શુદ્ધ.

Lesson 15

Exercise 1

હવે વધુ વખત કોઈ કુટુંબની સાથે રહેવાને બદલે મેં જાતે જ ઓરડી રાખી રહેવાનું નક્કી કર્યું. મારા કામ પ્રમાણે જુદી જુદી જગ્યાઓ બદલતા રહેવાનું પણ નક્કી કર્યું. ઘર એવા ઠેકાણે પસંદ કર્યાં કે જ્યાંથી કામની જગ્યાએ અડધા કલાકમાં ચાલીને જઈ શકાય. આથી ગાડીભાડું બચ્યું અને રોજના આઠ-દસ માઈલ ફરવાનું મળ્યું. મુખ્યત્વે આ ટેવને લીધે જ હું ઈંગ્લૅન્ડમાં ભાગ્યે જ માંદો પડ્યો હોઈશ. શરીર પણ ઠીક ઠીક મજબૂત બન્યું.

Exercise 2

ગુજરાતીઓએ આખી દુનિયામાં સ્થળાંતર કર્યું છે. ગુજરાતી અને બિનગુજરાતી યુવાન પેઢી મોટી સંખ્યામાં ભાષા શીખવા માગે છે. ગુજરાતી એ ભારતમાં વધુ બોલાતી ભાષાઓમાંની એક ભાષા છે અને ગુજરાત રાજ્યની સરકારી ભાષા છે. તેમાં આશરે ૪૦ મિલિયન રહેવાસીઓ છે. દરિયાપાર વસતા ૧૫ મિલિયન ભારતીયોમાં ગુજરાતીઓની ઘણી મોટી સંખ્યા છે. માત્ર બ્રિટનમાં જ ૬ લાખ ગુજરાતીઓ વસે છે! તેઓ માત્ર ભારતમાંથી જ આવેલા નથી; બ્રિટનની પહેલાંની કૉલોનીઓમાંથી પણ આવેલા છે.

Exercise 3

બ્રિટનમાં ગુજરાતી બોલનારાઓની પહેલી પેઢી પોતાના પ્રદેશમાં બોલાતી ગુજરાતી જેવી કક્ષાનું જ ગુજરાતી બોલે છે. છતાં તેમનું શબ્દભંડોળ નોંધપાત્ર છે. ભારતમાં બ્રિટિશ અમલ લાંબો સમય રહ્યો હોવાથી સ્ટેશન, ટિકિટ, પેન, કોર્ટ, કોટ જેવા શબ્દો રોજની બોલચાલની ભાષા બની ગયા હતા. આ ઉછીના શબ્દો ચાલુ રહ્યા અને વિડિયો, ટ્યુબ, કૉમ્પ્યુટર, રૉકેટ જેવા શબ્દો તેમાં ઉમેરાયા. જે ગુજરાતીઓ પૂર્વે પૂર્વ આફ્રિકામાં વસ્યા હતા તેઓ જુગુ (શીંગ), કિસુ (ચાકુ), બાકુડી (વાટકી) અને મારામોજા (જલદી) જેવા સ્વાહિલી શબ્દો પણ વાપરતા થયા છે.

Exercise 4

દુનિયામાં કેટલી ભાષાઓ બોલાય છે? ભારતમાં કઈ કઈ ભાષાઓ બોલાય છે? કઈ ભાષાઓમાં વધુ બોલનારાઓ છે? યુરોપિયનોએ વસવાટ કર્યો ત્યાર પહેલાં ઑસ્ટ્રેલિયા અને કૅલિફોર્નિયામાં કઈ ભાષાઓ બોલાતી હતી? લેટિન ક્યારથી બોલાતું બંધ થયું અને ફ્રેન્ચ ક્યારથી શરૂ થયું? (ભાષામાં) રસ ધરાવનાર સામાન્ય માણસ આ અને આવા સવાલો ઘણી વાર પૂછે છે. પહેલા સવાલના જવાબમાં કહી શકાય કે આજે આશરે ૪૦,૦૦૦ ભાષાઓ બોલાય છે. સામાન્ય માણસ આ આંકડો આટલો મોટો જોઈને નવાઈ પામે છે.

Exercise 5

The State of Gujarat is not very big in length or breadth when compared on the map of India. But one thing is striking: its sea coast is about 1,000 miles, something which no other Indian state possesses. Secondly, the land is fertile and people from all over India have migrated there, the most noteworthy of them being the Parsis, who, with their sacred fire, came by sea and mixed with the Gujaratis as 'sugar mixes with milk'. In the Mahabharata reference is made to this area as a province between Mount Abu and the sea, which is compared to the milk-filled udder of a cow. The ports of Dwarka, Bharuch, Khambhat and Surat developed at different times. An extensive coastal area, fertility of the land and gatherings of various peoples helped to mould the character of the Gujaratis. The Bazaar of Ahmedabad has one mantra: **kaḍ-do** – compromise, practical solution. This practicability is helping considerably in removing unnecessary conflicts and animosities.

(Umashankar Joshi)

Exercise 6

Gujarat is a beautiful land. The whole area is fertile and prosperous. Rivers and lakes, orchards and farms, villages and cities, industries and markets, temples and palatial buildings – Gujarat is rich with all these. Many historical monuments, religious places, industrial centres and natural beauty spots show the cultural consciousness of Gujarat. Its history is equally glorious. When you travel around Gujarat, reminiscences of divinities and human personalities, from Bhagwan Krishna to Mahatma Gandhi, spring to mind. We visualize an identity of Gujarat that has existed for thousands of years.

(Rajni Vyas)

Exercise 7

There is nothing more important in social life than education. Through education we obtain knowledge and may thereby become useful to society. The type of society depends upon the education we receive. With a good education we may recognize our own faults and so progress. In this way society also develops. We may be educated in many ways. As soon as we are born education begins and it continues with our experiences. Education is also obtained through study at school; from the guidance of our elders and from reading.

(Dr N. G. Kalelkar)

Exercise 8

Gujarat is the Garden of Paradise. See the oceanlike rivers of Tapi and Narmada. See the Jain temples. See its art and the architecture of the mosques in Ahmedabad. See the ancient sun temple of Modhera. See the remains of ancient culture in Lothal. Climb the Girnar mountain or see the grand temple of Somnath near the sea. Everywhere you will find the harmony of nature's blessings and human creation.

Exercise 9

Gujarat has a sea coast of 1,000 miles out of a total of 3,500 miles of Indian coastline. In former times world trade was carried on through ports like Bharuch, Dwarka, Khambhat and Surat. Gujaratis were always voyagers and remain so to the present day. Courage is another name for a Gujarati. There is no corner of the world where Gujaratis have not gone and settled. Karachi or Calcutta, London or Paris, New York or Tokyo, they are everywhere. This movement constitutes a substantial part of the Gujarati character. Business is in his blood. He knows how to earn money and how to spend it.

Exercise 10

Bombay is a large city where even the idler perspires freely. The man with no particular occupation is also in a hurry. How does one know when a city becomes a metropolis? There are two signs to look out for. When dust decreases and smoke increases one knows it has already happened. Again, when the trunks of trees decrease and the number of lampposts increase there is no doubt the change is under way.

English–Gujarati glossary

A separate vocabulary list for each of the following subjects can be found at the end of the lessons indicated in parentheses. The body (L1), days of the week (L2), time (L2), fruit and nuts (L2), food and grains (L3), colours (L4), directions (L5), the seasons and weather (L5), birds and animals (L6), members of the family (L7), illnesses (L8), professions (L9), vegetables (L10), insects (L11), shapes (L12), metals (L13).

able (*inf*), to be able	**shak-vũ**	શકવું
above	**u-par** (*adv*)	ઉપર
	up-lũ (*a*) (*v*)	ઉપલું
abroad	**par-desh** (*m*)	પરદેશ
abscess	**gum-ḍũ** (*n*)	ગૂમડું
abuse	**gāḷ** (*f*)	ગાળ
accept, receive (*inf*)	**svi-kār-vũ** (*vt*)	સ્વીકારવું
accident	**a-kas-māt** (*m*)	અકસ્માત
according to	**te pra-mā-ṇe**	તે પ્રમાણે
account	**khā-tũ** (*n*)	ખાતું
	hi-sāb (*m*)	હિસાબ
accusation	**ā-rop** (*m*)	આરોપ
acquaintance	**oḷ-khāṇ** (*f*)	ઓળખાણ
acting (on stage)	**a-bhi-nay** (*m*)	અભિનય
active	**cha-paḷ** (*a*) (*inv*)	ચપળ
actor	**naṭ** (*m*)	નટ
AD	**is-vi san** (*f*)	ઈસવી સન
add (*inf*)	**u-mer-vũ** (*vt*)	ઉમેરવું
addiction	**vya-san** (*n*)	વ્યસન
address (residence)	**ṭhe-kā-nũ** (*n*)	ઠેકાણું
	sar-nā-mũ (*n*)	સરનામું
administration	**va-hi-vaṭ** (*m*)	વહીવટ
adopt (*inf*)	**ap-nāv-vũ** (*vt*)	અપનાવવું
advantage	**phāy-do** (*m*)	ફાયદો
adventure, rashness	**sā-has** (*n*)	સાહસ

advertisement	**jā-her-kha-bar** (*f*)	જાહેરખબર
advice	**shi-khā-maṇ** (*f*)	શિખામણ
	sa-lāh (*f*)	સલાહ
after, next	**pa-chhi** (*adv*)	પછી
again	**pā-chhũ** (*adv*)	પાછું
age	**um-mar** (*f*)	ઉંમર
agree	**ka-bul** (*a*) (*inv*)	કબૂલ
agreeable	**mā-phak** (*a*) (*inv*)	માફક
agreement	**ka-rār** (*m*)	કરાર
all	**ba-dhũ** (*a*) (*v*)	બધું
all right	**ṭhik** (*a*) (*inv*)	ઠીક
alloy of tin and lead, zinc	**ka-thir** (*n*)	કથીર
almost	**lag-bhag**	લગભગ
alphabet	**kak-ko** (*m*)	કક્કો
always, for ever	**ha-me-shā** (*adv*)	હમેશા
ambassador	**el-chi** (*m*)	એલચી
ancestor	**pur-vaj** (*m*)	પૂર્વજ
and, also	**va-ḷi** (*adv*)	વળી
animal	**jān-var** (*n*)	જાનવર
animosity	**ver** (*n*)	વેર
another	**bi-jũ** (*a*) (*v*)	બીજું
answer	**ja-vāb** (*m*)	જવાબ
anxious	**ā-tur** (*a*) (*inv*)	આતુર
anything	**kã-i** (*a, pron*)	કંઈ
application	**ar-ji** (*f*)	અરજી
appreciation	**ka-dar** (*f*)	કદર
approach	**va-laṇ** (*n*)	વલણ
approximately	**āsh-re** (*adv*)	આશરે
area	**vis-tār** (*m*)	વિસ્તાર
argue (*inf*)	**da-lil kar-vi**	દલીલ કરવી
arithmetic	**ga-ṇit** (*n*)	ગણિત
army	**lash-kar** (*n*)	લશ્કર
around	**ās-pās** (*adv*)	આસપાસ
arrange (*inf*)	**go-ṭhav-vũ** (*vt*)	ગોઠવવું
arrest	**dhar-pa-kaḍ** (*f*)	ધરપકડ
arrow; bank (of river)	**tir** (*n*)	તીર
art	**ka-lā** (*f*)	કલા
article	**lekh** (*m*)	લેખ
as if	**jā-ṇe** (*adv*)	જાણે
as it is	**je-vũ** (*a*) (*v*)	જેવું

as much	**jeṭ-lũ** (*a*) (*v*)	જેટલું
ask (*inf*)	**puchh-vũ** (*vt*)	પૂછવું
at this moment	**at-yā-re** (*adv*)	અત્યારે
attack	**hal-lo** (*m*)	હલ્લો
attraction	**ā-kar-shaṇ** (*n*)	આકર્ષણ
auspicious	**shubh** (*a*) (*inv*)	શુભ
authority	**sat-tā** (*f*)	સત્તા
automatically	**ā-po-āp** (*adv*)	આપોઆપ
awaken (*inf*)	**jāg-vũ** (*vi*)	જાગવું
awkward	**ka-ḍhā̃-gũ** (*a*) (*v*)	કઢંગું
bad	**kha-rāb** (*a*) (*inv*)	ખરાબ
bad omen	**ap-shu-kan** (*n*)	અપશુકન
bake (*inf*)	**shek-vũ** (*vt*)	શેકવું
baldness	**ṭāl** (*f*)	ટાલ
bank (of river), coast	**ki-nā-ro** (*m*)	કિનારો
barren	**uj-jaḍ** (*a*) (*inv*)	ઉજ્જડ
bath, bathe (*inf*)	**nāh-vũ** (*vi*)	નહાવું
bathing, bath	**snān** (*n*)	સ્નાન
bazaar	**ba-jār** (*f*)	બજાર
be (*inf*)	**ho-vũ** (*vi*)	હોવું
be (*inf*), negative of present tense	**na-thi** (*vi*)	નથી
beat (*inf*)	**mār-vũ** (*vt*)	મારવું
beautiful	**sun-dar** (*a*) (*inv*)	સુંદર
beauty	**rup** (*n*)	રૂપ
become (*inf*)	**tha-vũ** (*vi*)	થવું
become impure (*inf*)	**abh-ḍā-vũ** (*vi*)	અભડાવું
bed	**pa-thā-ri** (*f*)	પથારી
bed sheet	**chā-dar** (*f*)	ચાદર
before	**ā-gaḷ** (*adv*)	આગળ
beg (*inf*)	**kar-gar-vũ** (*vi*)	કરગરવું
begging	**bhikh** (*f*)	ભીખ
beginning, initiative, start	**sha-ru-āt** (*f*)	શરૂઆત
behind	**pā-chaḷ** (*adv*)	પાછળ
bell	**ghanṭ** (*m*)	ઘંટ
bend (*inf*)	**vaḷ-vũ** (*vi*)	વળવું
big, large	**mo-ṭũ** (*a*) (*v*)	મોટું
bind (*inf*)	**bā̃dh-vũ** (*vt*)	બાંધવું
bird	**pan-khi** (*n*)	પંખી

birth	**ja-nam, jan-ma** (*m*)	જનમ, જન્મ
bite (*inf*)	**ka-raḍ-vũ** (*vt*)	કરડવું
bitter	**kaḍ-vũ** (*a*) (*v*)	કડવું
blessings	**a-shir-vād** (*m*)	આશીર્વાદ
blind	**ā̃dh-ḷũ** (*a*) (*v*)	આંધળું
blossom (*inf*)	**khil-vũ** (*vi*)	ખીલવું
blood	**lo-hi** (*n*)	લોહી
blot	**ḍāgh** (*m*)	ડાઘ
blow (*inf*)	**phũk-vũ** (*vt*)	ફૂંકવું
boat	**ho-ḍi** (*f*)	હોડી
body	**sha-rir** (*n*)	શરીર
boil (*inf*)	**u-kaḷ-vũ** (*vi*)	ઊકળવું
book	**chop-ḍi** (*f*)	ચોપડી
boredom	**kã-ṭã-ḷo** (*m*)	કંટાળો
borrowed	**u-chhi-nũ** (*a*) (*v*)	ઉછીનું
bottle	**bāṭ-li** (*f*)	બાટલી
	shi-shi (*f*)	શીશી
bounce (*inf*)	**u-chhaḷ-vũ** (*vi*)	ઊછળવું
boundary	**sar-had** (*f*)	સરહદ
bow down (*inf*)	**nam-vũ** (*vt*)	નમવું
box	**pe-ṭi** (*f*)	પેટી
branch	**shā-khā** (*f*)	શાખા
break (*inf*)	**tuṭ-vũ** (*vi*)	તૂટવું
breakfast, snacks	**nās-to** (*m*)	નાસ્તો
breathing	**shvās** (*m*)	શ્વાસ
be breathless (*inf*)	**hā̃ph-vũ** (*vi*)	હાંફવું
brick	**ī̃t** (*f*)	ઈંટ
bride, wife	**va-hu** (*f*)	વહુ
bridegroom	**var** (*m*)	વર
bridge	**pul** (*m*)	પુલ
bring (*inf*)	**lāv-vũ** (*vt*)	લાવવું
broomstick	**jhā-ḍu** (*n*)	ઝાડુ
bucket	**ḍol** (*f*)	ડોલ
build (*inf*)	**chaṇ-vũ** (*vt*)	ચણવું
building	**ma-kān** (*n*)	મકાન
burn (*inf*)	**baḷ-vũ** (*vi*)	બળવું
	sa-ḷag-vũ (*vt*)	સળગવું
bury (*inf*)	**dāṭ-vũ** (*vt*)	દાટવું
business	**dhan-dho** (*m*)	ધંધો
busy	**ro-kā-ye-lo** (*a*) (*v*)	રોકાયેલો

but	**paṇ** (*conj*)	પણ
butcher	**ka-sā-i** (*m*)	કસાઈ
buttermilk	**chhāsh** (*f*)	છાશ
call (*inf*)	**bo-lāv-vũ** (*v*)	બોલાવવું
capital (investment; city)	**mu-ḍi** (*f*), **raj-dha-ni** (*f*)	મૂડી, રાજધાની
car, train (depending on context)	**gā-ḍi** (*f*)	ગાડી
care	**kāḷ-ji** (*f*)	કાળજી
carry (*inf*)	**la-i ja-vũ**	લઈ જવું
cash	**ro-kaḍ** (*a*) (*inv*)	રોકડ
catch (*inf*)	**jhil-vũ** (*vt*)	ઝીલવું
cause	**kā-raṇ** (*n*)	કારણ
cautious	**sāv-chet** (*a*) (*inv*)	સાવચેત
ceiling	**chhat** (*f*)	છત
celebrate (*inf*)	**u-jav-ṇi kar-vi**	ઉજવણી કરવી
century	**sa-di** (*f*)	સદી
ceremony (waving of lights before God)	**ār-ti** (*f*)	આરતી
certain	**a-muk** (*a*) (*inv*)	અમુક
chair	**khur-shi** (*f*)	ખુરશી
change	**pha-rak** (*m*)	ફરક
character	**chā-rit-rya** (*n*)	ચારિત્ર્ય
charity	**dān** (*n*)	દાન
chase	**pi-chho** (*m*)	પીછો
cheap	**sas-tũ** (*a*) (*v*)	સસ્તું
cheat (*inf*)	**chhe-tar-vũ** (*vt*)	છેતરવું
check, examine (*inf*)	**ta-pās-vũ** (*vt*)	તપાસવું
chew (*inf*)	**chāv-vũ** (*vt*)	ચાવવું
chief	**mukh-ya** (*a*) (*inv*)	મુખ્ય
child	**chhok-rũ** (*n*)	છોકરું
childhood	**baḷ-paṇ** (*n*)	બાળપણ
chit	**chiṭ-ṭhi** (*f*)	ચિઠ્ઠી
choice	**pa-sand-gi** (*f*)	પસંદગી
city	**sha-her** (*n*)	શહેર
civilisation	**san-skru-ti** (*f*)	સંસ્કૃતિ
clapping	**tā-ḷi** (*f*)	તાળી
clean	**chok-khũ** (*a*) (*v*)	ચોખ્ખું
	sāph (*a*) (*inv*)	સાફ
clerk	**kār-kun** (*m*)	કારકુન

clever	**chā-lāk** (*a*) (*inv*)	ચાલાક
climate	**ā-bo-ha-vā** (*f*)	આબોહવા
climb (*inf*)	**chaḍ-vũ** (*vi,t*)	ચડવું
climb down (*inf*)	**u-tar-vũ** (*vi*)	ઊતરવું
closed, dam	**bandh** (*a*) (*m*)	બંધ
cloth, clothes	**kap-ḍũ** (*n*)	કપડું
cobbler	**mo-chi** (*m*)	મોચી
coffin	**ka-phan** (*n*)	કફન
collide, dash against (*inf*)	**ath-ḍā-vũ** (*vi*)	અથડાવું
collision	**ṭak-kar** (*f*)	ટક્કર
cold	**ṭhan-ḍi** (*f*)	ઠંડી
colour (*inf*)	**rang-vũ** (*vt*)	રંગવું
comb	**dā̃-ti-yo** (*m*)	દાંતિયો
come (*inf*)	**āv-vũ** (*vi*)	આવવું
commit to memory by repetition (*inf*)	**gokh-vũ** (*v*)	ગોખવું
compare (*inf*)	**sar-khāv-vũ** (*vt*)	સરખાવવું
compassion	**da-yā** (*f*)	દયા
competition	**ha-ri-phā-i** (*f*)	હરીફાઈ
complaint	**pha-ri-yād** (*f*)	ફરિયાદ
complete, finished, full	**pu-rũ** (*a*) (*v*)	પૂરું
condition	**pa-ris-thi-ti** (*f*)	પરિસ્થિતિ
confidence	**vish-vās** (*m*)	વિશ્વાસ
confusion	**gaḍ-baḍ** (*f*)	ગડબડ
confusion, misappropriation	**go-ṭā-ḷo** (*m*)	ગોટાળો
congratulations	**a-bhi-nan-dan** (*n*)	અભિનંદન
connection	**sam-bandh** (*m*)	સંબંધ
consciousness, sense	**bhān** (*n*)	ભાન
consider (*inf*)	**lak-sha-mā̃ le-vũ**	લક્ષમાં લેવું
constitution	**ban-dhā-raṇ** (*n*)	બંધારણ
consultation	**sa-lāh** (*f*)	સલાહ
container	**ḍa-bo** (*m*)	ડબો
continue	**chā-lũ** (*a*) (*inv*)	ચાલુ
contrary	**ul-ṭũ** (*a*) (*v*)	ઊલટું
	av-ḷũ (*a*) (*v*)	અવળું
control	**kā-bu** (*m*)	કાબૂ
convenience	**sag-vaḍ** (*f*)	સગવડ
conversation	**vāt-chit** (*f*)	વાતચીત
cooking	**ra-so-i** (*f*)	રસોઈ

cool	**ṭhan-ḍũ** (*a*) (*v*)	ઠંડું
copy	**na-kal** (*f*)	નકલ
corn	**a-nāj** (*n*)	અનાજ
corner	**khu-ṇo** (*m*)	ખૂણો
corpse	**shab** (*n*)	શબ
correct	**ba-rā-bar** (*adv*)	બરાબર
costly, expensive	**mÕ-ghũ** (*a*) (*v*)	મોંઘું
cotton	**ru** (*n*)	રૂ
cough	**udh-ras** (*f*)	ઉધરસ
count (*inf*)	**gaṇ-vũ** (*vt*)	ગણવું
counting	**ga-ṇat-ri** (*f*)	ગણતરી
country	**desh** (*m*)	દેશ
courage	**him-mat** (*f*)	હિંમત
cover (*inf*)	**ḍhā̃k-vũ** (*vt*)	ઢાંકવું
cowardly	**kā-yar** (*a*) (*inv*)	કાયર
crisis	**ka-ṭo-ka-ṭi** (*f*)	કટોકટી
criticism	**ṭi-kā** (*f*)	ટીકા
crowd	**ṭo-ḷũ** (*n*)	ટોળું
crowded	**bhiḍ** (*f*)	ભીડ
culture	**sabh-ya-tā** (*f*)	સભ્યતા
cupboard	**ka-bāṭ** (*m, n*)	કબાટ
curious	**ku-tu-hal** (*n*)	કુતૂહલ
custom	**ri-vāj** (*m*)	રિવાજ
customer	**gha-rāk** (*m*)	ઘરાક
cut (*inf*)	**kāp-vũ** (*vt*)	કાપવું
daily	**roj** (*adv*)	રોજ
dance (*inf*)	**nāch-vũ** (*vi*)	નાચવું
dangerous, terrible	**bha-yan-kar** (*a*) (*inv*)	ભયંકર
darkness	**an-dhā-rũ** (*n*)	અંધારું
dash violently (*inf*)	**a-phāḷ-vũ** (*vt*)	અફાળવું
date	**tā-rikh** (*f*)	તારીખ
daughter	**dik-ri** (*f*)	દીકરી
day	**di-vas** (*m*)	દિવસ
dear	**priy** (*a*) (*inv*)	પ્રિય
death	**mot** (*n*)	મોત
debt	**ka-raj** (*n*)	કરજ
decide (*inf*)	**nak-ki kar-vũ** (*vt*)	નક્કી કરવું
decision	**chu-kā-do** (*m*)	ચુકાદો
declare (*inf*)	**jā-her kar-vũ** (*vt*)	જાહેર કરવું

decorate (*inf*)	**shaṇ-gār-vũ** (*vt*)	શણગારવું
decrease (*inf*)	**ghaṭ-vũ** (*vi*)	ઘટવું
deep	**ũ-ḍũ** (*a*) (*v*)	ઊંડું
be defeated (*inf*)	**hār-vũ** (*vi*)	હારવું
defend (*inf*)	**ba-chāv kar-vo** (*vt*)	બચાવ કરવો
definite	**chok-kas** (*a*) (*inv*)	ચોક્કસ
description	**var-ṇan** (*n*)	વર્ણન
desert	**raṇ** (*n*)	રણ
develop (*inf*)	**vi-kas-vũ** (*vi*)	વિકસવું
devotee	**bha-gat** (*m*)	ભગત
dialect	**bo-li** (*f*)	બોલી
diamond	**hi-ro** (*m*)	હીરો
dictionary	**kosh** (*m*)	કોશ
die (*inf*)	**mar-vũ** (*vi*)	મરવું
difficult	**agh-rũ** (*a*) (*v*)	અઘરું
difficulty	**aḍ-chaṇ** (*f*)	અડચણ
dig (*inf*)	**khod-vũ** (*vt*)	ખોદવું
be digested (*inf*)	**pach-vũ** (*vi*)	પચવું
dim, unclear	**jhā̃-khũ** (*a*) (*v*)	ઝાંખું
dinner	**bho-jan** (*n*)	ભોજન
direction	**di-shā** (*f*)	દિશા
dirt	**mEl** (*m*)	મેલ
discount	**vaḷ-tar** (*n*)	વળતર
discredit	**ap-jash** (*m*)	અપજશ
discuss (*inf*)	**char-chā kar-vi** (*vt*)	ચર્ચા કરવી
be displeased (*inf*)	**ri-sā-vu** (*vi*)	રિસાવું
distance	**an-tar** (*n*)	અંતર
distant, far off	**ā-ghũ** (*a*) (*v*)	આઘું
disturbance, riot	**hul-laḍ** (*n*)	હુલ્લડ
division	**vi-bhāg** (*m*)	વિભાગ
divorce	**chhu-ṭa-chhe-ḍa** (*m pl*)	છૂટાછેડા
do (*inf*)	**kar-vũ** (*vt*)	કરવું
doll	**ḍhing-li** (*f*)	ઢીંગલી
domestic life	**sam-sār** (*m*)	સંસાર
doubt	**vhem** (*m*)	વહેમ
	shan-kā (*f*)	શંકા
dough	**ka-ṇak** (*f*)	કણક
draw (a line) (*inf*)	**ā̃k-vũ** (*vt*)	આંકવું

draw (lines), paint (picture) (*inf*)	**dor-vũ** (*vt*)	દોરવું
drawer	**khā-nũ** (*n*)	ખાનું
dream	**svap-na** (*n*)	સ્વપ્ન
drink	**pi-ṇũ** (*n*)	પીણું
drink (*inf*)	**pi-vũ** (*vt*)	પીવું
drip (*inf*)	**ṭa-pak-vũ** (*vi*)	ટપકવું
drive (*inf*)	**hā̃k-vũ** (*v*)	હાંકવું
drowsiness	**ghen** (*n*)	ઘેન
dry	**ko-rũ** (*a*)	કોરું
	su-kũ (*a*) (*v*)	સૂકું
during	**dar-mi-yān** (*adv*)	દરમિયાન
dust	**dhuḷ** (*f*)	ધૂળ
dustbin	**kach-ra-pe-ṭi** (*f*)	કચરાપેટી
dwell (*inf*)	**vas-vũ** (*vi*)	વસવું
each, every	**da-rek** (*a*) (*inv*)	દરેક
early	**vhelũ** (*adv*)	વહેલું
earn (*inf*)	**ka-mā-vũ** (*vt*)	કમાવું
earth (globe)	**pruth-vi** (*f*)	પૃથ્વી
earth (soil)	**mā-ṭi** (*f*)	માટી
easy	**sa-he-lũ** (*a*) (*v*)	સહેલું
eat (*inf*)	**khā-vũ** (*vt*)	ખાવું
	jam-vũ (*vt*)	જમવું
economic, financial	**ār-thik** (*a*) (*inv*)	આર્થિક
edition	**ā-vrut-ti** (*f*)	આવૃત્તિ
education	**ke-ḷav-ṇi** (*f*)	કેળવણી
effect, influence	**a-sar** (*f*)	અસર
effective	**ak-sir** (*a*) (*inv*)	અકસીર
effort	**ma-he-nat** (*f*)	મહેનત
egg	**in-ḍũ** (*n*)	ઇંડું
either, or; that	**ke** (*conj*)	કે
election	**chũṭ-ṇi** (*f*)	ચૂંટણી
embarrassment	**mũjh-vaṇ** (*f*)	મૂંઝવણ
empty	**khā-li** (*a*) (*inv*)	ખાલી
end, final	**ant** (*m*), **chhel-lũ**	અંત, છેલ્લું
endurance	**sa-han** (*n*)	સહન
Englishman	**ãg-rej** (*m*)	અંગ્રેજ
enjoyment, entertainment	**ma-jā** (*f*)	મજા
enthusiasm	**ut-sāh** (*m*)	ઉત્સાહ
entry	**pra-vesh** (*m*)	પ્રવેશ

envelope	**par-bi-ḍi-yũ** (*n*)	પરબીડિયું
equal	**sar-khũ** (*a*) (*v*)	સરખું
equality of rights	**sa-mān hak** (*m*)	સમાન હક
et cetera	**va-ge-re** (*adv*)	વગેરે
evening	**sā̃j** (*f*)	સાંજ
event	**ba-nāv** (*m*)	બનાવ
examination	**pa-rik-shā** (*f*)	પરીક્ષા
example	**dākh-lo** (*m*)	દાખલો
excite (*inf*)	**ush-ker-vũ** (*v*)	ઉશ્કેરવું
exercise	**kas-rat** (*f*)	કસરત
exile	**desh-va-ṭo** (*m*)	દેશવટો
experience	**a-nu-bhav** (*m*)	અનુભવ
explanation	**khu-lā-so** (*m*)	ખુલાસો
export	**ni-kās** (*f*)	નિકાસ
fabricated, counterfeit	**ba-nāv-ṭi** (*a*) (*inv*)	બનાવટી
face	**cha-he-ro** (*m*)	ચહેરો
fact	**ha-ki-kat** (*f*)	હકીકત
factory	**kār-khā-nũ** (*n*)	કારખાનું
fall (*inf*)	**paḍ-vu** (*vi*)	પડવું
fall down (leaves from the trees etc.) (*inf*)	**khar-vũ** (*vi*)	ખરવું
false, lie, untrue	**ju-ṭhũ** (*a*) (*v*)	જૂઠું
fame	**jash** (*m*)	જશ
family	**ku-ṭumb** (*n*)	કુટુંબ
famine	**du-kāḷ** (*m*)	દુકાળ
fan	**pan-kho** (*m*)	પંખો
far off, distant	**dur** (*a*) (*inv*)	દૂર
farm	**khe-tar** (*n*)	ખેતર
farming	**khe-ti** (*f*)	ખેતી
fat (substance)	**char-bi** (*f*)	ચરબી
fat (person)	**jā-ḍũ** (*a*) (*v*)	જાડું
fate	**na-sib** (*n*)	નસીબ
favourable	**a-nu-kuḷ** (*a*) (*inv*)	અનુકૂળ
fear (*inf*)	**gabh-rā-vũ** (*vi*)	ગભરાવું
feel (*inf*)	**lāg-vũ** (*vi*)	લાગવું
feeling; rate	**bhāv** (*m*)	ભાવ
feeling	**lāg-ṇi** (*f*)	લાગણી
festival (usually religious)	**ta-he-vār** (*m*)	તહેવાર
fever	**tāv** (*m*)	તાવ
fight (*inf*)	**laḍ-vũ** (*vi*)	લડવું

fill, pay (*inf*)	**bhar-vũ** (*vt*)	ભરવું
find (*inf*)	**jaḍ-vũ** (*vi*)	જડવું
finished	**kha-lās** (*a*) (*inv*)	ખલાસ
fire	**āg** (*f*)	આગ
firm	**a-ḍag** (*a*) (*inv*)	અડગ
flag	**jhan-ḍo** (*m*)	ઝંડો
flattery	**khu-shā-mat** (*f*)	ખુશામત
floor	**māḷ** (*m*)	માળ
flow (*inf*)	**va-he-vũ** (*v*)	વહેવું
flower	**phul** (*n*)	ફૂલ
fly	**uḍ-vũ** (*vi*)	ઊડવું
foam	**phiṇ** (*n*)	ફીણ
fog	**dhum-mas** (*n*)	ધુમ્મસ
folk dance with (usually) religious songs	**gar-bo** (*m*)	ગરબો
food	**kho-rāk** (*m*)	ખોરાક
foolish	**mu-rakh** (*a*) (*inv*)	મૂરખ
foot of mountain	**ta-ḷe-ṭi** (*f*)	તળેટી
for	**mā-ṭe** (*prep*)	માટે
forecast	**var-tā-ro** (*m*)	વરતારો
foreign	**par-de-shi** (*a*) (*inv*)	પરદેશી
forest	**jã-gal** (*n*)	જંગલ
forget (*inf*)	**bhul-vũ** (*vi*)	ભૂલવું
forgive, excuse (*inf*)	**mā-ph** (*a*) (*inv*)	માફ
forgiveness	**ksha-mā** (*f*)	ક્ષમા
fork	**kã-ṭo** (*m*)	કાંટો
formerly	**pa-he-lã** (*adv*)	પહેલાં
fort	**gaḍh** (*m*)	ગઢ
fraud	**ka-paṭ** (*n*)	કપટ
be free (*inf*)	**chhuṭ-vũ** (*vi*)	છૂટવું
free of charge	**ma-phat** (*adv*)	મફત
freedom	**ā-zā-di** (*f*)	આઝાદી
	muk-ti (*f*)	મુક્તિ
fresh	**tā-jũ** (*a*) (*v*)	તાજું
friend	**mit-ra** (*m*)	મિત્ર
from	**mã-thi**	માંથી
fruit	**phaḷ** (*n*)	ફળ
fruit juice	**ras** (*m*)	રસ
full	**pu-rũ, bha-relũ** (*a*) (*v*)	પૂરું, ભરેલું

full moon day	**pu-nam** (*f*)	પૂનમ
funeral pyre	**chi-tā** (*f*)	ચિતા
future	**bha-vish-ya** (*n*)	ભવિષ્ય
gambling	**ju-gār** (*m*)	જુગાર
garden, park	**bāg** (*m*)	બાગ
gardener	**mā-ḷi** (*m*)	માળી
garland, necklace, row	**hār** (*m*)	હાર
gate	**jhā̃-po** (*m*)	ઝાંપો
generous	**u-dār** (*a*) (*inv*)	ઉદાર
get separated (*inf*)	**u-khaḍ-vũ** (*vi*)	ઊખડવું
get up (*inf*)	**uṭh-vũ** (*vi*)	ઊઠવું
ghost	**bhut** (*n*)	ભૂત
gift	**bheṭ** (*f*)	ભેટ
give (*inf*)	**āp-vũ** (*vt*)	આપવું
glass	**kāch** (*m*)	કાચ
glasses	**chash-mā̃** (*n pl*)	ચશ્માં
go (*inf*)	**ja-vũ** (*vi*)	જવું
god	**dev** (*m*)	દેવ
good, nice, wonderful	**sā-rũ** (*a*) (*v*)	સારું
goodbye (*lit*. come again)	**āv-jo** (*vi*)	આવજો
goods	**māl** (*m*)	માલ
government	**sar-kār** (*f*)	સરકાર
grass	**ghās** (*n*)	ઘાસ
grave	**ka-bar** (*f*)	કબર
graze (*inf*)	**char-vũ** (*vi*)	ચરવું
grief	**shok** (*m*)	શોક
ground	**bhÕy** (*f*)	ભોંય
guardian	**vā-li** (*m*)	વાલી
guest	**ma-he-mān** (*m*)	મહેમાન
guide	**bho-mi-yo** (*m*)	ભોમિયો
gum	**gun-dar** (*m*)	ગુંદર
half	**aḍ-dhũ** (*a*) (*v*)	અડધું
handicapped	**a-pā̃g** (*a*) (*inv*)	અપંગ
handkerchief	**ru-māl** (*m*)	રૂમાલ
hang (*inf*)	**la-ṭak-vũ** (*vi*)	લટકવું
hang on, up (*inf*)	**ṭī̃-gā-vũ** (*vi*)	ટિંગાવું
hanging	**phā̃-si** (*f*)	ફાંસી
happen (*inf*)	**ban-vũ** (*vi*)	બનવું
happiness	**ā-nand** (*m*), **sukh** (*m*)	આનંદ, સુખ

happy	**khush** (*a*) (*inv*)	ખુશ
hard	**ka-ṭhaṇ** (*a*) (*inv*)	કઠણ
harmful	**hā-ni-kā-rak** (*a*) (*inv*)	હાનિકારક
have (*inf*)	**-ni pā-se ho-vũ**	-ની પાસે હોવું
heading	**ma-thā-ḷũ** (*n*)	મથાળું
headquarters	**ma-thak** (*n*)	મથક
health	**ta-bi-yat** (*f*)	તબિયત
heap	**ḍhag-lo** (*m*)	ઢગલો
heart	**hai-yũ** (*n*)	હૈયું
heavy	**bhā-re** (*a*)	ભારે
help	**sa-hāy** (*f*)	સહાય
here	**a-hĩ** (*adv*)	અહીં
high in the air	**ad-dhar** (*a, adv*)	અધ્ધર
high, tall	**ũ-chũ** (*a*) (*v*)	ઊંચું
history	**i-ti-hās** (*m*)	ઈતિહાસ
hobby, liking	**shOkh** (*m*)	શોખ
hold (*inf*)	**pa-kaḍ-vũ** (*vt*)	પકડવું
hole	**kā-ṇũ** (*n*)	કાણું
holiday	**ra-jā** (*f*)	રજા
home of married woman's parents	**pi-yar** (*n*)	પિયર
honest	**prā-mā-ṇik** (*a*) (*inv*)	પ્રામાણિક
hope	**ā-shā** (*f*)	આશા
horizon	**kshi-tij** (*n*)	ક્ષિતિજ
host	**yaj-mān** (*m*)	યજમાન
hot	**ga-ram** (*a*) (*inv*)	ગરમ
hot (taste)	**ti-khũ** (*a*)	તીખું
hour	**ka-lāk** (*m*)	કલાક
house, home	**ghar** (*n*)	ઘર
how	**ke-vũ** (*a*) (*v*)	કેવું
how, why	**kem** (*adv*)	કેમ
how much	**keṭ-lũ** (*a*) (*v*)	કેટલું
how big	**kev-ḍũ** (*a*) (*v*)	કેવડું
hunger	**bhukh** (*f*)	ભૂખ
hunting	**shi-kār** (*m*)	શિકાર
hurry	**u-tā-vaḷ** (*f*)	ઉતાવળ
if	**jo** (*conj*)	જો
illiterate	**a-bhaṇ** (*a*) (*inv*)	અભણ

illness	**mā̃d-gi** (*f*)	માંદગી
illusion, attachment	**mā-yā** (*f*)	માયા
immediately`	**ta-rat** (*adv*)	તરત
immortal	**a-mar** (*a*) (*inv*)	અમર
import	**ā-yāt** (*f*)	આયાત
imposing appearance	**ru-āb** (*m*)	રુઆબ
impossible	**a-shak-ya** (*a*) (*inv*)	અશક્ય
imprisonment	**ked** (*f*)	કેદ
improve (*inf*)	**su-dhar-vũ** (*vi*)	સુધરવું
in	**an-dar** (*prep*)	અંદર
in any way	**ga-me tem** (*adv*)	ગમે તેમ
in between, in the middle	**vach-che** (*prep, adv*)	વચ્ચે
in which way	**jem** (*adv*)	જેમ
income	**ā-vak** (*f*)	આવક
incomplete	**a-dhu-rũ** (*a*) (*v*)	અધૂરું
inconvenience	**ag-vaḍ** (*f*)	અગવડ
increasing prices	**mõgh-vā-ri** (*f*)	મોંઘવારી
independent	**sva-tan-tra** (*a*) (*inv*)	સ્વતંત્ર
India	**bhā-rat** (*m*)	ભારત
industrial	**au-dyo-gik** (*a*) (*inv*)	ઔદ્યોગિક
industry	**ud-yog** (*m*)	ઉદ્યોગ
infection	**chep** (*m*)	ચેપ
inflation	**phu-gā-vo** (*m*)	ફુગાવો
information	**mā-hi-ti** (*f*)	માહિતી
injustice	**an-yāy** (*m*)	અન્યાય
inkpot	**kha-ḍi-yo** (*m*)	ખડિયો
insect	**jan-tu** (*n*)	જંતુ
insistence	**āg-rah** (*m*)	આગ્રહ
insult	**ap-mān** (*n*)	અપમાન
insurance	**vi-mo** (*m*)	વીમો
intellect	**bud-dhi** (*f*)	બુદ્ધિ
intelligence	**ak-kal** (*f*)	અક્કલ
intelligent	**ak-kal-vā-ḷũ** (*a*) (*v*)	અક્કલવાળું
intention	**i-rā-do** (*m*)	ઈરાદો
interest	**ras** (*m*)	રસ
interview, visit	**mu-lā-kāt** (*f*)	મુલાકાત

inverted	**ũ-dhũ** (*a*) (*v*)	ઊંધું
invitation	**ā-man-traṇ** (*n*)	આમંત્રણ
invitation (esp. marriage)	**kã-kot-ri** (*f*)	કંકોતરી
island	**ṭā-pu** (*m*)	ટાપુ
	beṭ (*m*)	બેટ
jealousy	**a-de-khā-i** (*f*)	અદેખાઈ
join (*inf*)	**joḍ-vũ** (*vt*)	જોડવું
joke	**ma-jāk** (*f*)	મજાક
journal, magazine	**sā-ma-yik** (*n*)	સામયિક
journey, excursion, trip	**pra-vās** (*m*)	પ્રવાસ
joy	**ha-rakh** (*m*)	હરખ
jump (*inf*)	**kud-vũ** (*vi*)	કૂદવું
justice	**nyāy** (*m*)	ન્યાય
keep (*inf*)	**rākh-vũ** (*vt*)	રાખવું
key	**chā-vi** (*f*)	ચાવી
kick	**lāt** (*f*)	લાત
kind	**bha-lũ** (*a*) (*v*)	ભલું
kingdom	**rāj** (*n*)	રાજ
kiss	**chum-ban** (*n*)	ચુંબન
kitchen	**ra-so-ḍũ** (*n*)	રસોડું
kite	**pa-tang** (*m, f*)	પતંગ
knife (big)	**chha-ro** (*m*)	છરો
knot	**gā̃ṭh** (*f*)	ગાંઠ
know (*inf*)	**jāṇ-vũ** (*vt*)	જાણવું
know how to do (*inf*)	**ā-vaḍ-vũ** (*vi*)	આવડવું
knowledge	**gnān** (*n*)	જ્ઞાન
known, familiar, well known	**jā-ṇi-tũ** (*a*) (*v*)	જાણીતું
labourer	**ma-jur** (*m*)	મજૂર
lack, absence	**a-bhāv** (*m*), **ger-hāj-ri** (*f*)	અભાવ, ગેરહાજરી
lake	**sa-ro-var** (*n*)	સરોવર
lamp	**di-vo** (*m*)	દીવો
land	**ja-min** (*f*)	જમીન
language	**bhā-shā** (*f*)	ભાષા
lap	**kho-ḷo** (*m*)	ખોળો
last	**chhel-lũ** (*a*) (*v*)	છેલ્લું
late	**mo-ḍũ** (*a*)	મોડું
laugh, smile (*inf*)	**has-vũ** (*vi*)	હસવું
law	**kāy-do** (*m*)	કાયદો

lawyer	**va-kil** (*m*)	વકીલ
laziness	**ā-ḷas** (*f*)	આળસ
lead (*inf*)	**dor-vũ** (*v*)	દોરવું
leap	**chha-lãg** (*f*)	છલંગ
learn (*inf*)	**shikh-vũ** (*vi*)	શીખવું
learning, knowledge	**vid-yā** (*f*)	વિદ્યા
lecture	**bhā-shaṇ** (*n*)	ભાષણ
left (side)	**ḍā-bũ** (*a*) (*v*)	ડાબું
leisure	**ni-rā̃t** (*f*)	નિરાંત
less	**kam** (*a*) (*inv*)	કમ
lesson	**pāṭh** (*m*)	પાઠ
let go, leave (*inf*)	**chhoḍ-vũ** (*vt*)	છોડવું
letter (of the alphabet)	**ak-shar** (*m*)	અક્ષર
letter (writing)	**kā-gaḷ** (*m*), **pat-ra** (*m*)	કાગળ, પત્ર
lick (*inf*)	**chāṭ-vũ** (*vt*)	ચાટવું
lid	**ḍhā̃k-ṇũ** (*n*)	ઢાંકણું
life	**ji-van** (*n*)	જીવન
lift (*inf*)	**u-chak-vũ** (*vi*) **u-paḍ-vũ** (*vi*)	ઊચકવું ઊપડવું
light (in weight)	**hal-kũ** (*a*) (*v*)	હલકું
light	**aj-vā-ḷũ** (*n*)	અજવાળું
light (of moon, sun etc.)	**tej** (*n*)	તેજ
lightning, electricity	**vij-ḷi** (*f*)	વીજળી
like (*inf*) (used only for food)	**bhāv-vũ** (*vi*)	ભાવવું
like, be fond of (*inf*)	**gam-vũ** (*vi*)	ગમવું
like this	**ā-vũ** (*a*) (*v*)	આવું
limit (time)	**mu-dat** (*f*)	મુદત
line	**li-ṭi** (*f*)	લીટી
link	**ka-ḍi** (*f*)	કડી
listen (*inf*)	**sā̃-bhaḷ-vũ** (*v*)	સાંભળવું
a little, just	**ja-rā** (*a, adv*)	જરા
little, few	**tho-ḍũ** (*a*) (*v*) **sa-hej** (*a*) (*inv*)	થોડું સહેજ
live (*inf*)	**jiv-vũ** (*vi*)	જીવવું
livelihood	**ā-ji-vi-kā** (*f*)	આજીવિકા
local	**sthā-nik** (*a*) (*inv*)	સ્થાનિક
lonely	**ek-lũ** (*a*) (*v*)	એકલું
long	**lām-bũ** (*a*) (*v*)	લાંબું

lord; honorific address	**sā-heb** (*m*)	સાહેબ
lorry	**kha-ṭā-ro** (*m*)	ખટારો
loss	**nuk-sān** (*n*)	નુકસાન
love	**prem** (*m*)	પ્રેમ
	het (*n*)	હેત
low	**ni-chũ** (*a*) (*v*)	નીચું
mad	**gā̃-ḍũ** (*a*) (*v*)	ગાંડું
magic	**jā-du** (*m*)	જાદુ
main	**mu-khya** (*a*) (*inv*)	મુખ્ય
maintenance, livelihood	**guj-rān** (*n*)	ગુજરાન
majority	**ba-hu-ma-ti** (*f*)	બહુમતી
male, man	**pu-rush** (*m*)	પુરુષ
management	**vya-vas-thā** (*f*)	વ્યવસ્થા
many	**a-nek** (*a*) (*inv*)	અનેક
map	**nak-sho** (*m*)	નકશો
market	**ba-jār** (*f*)	બજાર
marriage	**lag-na** (*n*)	લગ્ન
marry (*inf*)	**pa-raṇ-vũ** (*vt*)	પરણવું
mason	**ka-ḍi-yo** (*m*)	કડિયો
master	**mā-lik** (*m*)	માલિક
match (*inf*)	**meḷ tha-vo** (*v*)	મેળ થવો
matchstick	**di-vā-sa-ḷi** (*f*)	દીવાસળી
matter	**bā-bat** (*f*)	બાબત
mattress	**gād-lũ** (*n*)	ગાદલું
meaning	**ar-tha** (*m*)	અર્થ
measure	**māp** (*n*)	માપ
meat, flesh	**mā̃s** (*n*)	માંસ
meet, find (*inf*)	**maḷ-vũ** (*vi*)	મળવું
meeting	**sa-bhā** (*f*)	સભા
melt (*inf*)	**o-gaḷ-vũ** (*v*)	ઓગળવું
	pi-gaḷ-vũ (*vi*)	પીગળવું
member	**sabh-ya** (*m*)	સભ્ય
message	**san-de-sho** (*m*)	સંદેશો
method	**rit** (*f*)	રીત
midnight	**madh-rāt** (*f*)	મધરાત
milk	**dudh** (*n*)	દૂધ
mine	**khāṇ** (*f*)	ખાણ
mineral	**dhā-tu** (*f*)	ધાતુ
mirror	**a-ri-so** (*m*)	અરીસો
mistake	**khā-mi** (*f*)	ખામી

	bhul (*f*)	ભૂલ
modern	**ā-dhu-nik** (*a*) (*inv*)	આધુનિક
modesty; etiquette	**vi-vek** (*m*)	વિવેક
modesty, shame	**sha-ram** (*f*)	શરમ
money	**pai-so** (*m*)	પૈસો
monotonous	**ek-su-ri-lũ** (*a*) (*v*)	એકસૂરીલું
monsoon	**cho-mā-sũ** (*n*)	ચોમાસું
monthly, monthly magazine	**mā-sik** (*a*) (*n*)	માસિક
monument	**smā-rak** (*n*)	સ્મારક
mood	**mi-jāj** (*m*)	મિજાજ
moon	**chā̃-do** (*m*)	ચાંદો
moonless night	**a-mās** (*f*)	અમાસ
morality	**ni-ti** (*f*)	નીતિ
more	**va-dhā-re** (*a*) (*inv*)	વધારે
morning	**sa-vār** (*f*) (*n*)	સવાર
morsel	**ko-ḷi-yo** (*m*)	કોળિયો
mortgaged	**gi-ro** (*a*)	ગીરો
mostly	**gha-ṇũ-kha-rũ** (*a*) (*v*)	ઘણુંખરું
motherland, fatherland	**va-tan** (*n*)	વતન
mountain	**ḍun-gar** (*m*)	ડુંગર
	par-vat (*m*)	પર્વત
mouse	**un-dar** (*m*)	ઉંદર
mouthful of water	**kOg-ḷo** (*m*)	કોગળો
move (*inf*)	**khas-vũ** (*vi*)	ખસવું
movement	**hil-chāl** (*f*)	હિલચાલ
Mr	**shri** (*a*) (*inv*)	શ્રી
much, a lot, several	**gha-ṇũ** (*a*) (*v*)	ઘણું
mud	**kā-dav** (*m*)	કાદવ
multiplication	**gu-ṇā-kār** (*m*)	ગુણાકાર
multistorey	**ba-hu-ma-ḷi** (*a*) (*inv*)	બહુમાળી
murder	**khun** (*n*)	ખૂન
music	**san-git** (*n*)	સંગીત
mutual, amongst yourselves	**a-ras-pa-ras** (*adv*)	અરસપરસ
nail	**khi-li** (*f*)	ખીલી
name	**nām** (*n*)	નામ

narrow lane	**ga-li** (*f*)	ગલી
nationality	**rāsh-ṭriy-tā** (*f*)	રાષ્ટ્રીયતા
nature	**kud-rat** (*f*)	કુદરત
near; in possession of	**pā-se** (*prep, adv*)	પાસે
necessary	**ja-ru-ri** (*a*) (*inv*)	જરૂરી
need	**ga-raj** (*f*)	ગરજ
neighbour	**pa-ḍo-shi** (*m*)	પડોશી
never	**ka-di na-hī̃**	કદી નહીં
nevertheless, even, still	**chha-tā̃** (*adv, conj*)	છતાં
new	**na-vũ** (*a*) (*v*)	નવું
news	**kha-bar** (*f*), **sa-mā-chār** (*m*)	ખબર, સમાચાર
newspaper	**chhā-pũ** (*n*)	છાપું
not straight	**ā-ḍũ** (*a*) (*v*) **vā̃-kũ** (*a*) (*v*)	આડું વાંકું
note (*inf*)	**nõdh-vũ** (*vt*)	નોંધવું
nothing	**kā̃-i na-hī̃**	કંઈ નહીં
now, recently	**ham-ṇā̃** (*adv*)	હમણાં
now (onwards)	**ha-ve** (*adv*)	હવે
nowhere	**kyā̃y na-hī̃**	ક્યાંય નહીં
number	[illegible] (*m*)	આંકડો
objection	**vā́-dho** (*m*)	વાંધો
obligation	**up-kār** (*m*)	ઉપકાર
obstinacy, stubbornness	**haṭh** (*f*)	હઠ
obstruction, objection	**har-kat** (*f*)	હરકત
obtain, get (*inf*)	**me-ḷav-vũ** (*vt*)	મેળવવું
occupation	**dhan-dho** (*m*)	ધંધો
offence, crime	**gu-no** (*m*)	ગુનો
offer	**māg-ṇi** (*f*)	માગણી
often	**gha-ṇi vār**	ઘણી વાર
oh!	**a-re**	અરે
oil	**tel** (*n*)	તેલ
ointment	**ma-lam** (*m*)	મલમ
OK; expert	**ku-shaḷ** (*a*) (*inv*)	કુશળ
OK, all right, fair, quite right	**ba-rā-bar** (*adv*)	બરાબર
old	**ju-nũ** (*a*) (*v*)	જૂનું
old age	**ghaḍ-paṇ** (*n*)	ઘડપણ
old woman	**ḍo-si** (*f*)	ડોસી
on credit	**u-dhār** (*a*) (*inv*)	ઉધાર

once	**ek vār**	એક વાર
only	**phak-ta** (*adv*)	ફક્ત
open (*inf*)	**u-ghaḍ-vũ** (*vi*)	ઉઘડવું
open	**khul-lũ** (*a*) (*v*)	ખુલ્લું
open ground	**me-dān** (*n*)	મેદાન
opinion; vote	**mat** (*m*)	મત
opportunity	**tak** (*f*)	તક
opposite, in front of	**sā-mũ** (*a, adv*)	સામું
or, if	**a-gar** (*conj*)	અગર
orchard	**vā-ḍi** (*f*)	વાડી
order	**hu-kam** (*m*)	હુકમ
original	**a-sal** (*a*) (*inv*)	અસલ
ornament	**gha-re-ṇũ** (*n*)	ઘરેણું
orphan	**a-nāth** (*a*) (*inv*)	અનાથ
orthodox	**ru-ḍhi-chust** (*a*) (*inv*)	રૂઢિચુસ્ત
out, exit, outside	**ba-hār** (*adv*)	બહાર
outing	**phar-vā**	ફરવા
padlock	**tā-ḷũ** (*n*)	તાળું
page (of a book)	**pā-nũ** (*n*)	પાનું
pain	**da-rad** (*n*)	દરદ
have pain, hurt (*inf*)	**dukh-vũ** (*vi*)	દુખવું
paint (picture) (*inf*)	**chi-tar-vũ** (*vt*)	ચીતરવું
palace	**ma-hel** (*m*)	મહેલ
paper, letter	**kā-gaḷ** (*m*)	કાગળ
paradise	**svarg** (*n*)	સ્વર્ગ
part, section	**bhāg** (*m*)	ભાગ
participant	**bhāg le-nār** (*a*) (*v*)	ભાગ લેનાર
partner	**bhā-gi-dār** (*m*)	ભાગીદાર
parts of the body	**av-yav** (*m*)	અવયવ
passenger	**u-tā-ru** (*m*)	ઉતારૂ
patience	**dhi-raj** (*f*)	ધીરજ
pay (*inf*)	**chu-kav-vũ** (*vt*)	ચૂકવવું
peace	**shān-ti** (*f*)	શાંતિ
peak	**shi-khar** (*n*)	શિખર
peg	**khĩ-ṭi** (*f*)	ખીંટી
penalty	**danḍ** (*m*)	દંડ
pendal, large tent-like structure	**man-ḍap** (*m*)	મંડપ
penknife	**chap-pu** (*n*)	ચપ્પુ

people	**jan-tā** (*f*)	જનતા
	lok (*m*)	લોક
perform (*inf*)	**ra-ju**	રજૂ
perhaps, probably	**ka-dāch**	કદાચ
permanent	**kā-yam** (*a*) (*inv*)	કાયમ
permission, leave, holiday	**ra-jā** (*f*)	રજા
person	**mā-ṇas** (*m*)	માણસ
perspiration	**par-se-vo** (*m*)	પરસેવો
phlegm	**kaph** (*m*)	કફ
physical	**shā-ri-rik** (*a*) (*inv*)	શારીરિક
physician	**vaid** (*m*)	વૈદ
pick (*inf*)	**viṇ-vũ** (*vt*)	વીણવું
pickles	**a-thā-ṇũ** (*n*)	અથાણું
picture, painting	**chit-ra** (*n*)	ચિત્ર
piece	**kaṭ-ko** (*m*)	કટકો
pill	**go-ḷi** (*f*)	ગોળી
pillow	**o-shi-kũ** (*n*)	ઓશીકું
pin	**tā̃k-ṇi** (*f*)	ટાંકણી
pit	**khā-ḍo** (*m*)	ખાડો
place	**ja-gā** (*f*)	જગા
plan (*inf*)	**yoj-vũ** (*vt*)	યોજવું
plan	**yoj-nā** (*f*)	યોજના
plant	**chhoḍ** (*m*)	છોડ
plate, dish	**thā-ḷi** (*f*)	થાળી
play, drama	**nā-ṭak** (*n*)	નાટક
play (*inf*)	**ram-vũ** (*vi*)	રમવું
player	**khe-lā-ḍi** (*m*)	ખેલાડી
pocket	**khi-sũ** (*n*)	ખીસું
	gaj-vũ (*n*)	ગજવું
poem	**ka-vi-tā** (*f*)	કવિતા
poet	**ka-vi** (*m*)	કવિ
poison	**jhEr** (*n*)	ઝેર
politics	**rāj-kā-raṇ** (*n*)	રાજકારણ
pollute (*inf*)	**du-shit kar-vũ**	દૂષિત કરવું
poor	**ga-rib** (*a*) (*inv*)	ગરીબ
popular	**lok-priy** (*a*) (*inv*)	લોકપ્રિય
port	**ban-dar** (*n*)	બંદર
possible	**shak-ya**	શક્ય
post, mail	**ṭa-pāl** (*f*)	ટપાલ
praise	**va-khāṇ** (*n*)	વખાણ

prayer	**prār-tha-nā** (*f*)	પ્રાર્થના
prayer song	**bha-jan** (*n*)	ભજન
precept	**up-desh** (*m*)	ઉપદેશ
prefer (*inf*)	**pa-sand kar-vũ** (*vt*)	પસંદ કરવું
present	**hā-jar** (*a*) (*inv*)	હાજર
presented	**ra-ju** (*a*) (*inv*)	રજૂ
press (*inf*)	**dāb-vũ** (*vt*)	દાબવું
prestige	**āb-rũ** (*f*)	આબરૂ
pretence	**ḍhong** (*m*)	ઢોંગ
previous	**āg-lũ** (*a*) (*v*)	આગલું
price	**kim-mat** (*f*)	કિંમત
pride	**a-bhi-mān** (*n*)	અભિમાન
print (*inf*)	**chhāp-vũ** (*vt*)	છાપવું
printing press	**chhāp-khā-nũ** (*n*)	છાપખાનું
private	**khān-gi** (*a*) (*inv*)	ખાનગી
prize	**i-nām** (*n*)	ઈનામ
problem	**gũch**, **sa-vāl** (*m*)	ગૂંચ, સવાલ
procession	**sar-ghas** (*n*)	સરઘસ
profit	**na-pho** (*m*)	નફો
progeny	**san-tān** (*n*)	સંતાન
programme	**kār-ya-kram** (*m*)	કાર્યક્રમ
progress	**pra-ga-ti** (*f*)	પ્રગતિ
promise	**va-chan** (*n*)	વચન
pronunciation	**uch-chār** (*m*)	ઉચ્ચાર
property	**mil-kat** (*f*)	મિલ્કત
protect (*inf*)	**ba-chāv-vũ** (*v*)	બચાવવું
protection	**āsh-ro** (*m*)	આશરો
proverb	**ka-he-vat** (*f*)	કહેવત
publication	**pra-kā-shan** (*n*)	પ્રકાશન
pull (*inf*)	**khẽch-vũ** (*vt*)	ખેંચવું
punishment	**sa-jā** (*f*)	સજા
puppet	**kaṭh-pu-taḷi** (*f*)	કઠપૂતળી
purchase (*inf*)	**kha-rid-vũ** (*vt*)	ખરીદવું
purified butter	**ghee** (*n*)	ઘી
push, jolt	**dhak-ko** (*m*)	ધક્કો
push in (*inf*)	**ghus-vũ** (*vi*)	ઘૂસવું
put, leave (*inf*)	**muk-vũ** (*vt*)	મૂકવું
puzzle	**koy-ḍo** (*m*)	કોયડો
quarrel	**ka-ji-yo** (*m*)	કજિયો
	jhag-ḍo (*m*)	ઝઘડો

question	**sa-vāl** (*m*)	સવાલ
quickly, fast	**jal-di** (*adv*)	જલદી
	jhaṭ (*adv*)	ઝટ
quiet	**shānt** (*a*) (*inv*)	શાંત
quietly	**gup-chup** (*adv*)	ગુપચુપ
race	**kul** (*n*)	કુલ
race; bet; condition	**sha-rat** (*f*)	શરત
rain	**var-sād** (*m*)	વરસાદ
rare	**dur-labh** (*a*) (*inv*)	દુર્લભ
raw	**kā-chũ** (*a*) (*v*)	કાચું
ray	**ki-raṇ** (*n*)	કિરણ
read (*inf*)	**vā̃ch-vũ** (*vt*)	વાંચવું
ready, prepared	**tai-yār** (*a*) (*inv*)	તૈયાર
reason	**he-tu** (*m*)	હેતુ
reception	**svā-gat** (*n*) **sa-mā-rambh** (*m*)	સ્વાગત સમારંભ
recession	**man-di** (*f*)	મંદી
recipe	**vān-gi-ni rit** (*f*)	વાનગીની રીત
recognize (*inf*)	**o-ḷakh-vũ** (*vt*)	ઓળખવું
recollection, remember, remind	**yād** (*f*)	યાદ
recommend (*inf*)	**bha-lā-maṇ kar-vi** (*vt*)	ભલામણ કરવી
regime	**sat-tā** (*f*)	સત્તા
region	**pra-desh** (*m*)	પ્રદેશ
regular	**niy-mit** (*a*) (*inv*)	નિયમિત
relation	**sam-bandh** (*m*)	સંબંધ
religion	**dha-ram, dhar-ma** (*m*)	ધરમ, ધર્મ
remain till last (*inf*)	**ṭak-vũ** (*vt*)	ટકવું
remaining	**bā-ki** (*a*) (*inv*)	બાકી
remedy, treatment	**ilāj** (*m*), **u-pāy** (*m*)	ઈલાજ, ઉપાય
request	**vi-nan-ti** (*f*)	વિનંતી
resident, inhabitant	**ra-he-vā-si** (*m*)	રહેવાસી
resolution	**ṭha-rāv** (*m*)	ઠરાવ
resources, tools, equipment	**sā-dhan** (*n*)	સાધન
respect	**mān** (*n*)	માન
rest	**ā-rām** (*m*)	આરામ

result	**pa-ri-ṇām** (*n*)	પરિણામ
return (*inf*)	**pā-chhũ āp-vũ, āv-vũ** (*v*)	પાછું આપવું/આવવું
revolution	**krān-ti** (*f*)	ક્રાંતિ
right	**a-dhi-kār** (*m*), **hak** (*m*)	અધિકાર, હક
right (e.g. right-hand side)	**jam-ṇũ** (*a*) (*v*)	જમણું
righteous	**puṇ-ya** (*n*)	પુણ્ય
be ripe (*inf*)	**pāk-vũ** (*vi*)	પાકવું
rise, grow (*inf*)	**ug-vũ** (*vi*)	ઊગવું
risk	**jo-kham** (*n*)	જોખમ
river	**na-di** (*f*)	નદી
road, way	**ras-to** (*m*)	રસ્તો
roar (*inf*)	**ga-raj-vũ** (*vi*)	ગરજવું
rob (*inf*)	**lũṭ-vũ** (*vt*)	લૂંટવું
roll, tumble (*inf*)	**ga-baḍ-vũ** (*vi*)	ગબડવું
room	**or-ḍo, rum** (*m*)	ઓરડો, રુમ
root	**muḷ** (*n*)	મૂળ
route	**mārg** (*m*)	માર્ગ
rub (*inf*)	**ghas-vũ** (*vt*)	ઘસવું
rubbish	**kach-ro** (*m*)	કચરો
	gand-ki (*f*)	ગંદકી
ruffian	**gun-ḍo** (*m*)	ગુંડો
rule	**ni-yam** (*m*)	નિયમ
rumour	**aph-vā** (*f*)	અફવા
run (*inf*)	**doḍ-vũ** (*vi*)	દોડવું
run away, divide (maths) (*inf*)	**bhāg-vũ** (*vi*)	ભાગવું
sad	**u-dās** (*a*) (*inv*)	ઉદાસ
safe	**sa-lā-mat** (*a*) (*inv*)	સલામત
sage	**ru-shi** (*m*)	ઋષિ
sailor	**kha-lā-si** (*m*)	ખલાસી
saint	**sā-dhu** (*m*)	સાધુ
salad	**ka-chum-bar** (*f*)	કચુંબર
salary	**pa-gār** (*m*)	પગાર
sample	**na-mu-no** (*m*)	નમૂનો
satisfaction	**san-tosh** (*m*)	સંતોષ
be saved (*inf*)	**bach-vũ** (*vi*)	બચવું
say, tell (*inf*)	**ka-he-vũ** (*vt*)	કહેવું

scarcity	**tan-gi** (*f*)	તંગી
scent	**at-tar** (*n*)	અત્તર
school	**ni-shaḷ** (*f*)	નિશાળ
science	**vig-nān** (*n*)	વિજ્ઞાન
scissors	**kā-tar** (*f*)	કાતર
scold (*inf*)	**vaḍh-vũ** (*vt*)	વઢવું
script	**li-pi** (*f*)	લિપિ
scrutinize (*inf*)	**cha-kās-vũ** (*vt*)	ચકાસવું
sea, ocean	**da-ri-yo** (*m*)	દરિયો
search (*inf*)	**shodh-vũ** (*v*)	શોધવું
season	**ru-tu** (*f*)	ઋતુ
secret	**chhā-nũ** (*a*)	છાનું
see, look (*inf*)	**jo-vũ** (*vt*)	જોવું
seed	**bi** (*n*)	બી
seem (*inf*)	**lāg-vũ** (*v*)	લાગવું
self-interest	**svār-tha** (*m*)	સ્વાર્થ
sell (*inf*)	**vech-vũ** (*vt*)	વેચવું
send (*inf*)	**mo-kal-vũ** (*vt*)	મોકલવું
separate, different	**ju-dũ** (*a*) (*v*)	જુદું
serious	**gam-bhir** (*a*) (*inv*)	ગંભીર
servant	**no-kar** (*m*)	નોકર
serve food (*inf*)	**pi-ras-vũ** (*vt*)	પીરસવું
service, employment	**se-vā** (*f*), **nok-ri**	સેવા, નોકરી
settlement (of dispute)	**sa-mā-dhān** (*n*)	સમાધાન
severe	**sa-khat** (*a*) (*inv*)	સખત
shape	**ā-kār** (*m*)	આકાર
sharp end	**a-ṇi** (*f*)	અણી
ship	**vā-han** (*n*)	વાહન
shoe	**jo-ḍo** (*m*)	જોડો
shop	**du-kān** (*f*)	દુકાન
shout	**bum** (*f*)	બૂમ
side	**bā-ju** (*f*)	બાજુ
sight	**na-jar** (*f*)	નજર
signature	**sa-hi** (*f*)	સહી
silent	**chup** (*a*) (*inv*)	ચૂપ
simple	**sā-dũ** (*a*) (*v*)	સાદું
sin	**pāp** (*n*)	પાપ
sing (*inf*)	**gā-vũ** (*vt*)	ગાવું
singer	**gā-yak** (*m*)	ગાયક
sit (*inf*)	**bes -vũ** (*vi*)	બેસવું

size	**kad** (*n*)	કદ
skill	**āv-ḍat** (*f*)	આવડત
sky	**ā-kāsh** (*n*)	આકાશ
slaughter	**ka-tal** (*f*)	કતલ
slave	**gu-lām** (*m*)	ગુલામ
sleep, lie (down) (*inf*)	**ũgh-vũ** (*vi*)	ઊંઘવું
	su-vũ (*vi*)	સૂવું
sleepless night	**u-jāg-ro** (*m*)	ઉજાગરો
slip (*inf*)	**la-pas-vũ** (*vi*)	લપસવું
slope	**dhāḷ** (*m*)	ઢાળ
slow	**dhi-mũ** (*a*) (*v*)	ધીમું
small	**nā-nũ** (*a*) (*v*)	નાનું
small handbag	**koth-ḷi, the-li** (*f*)	કોથળી, થેલી
small lake	**ta-ḷāv** (*n*)	તળાવ
small room	**or-ḍi** (*f*)	ઓરડી
smell (*inf*)	**sũgh-vũ** (*vt*)	સૂંઘવું
smoke	**dhu-mā-ḍo** (*m*)	ધુમાડો
smooth	**sũ-vā-ḷũ** (*a*) (*v*)	સુંવાળું
snack	**nās-to** (*m*)	નાસ્તો
sneeze	**chhĩk** (*f*)	છીંક
so much	**āṭ-lũ** (*a*) (*v*)	આટલું
society	**sa-māj** (*m*)	સમાજ
soft	**na-ram** (*a*) (*inv*)	નરમ
	po-chũ (*a*) (*v*)	પોચું
solution	**u-kel** (*m*)	ઉકેલ
someone	**ko-i** (*inv*)	કોઈ
something	**ka-shũk** (*pron*)	કશુંક
son	**dik-ro** (*m*)	દીકરો
song	**git** (*n*)	ગીત
soon	**tho-ḍā va-khat-mā̃j**	થોડા વખતમાં જ
soul	**prāṇ** (*m*)	પ્રાણ
sound	**a-vāj** (*m*)	અવાજ
spare	**va-dhā-rā-nũ**	વધારાનું
speak, talk (*inf*)	**bol-vũ** (*vt*)	બોલવું
special, typical	**khās** (*a*) (*inv*)	ખાસ
speech (lecture)	**bhā-shaṇ** (*n*)	ભાષણ
speed	**jha-ḍap** (*f*)	ઝડપ
spelling	**joḍ-ṇi** (*f*)	જોડણી
spend (*inf*)	**kha-rach-vũ** (*v*)	ખરચવું

spill (*inf*)	**ḍhoḷ-vũ** (*vt*)	ઢોળવું
spin (*inf*)	**kā̃t-vũ** (*vt*)	કાંતવું
split (*inf*)	**chir-vũ** (*vt*)	ચીરવું
spoon	**cham-cho** (*m*)	ચમચો
sport	**ra-mat ga-mat** (*f*)	રમતગમત
spread (*inf*)	**phe-lāv-vũ** (*v*)	ફેલાવવું
squeeze (*inf*)	**ni-chov-vũ** (*vt*)	નિચોવવું
stable (for animals)	**ta-be-lo** (*m*)	તબેલો
staircase	**dā-dar** (*m*)	દાદર
stand (*inf*)	**ubh-vũ** (*vi*)	ઊભવું
star	**tā-ro** (*m*)	તારો
status	**mo-bho** (*m*)	મોભો
stay (*inf*)	**ra-he-vũ** (*vi*)	રહેવું
stereotype	**bi-bā-ḍhāḷ** (*a*) (*inv*)	બીબાઢાળ
stick (*inf*)	**choḍ-vũ** (*vt*)	ચોડવું
sticky	**chik-ṇũ** (*a*) (*v*)	ચીકણું
sting	**dankh** (*m*)	ડંખ
stone	**path-ro** (*m*)	પથરો
stop (*inf*)	**thobh-vũ** (*vi*)	થોભવું
stop; engage; invest (*inf*)	**rok-vũ** (*vt*)	રોકવું
story	**vāt** (*f*)	વાત
story (mainly religious)	**ka-thā** (*f*)	કથા
straight, direct	**si-dhũ** (*a*) (*v*)	સીધું
strap	**pat-to** (*m*)	પટ્ટો
strength	**jor** (*n*), **shak-ti** (*f*)	જોર, શક્તિ
strict, hard	**ka-ḍak** (*a*) (*inv*)	કડક
strike	**haḍ-tāḷ** (*f*)	હડતાળ
string	**do-ri** (*f*)	દોરી
strong	**maj-but** (*a*) (*inv*)	મજબૂત
be struck, played (musical instrument) (*inf*)	**vāg-vũ** (*vi*)	વાગવું
student	**vid-yār-thi** (*m*)	વિદ્યાર્થી
study (*inf*)	**bhaṇ-vũ** (*vt*)	ભણવું
subject	**vi-shay** (*m*)	વિષય
subscribe (*inf*)	**la-vā-jam bhar-vũ** (*v*)	લવાજમ ભરવું
suburb	**pa-rũ** (*n*)	પરું
success	**sa-phaḷ-tā** (*f*)	સફળતા
such	**e-vũ** (*a*) (*v*)	એવું

suddenly	**a-chā-nak** (*adv*)	અચાનક
suffer (*inf*)	**sa-han kar-vũ** (*v*)	સહન કરવું
sugar	**khā̃ḍ** (*f*)	ખાંડ
sum	**ra-kam** (*f*)	રકમ
summer	**u-nā-ḷo** (*m*)	ઉનાળો
sun	**su-raj** (*m*)	સૂરજ
sunshine	**taḍ-ko** (*m*)	તડકો
superior	**up-ri** (*m*)	ઉપરી
support, depend upon	**ā-dhār** (*m*)	આધાર
	ṭe-ko (*m*)	ટેકો
suppose (*inf*)	**ḍhār-vũ** (*vt*)	ધારવું
surely	**a-chuk** (*a*) (*inv*) (*adv*)	અચૂક
surname	**a-ṭak** (*f*)	અટક
surprise	**na-vā-i** (*f*)	નવાઇ
surround (*inf*)	**gher-vũ** (*vt*)	ઘેરવું
survive (*inf*)	**ṭak-vũ** (*v*)	ટકવું
sweet	**gaḷ-yũ** (*a*) (*v*)	ગળ્યું
sweets	**mi-ṭhā-i** (*f*)	મીઠાઇ
swim (*inf*)	**tar-vũ** (*vt*)	તરવું
swing (*inf*)	**ḍol-vũ** (*vi*)	ડોલવું
swing	**hĩch-ko** (*m*)	હીંચકો
system	**rit** (*f*)	રીત
tablet; bullet	**go-ḷi** (*f*)	ગોળી
tablet	**ṭik-ḍi** (*f*)	ટીકડી
tail	**puchh-ḍi** (*f*)	પૂછડી
take (*inf*)	**le-vũ** (*vt*)	લેવું
take out, draw (*inf*)	**kāḍh-vũ** (*vt*)	કાઢવું
tap	**naḷ** (*m*)	નળ
taste	**svād** (*m*)	સ્વાદ
tax	**kar** (*m*)	કર
tax (octroi)	**ja-kāt** (*f*)	જકાત
tea	**chā** (*m, f*)	ચા
teach (*inf*)	**shi-khav-vũ** (*vt*)	શીખવવું
teacher	**gu-ru** (*m*)	ગુરુ
team	**ṭuk-ḍi** (*f*)	ટુકડી
tear	**ā̃-su** (*n*)	આંસુ
telegram	**tār** (*m*)	તાર
temperature	**tāp-mān** (*n*)	તાપમાન
temple	**man-dir** (*n*)	મંદિર
be tempted (*inf*)	**lal-chā-vũ** (*vi*)	લલચાવું

ten million; spine	**ka-roḍ** (*a, f*)	કરોડ
territory	**had** (*f*)	હદ
test	**ka-so-ṭi** (*f*)	કસોટી
than	**kar-tã** (*prep, conj*)	કરતાં
thanks	**ā-bhār** (*m*)	આભાર
that	**pe-lũ** (*pron*)	પેલું
there	**tyã**	ત્યાં
therefore	**eṭ-le** (*adv*)	એટલે
thief	**chor** (*m*)	ચોર
thing, material	**vas-tu** (*f*)	વસ્તુ
think, imagine (*inf*)	**vi-chār-vũ** (*vt*)	વિચારવું
this	**ā** (*pron*)	આ
this much	**āv-ḍũ** (*a*) (*v*)	આવડું
thorn	**kã-ṭo** (*m*)	કાંટો
thousand million	**a-baj** (*a*) (*inv*)	અબજ
thrift	**kar-ka-sar** (*f*)	કરકસર
throw, insert (*inf*)	**nākh-vũ** (*vt*)	નાખવું
thug, rogue	**ṭhag** (*m*)	ઠગ
tide	**bhar-ti** (*f*)	ભરતી
till (in a shop)	**gal-lo** (*m*)	ગલ્લો
time	**va-khat** (*m*)	વખત
	sa-may (*m*)	સમય
be tired (*inf*)	**thāk-vũ** (*vi*)	થાકવું
today	**āj** (*f*)	આજ
tomorrow	**āv-ti kāl** (*f*)	આવતી કાલ
tools	**o-jār** (*n*)	ઓજાર
be torn (*inf*)	**phāṭ-vũ** (*vi*)	ફાટવું
touch (*inf*)	**aḍ-vũ** (*vt*)	અડવું
tourist	**pra-vā-si** (*m*)	પ્રવાસી
towards	**ta-raph**	તરફ
town	**gām** (*n*)	ગામ
trade	**ve-pār** (*m*)	વેપાર
tradition	**pa-ram-pa-rā** (*f*)	પરંપરા
traffic, transport	**vā-han-vyav-hār** (*m*)	વાહનવ્યવહાર
treachery	**da-go** (*m*)	દગો
tree	**jhāḍ** (*n*)	ઝાડ
tremble (*inf*)	**kamp-vũ** (*vi*), **dhruj-vũ** (*vi*)	કંપવું, ધ્રૂજવું
trial (experiment)	**a-khat-ro** (*m*)	અખતરો
trick	**yuk-ti** (*f*)	યુક્તિ

trouble	**u-pā-dhi** (*f*)	ઉપાધિ
	tak-liph (*f*)	તકલીફ
true, truth	**kha-rũ** (*a*) (*v*)	ખરું
	sā-chũ (*a*) (*v*)	સાચું
trunk (of tree)	**thaḍ** (*n*)	થડ
try (*inf*)	**aj-māv-vũ** (*vt*)	અજમાવવું
turn	**vā-ro** (*m*)	વારો
ugly	**kad-ru-pũ** (*a*) (*v*)	કદરૂપું
umbrella	**chhat-ri** (*f*)	છત્રી
unanimous	**ek-mat** (*a*) (*inv*)	એકમત
under	**ni-che** (*adv*)	નીચે
understanding	**sam-jaṇ** (*f*)	સમજણ
unexpected	**o-chin-tũ** (*a*) (*v*)	ઓચિંતું
unfortunate	**kam-na-sib** (*a*) (*inv*)	કમનસીબ
unmarried girl	**kan-yā** (*f*)	કન્યા
until	**tyā̃ su-dhi**	ત્યાં સુધી
urban	**sha-he-ri** (*a*) (*inv*)	શહેરી
use	**up-yog** (*m*)	ઉપયોગ
useless	**na-kā-mũ** (*a*) (*v*)	નકામું
usual	**ha-mesh mu-jab-nũ**	હમેશ મુજબનું
valley	**khiṇ** (*f*)	ખીણ
vegetarian	**shā-kā-hā-ri** (*a*) (*inv*)	શાકાહારી
veil	**ghum-ṭo** (*m*)	ઘૂમટો
very good, excellent	**sa-ras** (*a*) (*inv*)	સરસ
very much	**khub** (*a*) (*inv*)	ખૂબ
view	**de-khāv** (*m*)	દેખાવ
village	**gām-ḍũ** (*n*)	ગામડું
violence	**hin-sā** (*f*)	હિંસા
virtue, quality	**guṇ** (*m*)	ગુણ
visit	**mu-lā-kāt** (*f*)	મુલાકાત
vomit	**ul-ṭi** (*f*)	ઊલટી
wage	**pa-gār** (*m*)	પગાર
wait (*inf*)	**ro-kā-vũ** (*v*)	રોકાવું
walk (*inf*)	**chāl-vũ** (*vi*)	ચાલવું
walk, stroll (*inf*)	**phar-vũ** (*vi*)	ફરવું
wander (*inf*)	**ra-khaḍ-vũ** (*vi*)	રખડવું
want	**ja-ru-raṭ** (*f*)	જરૂરત

war	**la-ḍā-i** (*f*)	લડાઈ
warm	**tho-ḍũ ga-ram**	થોડું ગરમ
wash (*inf*)	**dho-vũ** (*vt*)	ધોવું
washerman	**dho-bi** (*m*)	ધોબી
watch, clock	**gha-ḍi-yāḷ** (*f*)	ઘડિયાળ
watchman	**cho-ki-dār** (*m*)	ચોકીદાર
water	**pā-ṇi** (*n*)	પાણી
wax	**miṇ** (*n*)	મીણ
weapon	**ha-thi-yār** (*n*)	હથિયાર
wear (*inf*)	**pa-her-vũ** (*vt*)	પહેરવું
weekly	**aṭh-vā-ḍik** (*a, n*)	અઠવાડિક
weep (*inf*)	**raḍ-vũ** (*vi*)	રડવું
weight	**va-jan** (*n*)	વજન
welcome	**āv-kār** (*m*)	આવકાર
well	**ku-vo** (*m*)	કૂવો
well, fine, OK	**bha-le** (*int*)	ભલે
wet	**bhi-nũ** (*a*) (*v*)	ભીનું
be wet (*inf*)	**pa-laḷ-vũ** (*vi*)	પલળવું
what	**shũ** (*pron*)	શું
when	**kyā-re** (*adv*)	ક્યારે
where	**kyā̃** (*adv*) **jyā̃** (*adv*)	ક્યાં, જ્યાં
whereas	**je-thi** (*conj*)	જેથી
which	**ka-yũ** (*pron*)	કયું
while	**jyā̃-re**	જ્યારે
white, shining	**uj-ḷũ** (*a*) (*v*)	ઊજળું
who	**koṇ** (*pron*)	કોણ
whole	**ā-khũ** (*a*) (*v*)	આખું
wholesale	**ja-thā-bandh** (*adv*)	જથાબંધ
whose	**ko-nũ** (*pron*)	કોનું
why	**shā mā-ṭe**	શા માટે
widow	**vidh-vā** (*f*)	વિધવા
wild	**jang-li** (*a*) (*v*)	જંગલી
win (*inf*)	**jit-vũ** (*vt*)	જીતવું
wind	**pa-van** (*m*)	પવન
	ha-vā (*f*)	હવા
window	**bā-ri** (*f*)	બારી
wine, liquor, gunpowder	**dā-ru** (*m*)	દારૂ
wing	**pā̃kh** (*f*)	પાંખ
winter	**shi-yā-ḷo** (*m*)	શિયાળો

wish	**ich-chhā** (*f*)	ઈચ્છા
	mar-ji (*f*)	મરજી
wither (*inf*)	**kar-mā-vũ** (*vi*)	કરમાવું
without reason	**am-thũ** (*a*) (*v*)	અમથું
woman, wife	**stri** (*f*)	સ્ત્રી
wood	**lāk-ḍũ** (*n*)	લાકડું
wool	**un** (*n*)	ઊન
word, sound	**shab-da** (*m*)	શબ્દ
work	**kām** (*n*)	કામ
world	**ja-gat** (*n*)	જગત
	du-ni-ya (*f*)	દુનિયા
worry	**chin-tā** (*f*)	ચિંતા
worship	**pu-jā** (*f*)	પૂજા
wound	**ghā** (*m*)	ઘા
wrinkle	**ka-rach-li** (*f*)	કરચલી
write (*inf*)	**lakh-vũ** (*vt*)	લખવું
wrong	**kho-ṭũ** (*a*) (*v*)	ખોટું
yarn; telegram	**tār** (*m*)	તાર
yawn	**ba-gā-sũ** (*n*)	બગાસું
year	**va-ras** (*n*)	વરસ
yesterday, tomorrow (depending on context)	**kāl** (*f*)	કાલ
yet	**chha-tā̃**	છતાં
yoghurt, curds	**da-hī̃** (*n*)	દહીં
you (honorific)	**āp** (*pron*)	આપ
young	**yu-vān**	યુવાન
youth (male)	**yu-vak** (*m*)	યુવક
youth (female)	**yuv-ti** (*f*)	યુવતી

Gujarati–English glossary

અક્કલ	**ak-kal** (*f*)	intelligence
અકસીર	**ak-sir** (*a*)	effective
અકસ્માત	**a-kas-māt** (*m*)	accident
અક્ષર	**ak-shar** (*m*)	letter (of the alphabet)
અખતરો	**a-khat-ro** (*m*)	trial (experiment)
અગર	**a-gar** (*conj*)	or, if
અગવડ	**ag-vaḍ** (*f*)	inconvenience
અઘરું	**agh-rũ** (*a*)	difficult
અચાનક	**a-chā-nak** (*adv*)	suddenly
અચૂક	**a-chuk** (*adv*)	surely
અજમાવવું	**aj-māv-vũ** (*vt*)	to try
અજવાળું	**aj-vā-lũ** (*n*)	light
અટક	**a-ṭak** (*f*)	surname
અઠવાડિક	**aṭh-vā-ḍik** (*a, n*)	weekly
અડચણ	**aḍ-chaṇ** (*f*)	difficulty
અડધું	**aḍ-dhũ** (*a*)	half
અડવું	**aḍ-vũ** (*vt*)	to touch
અણી	**a-ṇi** (*f*)	sharp end
અત્તર	**at-tar** (*n*)	scent
અત્યારે	**at-yā-re** (*adv*)	at this moment
અથડાવું	**ath-ḍā-vũ** (*vi*)	to collide, dash against
અથાણું	**a-thā-ṇũ** (*n*)	pickles
અદેખાઈ	**a-de-khā-i** (*f*)	jealousy
અધિકાર	**a-dhi-kār** (*m*)	right
અધૂરું	**a-dhu-rũ** (*a*)	incomplete
અધ્ધર	**ad-dhar** (*a, adv*)	high in the air
અનાજ	**a-nāj** (*n*)	corn
અનાથ	**a-nāth** (*a*)	orphan
અનુકૂળ	**a-nu-kuḷ** (*a*)	favourable
અનુભવ	**a-nu-bhav** (*m*)	experience
અનેક	**a-nek** (*a*)	many
અન્યાય	**an-yāy** (*m*)	injustice
અપજશ	**ap-jash** (*m*)	discredit

અપનાવવું	**ap-nāv-vũ** (*vt*)	to adopt
અપમાન	**ap-man** (*n*)	insult
અપશુકન	**ap-shu-kan** (*n*)	bad omen
અપંગ	**a-pãg** (*a*)	handicapped
અફવા	**aph-va** (*f*)	rumour
અફાળવું	**a-phāḷ-vũ** (*vt*)	to dash violently
અબજ	**a-baj** (*a*)	thousand million
અભડાવું	**abh-ḍā-vũ** (*vi*)	to become impure
અભણ	**a-bhaṇ** (*a*)	illiterate
અભિનય	**a-bhi-nay** (*m*)	acting (on stage)
અભિનંદન	**a-bhi-nan-dan** (*n*)	congratulations
અભિમાન	**a-bhi-mān** (*n*)	pride
અમથું	**am-thũ** (*a*)	without reason
અમર	**a-mar** (*a*)	immortal
અમાસ	**a-mās** (*f*)	moonless night
અમુક	**a-muk** (*a*)	certain
અરજી	**ar-ji** (*f*)	application
અરસપરસ	**a-ras-pa-ras** (*adv*)	mutual, amongst yourselves
અરીસો	**a-ri-so** (*m*)	mirror
અરે	**a-re** (*int*)	oh!
અર્થ	**ar-tha** (*m*)	meaning
અવયવ	**av-yav** (*m*)	parts of the body
અવળું	**av-ḷũ** (*a*)	contrary
અવાજ	**a-vāj** (*m*)	sound
અસર	**a-sar** (*f*)	effect
અસલ	**a-sal** (*a*)	original
અહીં	**a-hĩ** (*adv*)	here
અંગ્રેજ	**ãg-rej** (*m*)	Englishman
અંત	**ant** (*m*)	end
અંતર	**an-tar** (*n*)	distance
અંદર	**an-dar** (*prep*)	in
અંધારું	**an-dhā-rũ** (*n*)	darkness
આ	**ā** (*pron*)	this
આકાર	**ā-kār** (*m*)	shape
આકાશ	**ā-kāsh** (*n*)	sky
આખું	**ā-khũ** (*a*)	whole
આગ	**āg** (*f*)	fire
આગલું	**āg-lũ** (*a*)	previous
આગળ	**ā-gaḷ** (*adv*)	before

આગ્રહ	**āg-rah** (*m*)	insistence
આઘું	**ā-ghũ** (*a*)	distant, far off
આજ	**āj** (*f*)	today
આઝાદી	**ā-zā-di** (*f*)	freedom
આટલું	**āṭ-lũ** (*a*)	so much
આડું	**ā-ḍũ** (*a*)	not straight, getting in the way
આતુર	**ā-tur** (*a*)	anxious
આધાર	**ā-dhār** (*m*)	support, depend on
આનંદ	**ā-nand** (*m*)	happiness
આપ	**āp** (*pron*)	you (honorific)
આપવું	**āp-vũ** (*vt*)	to give
આપોઆપ	**ā-po-āp** (*adv*)	automatically
આબરૂ	**āb-ru** (*f*)	prestige
આબોહવા	**ā-bo-ha-vā** (*f*)	climate
આભાર	**ā-bhār** (*m*)	thanks
આમંત્રણ	**ā-man-traṇ** (*n*)	invitation
આયાત	**ā-yāt** (*f*)	import
આરતી	**ār-ti** (*f*)	ceremony (waving of lights before God)
આરામ	**ā-rām** (*m*)	rest
આરોપ	**ā-rop** (*m*)	accusation
આર્થિક	**ār-thik** (*a*)	economic
આવક	**ā-vak** (*f*)	income
આવકાર	**āv-kār** (*m*)	welcome
આવજો	**āv-jo** (*vi*)	goodbye (*lit.* come again)
આવડત	**āv-daṭ** (*f*)	skill
આવડવું	**ā-vaḍ-vũ** (*vi*)	to know how to do
આવડું	**āv-ḍũ** (*a*)	this much
આવવું	**āv-vũ** (*vi*)	to come
આવું	**ā-vũ** (*a*)	like this
આશરે	**āsh-re** (*adv*)	approximately
આશરો	**āsh-ro** (*m*)	protection
આશા	**ā-shā** (*f*)	hope
આશીર્વાદ	**ā-shir-vād** (*m*)	blessings
આસપાસ	**ās-pās** (*adv*)	around
આળસ	**ā-ḷas** (*f*)	laziness
આંકડો	**ā̃k-ḍo** (*m*)	number
આંકવું	**ā̃k-vũ** (*vt*)	to draw (a line)
આંધળું	**ā̃dh-ḷũ** (*a*)	blind

આંસુ	**ã-su** (*n*)	tear
ઇચ્છા	**ich-chhā** (*f*)	wish
ઇતિહાસ	**i-ti-hās** (*m*)	history
ઇનામ	**i-nām** (*n*)	prize
ઇરાદો	**i-rā-do** (*m*)	intention
ઇલાજ	**i-lāj** (*m*)	remedy, treatment, cure
ઇસવી સન	**is-vi san** (*f*)	AD
ઇંટ	**ĩṭ** (*f*)	brick
ઇંડું	**in-ḍũ** (*n*)	egg
ઉકેલ	**u-kel** (*m*)	solution
ઉચ્ચાર	**uch-chār** (*m*)	pronunciation
ઉછીનું	**u-chhi-nũ** (*a*)	borrowed
ઉજાગરો	**u-jāg-ro** (*m*)	sleepless night
ઉજ્જડ	**uj-jaḍ** (*a*)	barren
ઉતાવળ	**u-tā-vaḷ** (*f*)	hurry
ઉત્સાહ	**ut-sāh** (*m*)	enthusiasm
ઉદાર	**u-dār** (*a*)	generous
ઉદાસ	**u-dās** (*a*)	sad
ઉધરસ	**udh-ras** (*f*)	cough
ઉધાર	**u-dhār** (*a*)	on credit
ઉનાળો	**u-nā-ḷo** (*m*)	summer
ઉપકાર	**up-kār** (*m*)	obligation
ઉપદેશ	**up-desh** (*m*)	precept
ઉપયોગ	**up-yog** (*m*)	use
ઉપર	**u-par** (*adv*)	above
ઉપરી	**up-ri** (*m*)	superior
ઉપલું	**up-lũ** (*a*)	above
ઉપાધિ	**u-pā-dhi** (*f*)	trouble
ઉપાય	**u-pāy** (*m*)	remedy
ઉમેરવું	**u-mer-vũ** (*vt*)	to add
ઉંદર	**un-dar** (*m*)	mouse
ઉંમર	**um-mar** (*f*)	age
ઊકળવું	**u-kaḷ-vũ** (*vi*)	to boil
ઊખડવું	**u-khaḍ-vũ** (*vi*)	to get separated
ઊગવું	**ug-vũ** (*vi*)	to rise, grow
ઊઘડવું	**u-ghaḍ-vũ** (*vi*)	to open
ઊચકવું	**u-chak-vũ** (*vt*)	to lift
ઊછળવું	**u-chhaḷ-vũ** (*vi*)	to bounce
ઊજળું	**uj-ḷũ** (*a*)	white, shining

ઊઠવું	**uṭh-vũ** (*vi*)	to get up
ઊડવું	**uḍ-vũ** (*vi*)	to fly
ઊતરવું	**u-tar-vũ** (*vi*)	to climb down
ઊન	**un** (*n*)	wool
ઊપડવું	**u-paḍ-vũ** (*vi*)	to be lifted
ઊભવું	**ubh-vũ** (*vi*)	to stand
ઊલટી	**ul-ṭi** (*f*)	vomit
ઊલટું	**ul-ṭũ** (*a*)	contrary
ઊંઘવું	**ũgh-vũ** (*vi*)	to sleep
ઊંચું	**ũ-chũ** (*a*)	high
ઊંડું	**ũ-ḍũ** (*a*)	deep
ઊંધું	**ũ-dhũ** (*a*)	inverted
ઋતુ	**ru-tu** (*f*)	season
ઋષિ	**ru-shi** (*m*)	sage
એકમત	**ek-mat** (*a*)	unanimous
એકલું	**ek-lũ** (*a*)	lonely
એટલે	**eṭ-le** (*adv*)	therefore
એલચી	**el-chi** (*m*)	ambassador
એવું	**e-vũ** (*a*)	such
ઓગળવું	**o-gaḷ-vũ** (*vi*)	to melt
ઓચિંતું	**o-chin-tũ** (*a*)	unexpected
ઓજાર	**o-jār** (*n*)	tools
ઓરડી	**or-ḍi** (*f*)	small room
ઓશીકું	**o-shi-kũ** (*n*)	pillow
ઓળખવું	**o-ḷakh-vũ** (*vt*)	to recognize
ઔદ્યોગિક	**au-dyo-gik** (*a*)	industrial
કક્કો	**kak-ko** (*m*)	alphabet
કચરાપેટી	**kach-rā-pe-ṭi** (*f*)	dustbin
કચરો	**kach-ro** (*m*)	rubbish
કચુંબર	**ka-chum-bar** (*f*)	salad
કજિયો	**ka-ji-yo** (*m*)	quarrel
કટકો	**kaṭ-ko** (*m*)	piece
કઠણ	**ka-ṭhaṇ** (*a*)	hard
કઠોળ	**ka-ṭhoḷ** (*n*)	pulse
કડક	**ka-ḍak** (*a*)	strict, hard
કડવું	**kaḍ-vũ** (*a*)	bitter
કડિયો	**ka-ḍi-yo** (*m*)	mason
કઢંગું	**ka-ḍhã-gũ** (*a*)	awkward
કણક	**ka-ṇak** (*f*)	dough
કતલ	**ka-tal** (*f*)	slaughter

કથા	**ka-thā** (*f*)	story (mainly religious)
કથીર	**ka-thir** (*n*)	zinc, alloy of tin and lead
કદ	**kad** (*n*)	size
કદર	**ka-dar** (*f*)	appreciation
કદરૂપું	**kad-ru-pũ** (*a*)	ugly
કન્યા	**kan-yā** (*f*)	unmarried girl
કપટ	**ka-paṭ** (*n*)	fraud
કપડું	**kap-ḍũ** (*n*)	cloth
કફ	**kaph** (*m*)	phlegm
કફન	**ka-phan** (*n*)	coffin
કબજિયાત	**ka-ba-ji-yāt** (*f*)	constipation
કબજો	**kab-jo** (*m*)	possession
કબર	**ka-bar** (*f*)	grave
કબાટ	**ka-bāṭ** (*m, n*)	cupboard
કબૂલ	**ka-bul** (*a*) (*adv*)	agree
કમ	**kam** (*a*)	less
કમાવું	**ka-mā-vũ** (*vt*)	to earn
કર	**kar** (*m*)	tax
કરકસર	**kar-ka-sar** (*f*)	thrift
કરગરવું	**kar-gar-vũ** (*vi*)	to beg
કરચલી	**ka-rach-li** (*f*)	wrinkle
કરજ	**ka-raj** (*n*)	debt
કરડવું	**ka-raḍ-vũ** (*vt*)	to bite
કરતાં	**kar-tā̃** (*prep, conj*)	than
કરમાવું	**kar-mā-vũ** (*vi*)	to wither
કરવું	**kar-vũ** (*vt*)	to do
કરાર	**ka-rār** (*m*)	agreement
કરોડ	**ka-roḍ** (*a, f*)	ten million; spine
કલા	**ka-lā** (*f*)	art
કલાક	**ka-lāk** (*m*)	hour
કવિ	**ka-vi** (*m*)	poet
કવિતા	**ka-vi-tā** (*f*)	poem
કશુંક	**ka-shũk** (*pron, a*)	something
કસરત	**kas-rat** (*f*)	exercise
કસાઈ	**ka-sā-i** (*m*)	butcher
કસોટી	**ka-so-ṭi** (*f*)	test
કહેવત	**ka-he-vat** (*f*)	proverb
કહેવું	**ka-he-vũ** (*vt*)	to say
કંઈ	**kā̃-i** (*a, pron*)	anything
કંકોતરી	**kā̃-kot-ri** (*f*)	invitation (esp. marriage)

કંટાળો	**kā̃-ṭā-ḷo** (*m*)	boredom
કંપવું	**kamp-vũ** (*vi*)	to tremble
કાગળ	**kā-gaḷ** (*m*)	paper, letter
કાચ	**kāch** (*m*)	glass
કાચું	**kā-chũ** (*a*)	raw
કાઢવું	**kāḍh-vũ** (*vt*)	to take out, draw
કાતર	**kā-tar** (*f*)	scissors
કાણું	**kā-ṇũ** (*n*)	hole
કાદવ	**kā-dav** (*m*)	mud
કાપવું	**kāp-vũ** (*vt*)	to cut
કાબૂ	**kā-bu** (*m*)	control
કામ	**kām** (*n*)	work
કાયદો	**kāy-do** (*m*)	law
કાયમ	**kā-yam** (*a*)	permanent, constant
કાયર	**kā-yar** (*a*)	cowardly
કારકુન	**kār-kun** (*m*)	clerk
કારખાનું	**kār-khā-nũ** (*n*)	factory
કારણ	**kā-raṇ** (*n*)	cause
કાલ	**kāl** (*f*)	yesterday, tomorrow (depending on context)
કાળજી	**kāḷ-ji** (*f*)	care
કાંટો	**kā̃-ṭo** (*m*)	thorn
કાંતવું	**kā̃t-vũ** (*vt*)	to spin
કિનારો	**ki-nā-ro** (*m*)	bank (of river), coast
કિરણ	**ki-raṇ** (*n*)	ray
કિંમત	**kim-mat** (*f*)	price
કુટુંબ	**ku-ṭumb** (*n*)	family
કુદરત	**kud-rat** (*f*)	nature
કુલ	**kul** (*n*)	race
કુશળ	**ku-shaḷ** (*a*)	OK; expert
કૂદકો	**kud-ko** (*m*)	jump
કૂદવું	**kud-vũ** (*vi*)	to jump
કૂવો	**ku-vo** (*m*)	well
કે	**ke** (*conj*)	either, or; that
કેટલું	**keṭ-lũ** (*a*)	how much
કેદ	**ked** (*f*)	imprisonment
કેમ	**kem** (*adv*)	how, why
કેવડું	**kev-ḍũ** (*a*)	how much, how big
કેવું	**ke-vũ** (*a*)	what type
કેળવણી	**ke-ḷav-ṇi** (*f*)	education

કોઈ	**ko-i** (*a*)	someone
કોગળો	**kOg-ḷo** (*m*)	mouthful of water
કોણ	**koṇ** (*pron*)	who
કોથળી	**koth-ḷi** (*f*)	small handbag
કોનું	**ko-nũ** (*pron*)	whose
કોયડો	**koy-ḍo** (*m*)	puzzle
કોરું	**ko-rũ** (*a*)	dry
કોશ	**kosh** (*m*)	dictionary
કોળિયો	**ko-ḷi-yo** (*m*)	morsel
ક્યારે	**kyā-re** (*adv*)	when
ક્યાં	**kyā̃** (*adv*)	where
ક્ષમા	**ksha-mā** (*f*)	forgiveness
ક્ષિતિજ	**kshi-tij** (*n*)	horizon
ખટારો	**kha-ṭā-ro** (*m*)	lorry
ખડિયો	**kha-ḍi-yo** (*m*)	inkpot
ખબર	**kha-bar** (*f*)	news
ખરચ	**kha-rach** (*n*)	expense
ખરવું	**khar-vũ** (*vi*)	to fall down
ખરાબ	**kha-rāb** (*a*)	bad
ખરીદવું	**kha-rid-vũ** (*vt*)	to purchase
ખરું	**kha-rũ** (*a*)	true
ખલાસ	**kha-lās** (*a*)	finished
ખલાસી	**kha-lā-si** (*m*)	sailor
ખસવું	**khas-vũ** (*vi*)	to move
ખાડો	**khā-ḍo** (*m*)	pit
ખાણ	**khāṇ** (*f*)	mine
ખાતું	**khā-tũ** (*n*)	account
ખાનું	**khā-nũ** (*n*)	drawer
ખામી	**khā-mi** (*f*)	mistake
ખાલી	**khā-li** (*a*)	empty
ખાવું	**khā-vũ** (*vt*)	to eat
ખાસ	**khās** (*a*)	special
ખાંડ	**khā̃ḍ** (*f*)	sugar
ખીણ	**khiṇ** (*f*)	valley
ખીલવું	**khil-vũ** (*vi*)	to blossom
ખીલી	**khi-li** (*f*)	nail
ખીસું	**khi-sũ** (*n*)	pocket
ખીંટી	**khĩ-ṭi** (*f*)	peg
ખુરશી	**khur-shi** (*f*)	chair
ખુલાસો	**khu-lā-so** (*m*)	explanation

ખુલ્લું	**khul-lũ** (*a*)	open
ખુશ	**khush** (*a*)	happy
ખુશામત	**khu-shā-mat** (*f*)	flattery
ખૂણો	**khu-ṇo** (*m*)	corner
ખૂન	**khun** (*n*)	murder
ખૂબ	**khub** (*a*)	very much
ખૂલવું	**khul-vũ** (*vi*)	to open
ખેતર	**khe-tar** (*n*)	farm
ખેતી	**khe-ti** (*f*)	farming
ખેલાડી	**khe-lā-ḍi** (*m*)	player
ખેંચવું	**khẼch-vũ** (*vt*)	to pull
ખોટું	**khọ-ṭũ** (*a*)	wrong
ખોદવું	**khod-vũ** (*vt*)	to dig
ખોરાક	**kho-rāk** (*m*)	food
ખોળો	**kho-ḷo** (*m*)	lap
ગજવું	**gaj-vũ** (*n*)	pocket
ગડબડ	**gaḍ-baḍ** (*f*)	confusion; disorder
ગઢ	**gaḍh** (*m*)	fort
ગણતરી	**ga-ṇat-ri** (*f*)	counting
ગણવું	**gaṇ-vũ** (*vt*)	to count
ગણિત	**ga-ṇit** (*n*)	arithmetic
ગબડવું	**ga-baḍ-vũ** (*vi*)	to roll, tumble
ગભરાવું	**gabh-rā-vũ** (*vi*)	to fear
ગમે તેમ	**ga-me tem** (*adv*)	in any way
ગરજ	**ga-raj** (*f*)	need
ગરજવું	**ga-raj-vũ** (*vi*)	to roar
ગરબો	**gar-bo** (*m*)	folk dance with (usually) religious songs
ગરમ	**ga-ram** (*a*)	hot
ગરીબ	**ga-rib** (*a*)	poor
ગલી	**ga-li** (*f*)	narrow lane
ગલ્લો	**gal-lo** (*m*)	till (in a shop)
ગળ્યું	**gaḷ-yũ** (*a*)	sweet
ગંદકી	**gand-ki** (*f*)	rubbish
ગાડી	**gā-ḍi** (*f*)	car, train (depending on context)
ગાદલું	**gād-lũ** (*n*)	mattress
ગામ	**gām** (*n*)	village
ગાયક	**gā-yak** (*m*)	singer
ગાવું	**gā-vũ** (*vt*)	to sing

ગાળ	**gāḷ** (*f*)	abuse
ગાંઠ	**gā̃ṭh** (*f*)	knot
ગાંડું	**gā̃-ḍũ** (*a*)	mad
ગીરો	**gi-ro** (*a*)	mortgaged
ગુજરાન	**guj-rān** (*n*)	maintenance
ગુણ	**guṇ** (*m*)	virtue, quality
ગુણાકાર	**gu-ṇā-kār** (*m*)	multiplication
ગુનો	**gu-no** (*m*)	offence, crime
ગુપચુપ	**gup-chup** (*adv*)	quietly
ગુરુ	**gu-ru** (*m*)	master, teacher
ગુલામ	**gu-lām** (*m*)	slave
ગુંડો	**gun-ḍo** (*m*)	ruffian
ગુંદર	**gun-dar** (*m*)	gum
ગૂમડું	**gum-ḍũ** (*n*)	abscess
ગોખવું	**gokh-vũ** (*vt*)	to memorize by repetition
ગોટાળો	**go-ṭā-ḷo** (*m*)	confusion, misappropriation
ગોઠવવું	**go-ṭhav-vũ** (*vt*)	to arrange
ગોળ	**goḷ** (*a, m*)	round; jaggery (coarse sugar)
ગોળી	**go-ḷi** (*f*)	tablet; bullet
જ્ઞાન	**gnān** (*n*)	knowledge
ઘટવું	**ghaṭ-vũ** (*vi*)	to decrease
ઘડપણ	**ghaḍ-paṇ** (*n*)	old age
ઘડિયાળ	**gha-ḍi-yāḷ** (*f*) (*n*)	watch, clock
ઘણું	**gha-ṇũ** (*a*)	much
ઘર	**ghar** (*n*)	house
ઘરાક	**gha-rāk** (*m*)	customer
ઘરેણું	**gha-re-ṇũ** (*n*)	ornament
ઘસવું	**ghas-vũ** (*vt*)	to rub
ઘંટ	**ghanṭ** (*m*)	bell
ઘા	**ghā** (*m*)	wound
ઘાસ	**ghās** (*n*)	grass
ઘી	**ghi** (*n*)	purified butter
ઘૂમટો	**ghum-ṭo** (*m*)	veil
ઘૂસવું	**ghus-vũ** (*vi*)	to push in
ઘેન	**ghen** (*n*)	drowsiness
ઘેરવું	**gher-vũ** (*vt*)	to surround
ચકાસવું	**cha-kās-vũ** (*vt*)	to scrutinize
ચડવું	**chaḍ-vũ** (*vi, t*)	to climb

ચણવું	**chaṇ-vũ** (*vt*)	to build
ચપ્પુ	**chap-pu** (*n*)	penknife
ચરબી	**char-bi** (*f*)	fat
ચરવું	**char-vũ** (*vi*)	to graze
ચશ્માં	**chash-mā̃** (*n pl*)	glasses
ચહેરો	**cha-he-ro** (*m*)	face
ચાટવું	**chāṭ-vũ** (*vt*)	to lick
ચાદર	**chā-dar** (*f*)	bed sheet
ચાલવું	**chāl-vũ** (*vi*)	to walk
ચાવવું	**chāv-vũ** (*vt*)	to chew
ચાવી	**chā-vi** (*f*)	key
ચાંદો	**chā̃-do** (*m*)	moon
ચિઠ્ઠી	**chiṭ-ṭhi** (*f*)	chit
ચિતા	**chi-tā** (*f*)	funeral pyre
ચિત્ર	**chit-ra** (*n*)	picture
ચિંતા	**chin-tā** (*f*)	worry
ચીકણું	**chik-ṇũ** (*a*)	sticky
ચીતરવું	**chi-tar-vũ** (*vt*)	to paint (picture)
ચીરવું	**chir-vũ** (*vt*)	to split
ચુકાદો	**chu-kā-do** (*m*)	decision
ચુપ	**chup** (*a*)	silent
ચૂકવવું	**chu-kav-vũ** (*vt*)	to pay
ચૂંટણી	**chũṭ-ṇi** (*f*)	election
ચેપ	**chep** (*m*)	infection
ચોકીદાર	**cho-ki-dār** (*m*)	watchman
ચોક્કસ	**chok-kas** (*a*)	definite
ચોખ્ખું	**chok-khũ** (*a*)	clean
ચોડવું	**choḍ-vũ** (*vt*)	to stick
ચોપડી	**chop-ḍi** (*f*)	book
ચોમાસું	**cho-mā-sũ** (*n*)	monsoon
ચોર	**chor** (*m*)	thief
છત	**chhat** (*f*)	ceiling
છતાં	**chha-tā̃** (*adv, conj*)	nevertheless
છત્રી	**chhat-ri** (*f*)	umbrella
છરો	**chha-ro** (*m*)	big knife
છલંગ	**chha-lãg** (*f*)	leap
છાનું	**chhā-nũ** (*a*)	secret
છાપખાનું	**chhāp-khā-nũ** (*n*)	printing press
છાપવું	**chhāp-vũ** (*vt*)	to print
છાપું	**chhā-pũ** (*n*)	newspaper

છાશ	**chhāsh** (*f*)	buttermilk
છીંક	**chhī̃k** (*f*)	sneeze
છૂટવું	**chhuṭ-vũ** (*vi*)	to be free
છૂટાછેડા	**chhu-ṭā-chhe-ḍā** (*m pl*)	divorce
છેતરવું	**chhe-tar-vũ** (*vt*)	to cheat
છોકરું	**chhok-rũ** (*n*)	child
છોડ	**chhoḍ** (*m*)	plant
છોડવું	**chhoḍ-vũ** (*vt*)	to let go
જકાત	**ja-kāt** (*f*)	tax
જગત	**ja-gat** (*n*)	world
જગા	**ja-gā** (*f*)	place
જડવું	**jaḍ-vũ** (*vi*)	to find
જથાબંધ	**ja-thā-bandh** (*adv*)	wholesale
જનતા	**jan-tā** (*f*)	people
જનમ, જન્મ	**ja-nam, jan-ma** (*m*)	birth
જમણું	**jam-ṇũ** (*a*)	right (e.g. hand)
જમવું	**jam-vũ** (*vt*)	to eat
જમીન	**ja-min** (*f*)	land
જરા	**ja-rā** (*a, adv*)	a little
જલદી	**jal-di** (*adv*)	quickly
જવાબ	**ja-vāb** (*m*)	answer
જવું	**ja-vũ** (*vi*)	to go
જશ	**jash** (*m*)	fame
જંગલ	**jã-gal** (*n*)	forest
જંતુ	**jan-tu** (*n*)	insect
જાગવું	**jāg-vũ** (*vi*)	to awaken
જાડું	**jā-ḍũ** (*a*)	fat
જાણવું	**jāṇ-vũ** (*vt*)	to know
જાણે	**jā-ṇe** (*adv*)	as if
જાદુ	**jā-du** (*m*)	magic
જાનવર	**jān-var** (*n*)	animal
જાહેરખબર	**jā-her-kha-bar** (*f*)	advertisement
જીતવું	**jit-vũ** (*vt*)	to win
જીવવું	**jiv-vũ** (*vi*)	to live
જુગાર	**ju-gār** (*m*)	gambling
જુદું	**ju-dũ** (*a*)	separate, different
જૂઠું	**ju-ṭhũ** (*a*)	false
જૂનું	**ju-nũ** (*a*)	old
જેટલું	**jeṭ-lũ** (*a*)	as much

જેથી	**je-thi** (*conj*)	whereas
જેમ	**jem** (*adv*)	in which way
જેવું	**je-vũ** (*a*)	as it is
જોખમ	**jo-kham** (*n*)	risk
જોડણી	**joḍ-ṇi** (*f*)	spelling
જોડવું	**joḍ-vũ** (*vt*)	to join
જોર	**jor** (*n*)	strength
જોવું	**jo-vũ** (*vt*)	to see
જ્યાં	**jyā̃** (*adv*)	where
ઝઘડો	**jhag-ḍo** (*m*)	quarrel
ઝટ	**jhaṭ** (*adv*)	quickly
ઝડપ	**jha-ḍap** (*f*)	speed
ઝંડો	**jhan-ḍo** (*m*)	flag
ઝાડ	**jhāḍ** (*n*)	tree
ઝાડુ	**jhā-ḍu** (*n*)	broomstick
ઝાંખું	**jhā̃-khũ** (*a*)	dim, unclear
ઝાંપો	**jhā̃-po** (*m*)	gate
ઝીલવું	**jhil-vũ** (*vt*)	to catch
ઝેર	**jhEr** (*n*)	poison
ટકવું	**ṭak-vũ** (*vt*)	to remain till last
ટક્કર	**ṭak-kar** (*f*)	collision
ટપકવું	**ṭa-pak-vũ** (*vi*)	to drip
ટપાલ	**ṭa-pāl** (*f*)	post, mail
ટાલ	**ṭāl** (*f*)	baldness
ટાપુ	**ṭā-pu** (*m*)	island
ટાંકણી	**ṭā̃k-ṇi** (*f*)	pin
ટિંગાવું	**ṭĩ-gā-vũ** (*vi*)	to be hung
ટીકડી	**ṭik-ḍi** (*f*)	tablet
ટીકા	**ṭi-kā** (*f*)	criticism
ટેકો	**ṭe-ko** (*m*)	support
ટોળું	**ṭo-ḷũ** (*n*)	crowd
ઠગ	**ṭhag** (*m*)	thug, rogue
ઠરાવ	**ṭha-rāv** (*m*)	resolution
ઠંડી	**ṭhan-ḍi** (*f*)	cold
ઠીક	**ṭhik** (*a*)	all right
ઠેકાણું	**ṭhe-kā-ṇũ** (*n*)	address (residence)
ડબો	**ḍa-bo** (*m*)	container
ડરવું	**ḍar-vũ** (*vi*)	to fear, be afraid of
ડંખ	**ḍankh** (*m*)	sting
ડાઘ	**ḍāgh** (*m*)	blot

ડાબું	**ḍā-bũ** (*a*)	left (side)
ડુંગર	**ḍun-gar** (*m*)	mountain
ડોલ	**dol** (*f*)	bucket
ડોલવું	**ḍol-vũ** (*vi*)	to swing
ડોસી	**ḍo-si** (*f*)	old woman
ઢગલો	**ḍhag-lo** (*m*)	heap
ઢાળ	**ḍhāḷ** (*m*)	slope
ઢાંકણું	**ḍhā̃k-ṇũ** (*n*)	lid
ઢાંકવું	**ḍhā̃k-vũ** (*vt*)	to cover
ઢીંગલી	**ḍhing-li** (*f*)	doll
ઢોળવું	**ḍhoḷ-vũ** (*vt*)	to spill
ઢોંગ	**ḍhOng** (*m*)	pretence
તક	**tak** (*f*)	opportunity
તકલીફ	**tak-liph** (*f*)	trouble
તડકો	**taḍ-ko** (*m*)	sunshine
તપાસવું	**ta-pās-vũ** (*vt*)	to check
તબેલો	**ta-be-lo** (*m*)	stable (for animals)
તરત	**tar-rat** (*adv*)	immediately
તરવું	**tar-vũ** (*vt*)	to swim
તહેવાર	**ta-he-vār** (*m*)	festival (generally religious)
તળાવ	**ta-ḷāv** (*n*)	small lake
તળેટી	**ta-ḷe-ṭi** (*f*)	foot of mountain
તંગી	**tan-gi** (*f*)	scarcity
તાજું	**tā-jũ** (*a*)	fresh
તાર	**tār** (*m*)	yarn; telegram
તારીખ	**tā-rikh** (*f*)	date
તારો	**tā-ro** (*m*)	star
તાવ	**tāv** (*m*)	fever
તાળી	**tā-ḷi** (*f*)	clapping
તાળું	**tā-ḷũ** (*n*)	padlock
તીખું	**ti-khũ** (*a*)	hot (taste)
તીર	**tir** (*n*)	arrow; bank (of river)
તૂટવું	**tuṭ-vũ** (*vi*)	to break
તેજ	**tej** (*n*)	light (of moon, sun, etc.)
તેલ	**tel** (*n*)	oil
તૈયાર	**tai-yār** (*a*)	ready
તોડવું	**toḍ-vũ** (*vt*)	to break
થડ	**thaḍ** (*n*)	trunk (of tree)
થવું	**tha-vũ** (*vi*)	to become

થાકવું	**thāk-vũ** (*vi*)	to be tired
થાળી	**thā-ḷi** (*f*)	plate
થોડું	**tho-ḍũ** (*a*)	little
થોભવું	**thobh-vũ** (*vi*)	to stop
દગો	**da-go** (*m*)	treachery
દયા	**da-yā** (*f*)	compassion
દરદ	**da-rad** (*n*)	pain
દરિયો	**da-ri-yo** (*m*)	sea, ocean
દહીં	**da-hĩ** (*n*)	yoghurt, curds
દંડ	**danḍ** (*m*)	penalty
દાખલો	**dākh-lo** (*m*)	example
દાટવું	**dāṭ-vũ** (*vt*)	to bury
દાદર	**dā-dar** (*m*)	staircase
દાન	**dān** (*n*)	charity
દાબવું	**dāb-vũ** (*vt*)	to press
દારૂ	**dā-ru** (*m*)	wine, liquor; gunpowder
દાંતિયો	**dā̃-ti-yo** (*m*)	comb
દિવસ	**di-vas** (*m*)	day
દિશા	**di-shā** (*f*)	direction
દીકરો	**dik-ro** (*m*)	son
દીકરી	**dik-ri** (*f*)	daughter
દીવાસળી	**di-va-sā-ḷi** (*f*)	matchstick
દીવો	**di-vo** (*m*)	lamp
દુકાન	**du-kān** (*f*)	shop
દુકાળ	**du-kāḷ** (*m*)	famine
દુખવું	**dukh-vũ** (*vi*)	to (feel) pain
દુનિયા	**du-ni-yā** (*f*)	world
દૂધ	**dudh** (*n*)	milk
દૂર	**dur** (*a*)	far off, distant
દેવ	**dev** (*m*)	god
દેશ	**desh** (*m*)	country
દોડવું	**doḍ-vũ** (*vi*)	to run
દોરવું	**dor-vũ** (*vt*)	to draw (lines), paint (picture)
દોરી	**do-ri** (*f*)	string
ધક્કો	**dhak-ko** (*m*)	push, jolt
ધરમ, ધર્મ	**dha-ram, dharma** (*m*)	religion
ધંધો	**dhan-dho** (*m*)	business
ધાતુ	**dhā-tu** (*f*)	mineral
ધારવું	**dhār-vũ** (*vt*)	to suppose

ધીમું	**dhi-mũ** (*a*)	slow
ધીરજ	**dhi-raj** (*f*)	patience
ધુમાડો	**dhu-mā-ḍo** (*m*)	smoke
ધુમ્મસ	**dhum-mas** (*n*)	fog
ધૂળ	**dhuḷ** (*f*)	dust
ધોબી	**dho-bi** (*m*)	washerman
ધોવું	**dho-vũ** (*vt*)	to wash
ધ્રૂજવું	**dhruj-vũ** (*vi*)	to tremble
નકલ	**na-kal** (*f*)	copy
નકશો	**nak-sho** (*m*)	map
નકામું	**na-kā-mũ** (*a*)	useless
નજર	**na-jar** (*f*)	sight
નટ	**naṭ** (*m*)	actor
નથી	**na-thi** (*vi*)	to be (negative, present tense)
નદી	**na-di** (*f*)	river
નફો	**na-pho** (*m*)	profit
નમવું	**nam-vũ** (*vt*)	to bow down
નમૂનો	**na-mu-no** (*m*)	sample
નરમ	**na-ram** (*a*)	soft
નવું	**na-vũ** (*a*)	new
નસીબ	**na-sib** (*n*)	fate
નાખવું	**nākh-vũ** (*vt*)	to throw
નાચવું	**nāch-vũ** (*vi*)	to dance
નાટક	**nā-ṭak** (*n*)	play, drama
નાડી	**nā-ḍi** (*f*)	pulse
નાનું	**nā-nũ** (*a*)	small
નામ	**nām** (*n*)	name
નાસ્તો	**nās-to** (*m*)	breakfast, snacks
નાહવું	**nāh-vũ** (*vi*)	to bath, bathe
નિકાસ	**ni-kās** (*f*)	export
નિચોવવું	**ni-chov-vũ** (*vt*)	to squeeze
નિયમ	**ni-yam** (*m*)	rule
નિયમિત	**niy-mit** (*a*)	regular
નિરાંત	**ni-rā̃t** (*f*)	leisure
નિશાળ	**ni-shāḷ** (*f*)	school
નીતિ	**ni-ti** (*f*)	morality
નુકસાન	**nuk-sān** (*n*)	loss
નોકર	**no-kar** (*m*)	servant
નોંધવું	**nÕdh-vũ** (*vt*)	to note

ન્યાય	**nyāy** (*m*)	justice
પકડવું	**pa-kaḍ-vũ** (*vt*)	to hold
પગાર	**pa-gār** (*m*)	salary
પચવું	**pach-vũ** (*vi*)	to be digested
પટ્ટો	**paṭ-ṭo** (*m*)	strap
પડવું	**paḍ-vũ** (*vi*)	to fall
પડોશી	**pa-ḍo-shi** (*m*)	neighbour
પણ	**paṇ** (*conj*)	but
પતંગ	**pa-tang** (*m, f*)	kite
પથરો	**path-ro** (*m*)	stone
પરણવું	**pa-raṇ-vũ** (*vt*)	to marry
પરસેવો	**par-se-vo** (*m*)	perspiration
પરીક્ષા	**pa-rik-shā** (*f*)	examination
પર્વત	**par-vat** (*m*)	mountain
પલળવું	**pa-laḷ-vũ** (*vi*)	to be wet
પવન	**pa-van** (*m*)	wind
પહેરવું	**pa-her-vũ** (*vt*)	to wear
પહેલાં	**pa-he-lā̃** (*adv*)	formerly
પંખી	**pan-khi** (*n*)	bird
પંખો	**pan-kho** (*m*)	fan
પાકવું	**pāk-vũ** (*vi*)	to be ripe
પાછળ	**pā-chaḷ** (*adv*)	behind
પાછું	**pā-chhũ** (*adv*)	again
પાણી	**pā-ṇi** (*n*)	water
પાનું	**pā-nũ** (*n*)	page (of a book)
પાપ	**pāp** (*n*)	sin
પાસે	**pā-se** (*prep, adv*)	near, in possession of
પાંખ	**pā̃kh** (*f*)	wing
પિયર	**pi-yar** (*n*)	home of married woman's parents
પીગળવું	**pi-gaḷ-vũ** (*vi*)	to melt
પીણું	**pi-ṇũ** (*n*)	drink
પીરસવું	**pi-ras-vũ** (*vt*)	to serve food
પીવું	**pi-vũ** (*vt*)	to drink
પુણ્ય	**puṇ-ya** (*a*)	righteous
પુરુષ	**pu-rush** (*m*)	male
પુલ	**pul** (*m*)	bridge
પૂછડી	**puchh-ḍi** (*f*)	tail
પૂછવું	**puchh-vũ** (*vt*)	to ask
પૂજા	**pu-jā** (*f*)	worship

પૂનમ	**pu-nam** (*f*)	full moon day
પૂરું	**pu-rũ** (*a*)	complete
પૃથ્વી	**pruth-vi** (*f*)	earth
પેટી	**pe-ṭi** (*f*)	box
પૈસો	**pai-so** (*m*)	money
પોચું	**po-chũ** (*a*)	soft
પ્રવાસ	**pra-vās** (*m*)	journey
પ્રવેશ	**pra-vesh** (*m*)	entry
પ્રાણ	**prāṇ** (*m*)	soul
પ્રામાણિક	**prā-mā-ṇik** (*a*)	honest
પ્રાર્થના	**prār-tha-nā** (*f*)	prayer
પ્રેમ	**prem** (*m*)	love
ફરક	**pha-rak** (*m*)	change
ફરવું	**phar-vũ** (*vi*)	to walk, stroll
ફરિયાદ	**pha-ri-yād** (*f*)	complaint
ફળ	**phaḷ** (*n*)	fruit
ફાટવું	**phāṭ-vũ** (*vi*)	to be torn
ફાયદો	**phāy-do** (*m*)	advantage
ફાંસી	**phā̃-si** (*f*)	hanging
ફીણ	**phiṇ** (*n*)	foam
ફુગાવો	**phu-gā-vo** (*m*)	inflation
ફૂલ	**phul** (*n*)	flower
ફૂંકવું	**phũk-vũ** (*vt*)	to blow
બગાસું	**ba-gā-sũ** (*n*)	yawn
બચવું	**bach-vũ** (*vi*)	to be saved
બજાર	**ba-jār** (*f*)	bazaar
બધું	**ba-dhũ** (*a*)	all
બનવું	**ban-vũ** (*vi*)	to happen
બનાવટી	**ba-nāv-ṭi** (*a*)	fabricated, counterfeit
બરાબર	**ba-rā-bar** (*adv*)	OK, all right, correct
બહાર	**ba-hār** (*adv*)	out
બહુ	**ba-hu** (*a*)	much
બળવું	**baḷ-vũ** (*vi*)	to burn
બંદર	**ban-dar** (*n*)	port
બંધ	**bandh** (*a*) (*m*)	closed, dam
બાકી	**bā-ki** (*a*)	remaining
બાગ	**bāg** (*m*)	garden, park
બાટલી	**bāṭ-li** (*f*)	bottle
બાબત	**bā-bat** (*f*)	matter

બાંધવું	**bā̃dh-vũ** (*vt*)	to bind
બી	**bi** (*n*)	seed
બુદ્ધિ	**bud-dhi** (*f*)	intellect
બૂમ	**bum** (*f*)	shout
બેટ	**beṭ** (*m*)	island
બેસવું	**bes-vũ** (*vi*)	to sit
બોલવું	**bol-vũ** (*vt*)	to speak
બોલી	**bo-li** (*f*)	dialect
ભગત	**bha-gat** (*m*)	devotee
ભજન	**bha-jan** (*n*)	prayer song
ભણવું	**bhaṇ-vũ** (*vt*)	to study
ભરતી	**bhar-ti** (*f*)	tide
ભરવું	**bhar-vũ** (*vt*)	to fill, to pay
ભલું	**bha-lũ** (*a*)	kind
ભલે	**bha-le** (*int*)	well, fine, OK
ભવિષ્ય	**bha-vish-ya** (*n*)	future
ભાગ	**bhāg** (*m*)	part
ભાગવું	**bhāg-vũ** (*vi*)	to run away; to divide (maths)
ભાન	**bhān** (*n*)	consciousness, sense
ભારત	**bhā-rat** (*m*)	India
ભારે	**bhā-re** (*a*)	heavy
ભાવ	**bhāv** (*m*)	feeling; rate
ભાવવું	**bhāv-vũ** (*vi*)	to like (used only for food)
ભાષણ	**bhā-shaṇ** (*n*)	speech (lecture)
ભાષા	**bhā-shā** (*f*)	language
ભીખ	**bhikh** (*f*)	begging
ભીડ	**bhiḍ** (*f*)	crowd
ભીનું	**bhi-nũ** (*a*)	wet
ભૂખ	**bhukh** (*f*)	hunger
ભૂત	**bhut** (*n*)	ghost
ભૂલ	**bhul** (*f*)	mistake
ભૂલવું	**bhul-vũ** (*vi*)	to forget
ભેટ	**bheṭ** (*f*)	gift
ભોમિયો	**bho-mi-yo** (*m*)	guide
ભોંય	**bhÕy** (*f*)	ground
મજબૂત	**maj-but** (*a*)	strong
મજા	**ma-jā** (*f*)	enjoyment
મજાક	**ma-jāk** (*f*)	joke
મજૂર	**ma-jur** (*m*)	labourer

મત	**mat** (*m*)	opinion, vote
મથક	**ma-thak** (*n*)	headquarters
મથાળું	**ma-thā-ḷũ** (*n*)	heading
મફત	**ma-phat** (*adv*)	free of charge
મરજી	**mar-ji** (*f*)	wish
મરવું	**mar-vũ** (*vi*)	to die
મલમ	**ma-lam** (*m*)	ointment
મહેનત	**ma-he-nat** (*f*)	effort
મહેમાન	**ma-he-mān** (*m*)	guest
મહેલ	**ma-hel** (*m*)	palace
મળવું	**maḷ-vũ** (*vi*)	to meet; to find
મંડપ	**man-ḍap** (*m*)	pendal, large tent-like structure
મંદિર	**man-dir** (*n*)	temple
મંદી	**man-di** (*f*)	recession
માટી	**mā-ṭi** (*f*)	earth
માણસ	**mā-ṇas** (*m*)	person
માન	**mān** (*n*)	respect
માપ	**māp** (*n*)	measure
માફ	**māph** (*a*)	forgiven
માફક	**mā-phak** (*a*)	agreeable
માયા	**mā-yā** (*f*)	illusion, attachment
મારવું	**mār-vũ** (*vt*)	to beat
માલ	**māl** (*m*)	goods
માલિક	**mā-lik** (*m*)	master
માસિક	**mā-sik** (*a*) (*n*)	monthly; monthly magazine
માળી	**mā-ḷi** (*m*)	gardener
માંદગી	**mā̃d-gi** (*f*)	illness
માંસ	**mā̃s** (*n*)	meat, flesh
મીઠાઈ	**mi-ṭhā-i** (*f*)	sweets
મીણ	**miṇ** (*n*)	wax
મુક્તિ	**muk-ti** (*f*)	freedom
મુખ્ય	**mukh-ya** (*a*)	chief
મુદત	**mu-dat** (*f*)	limit (time)
મુલાકાત	**mu-lā-kāt** (*f*)	interview, visit
મૂકવું	**muk-vũ** (*vt*)	to put, to leave
મૂડી	**mu-ḍi** (*f*)	capital (investment)
મૂરખ	**mu-rakh** (*a*)	foolish
મૂળ	**muḷ** (*n*)	root

મૂંઝવણ	**mũjh-vaṇ** (*f*)	embarrassment
મેદાન	**me-dān** (*n*)	open ground
મેલ	**mEl** (*m*)	dirt
મેળવવું	**me-ḷav-vũ** (*vt*)	to obtain
મોકલવું	**mo-kal-vũ** (*vt*)	to send
મોચી	**mo-chi** (*m*)	cobbler
મોટું	**mo-ṭũ** (*a*)	big
મોડું	**mo-ḍũ** (*a*)	late
મોત	**mot** (*n*)	death
મોંઘવારી	**mÕgh-vā-ri** (*f*)	increasing prices
મોંઘું	**mÕ-ghũ** (*a*)	costly
યજમાન	**yaj-mān** (*m*)	host
યાદ	**yād** (*f*)	recollection
યુક્તિ	**yuk-ti** (*f*)	trick
યુવક	**yu-vak** (*m*)	youth (male)
યોજવું	**yoj-vũ** (*vt*)	to plan
રકમ	**ra-kam** (*f*)	sum
રખડવું	**ra-khaḍ-vũ** (*vi*)	to wander
રજા	**ra-jā** (*f*)	permission, leave, holiday
રજૂ	**ra-ju** (*a*)	presented
રડવું	**raḍ-vũ** (*vi*)	to weep
રણ	**raṇ** (*n*)	desert
રમવું	**ram-vũ** (*vi*)	to play
રસ	**ras** (*m*)	fruit juice; interest
રસોઇ	**ra-so-i** (*f*)	cooking
રસ્તો	**ras-to** (*m*)	road
રહેવું	**ra-he-vũ** (*vi*)	to stay
રંગવું	**rang-vũ** (*vt*)	to colour
રાખવું	**rākh-vũ** (*vt*)	to keep
રાજ/રાજધાની	**rāj** (*n*)/**rāj-dhā-ni** (*f*)	kingdom/capital
રિવાજ	**ri-vāj** (*m*)	custom
રિસાવું	**ri-sā-vũ** (*vi*)	to be displeased
રીત	**rit** (*f*)	method
રુઆબ	**ru-āb** (*m*)	imposing appearance
રૂ	**ru** (*n*)	cotton
રૂપ	**rup** (*n*)	beauty
રૂમાલ	**ru-māl** (*m*)	handkerchief
રોકડ	**ro-kaḍ** (*a*)	cash
રોકવું	**rok-vũ** (*vt*)	to stop; engage; invest
રોજ	**roj** (*adv*)	daily

લખવું	**lakh-vũ** (*vt*)	to write
લગ્ન	**lag-na** (*n*)	marriage
લટકવું	**la-ṭak-vũ** (*vi*)	to hang
લડવું	**laḍ-vũ** (*vi*)	to fight
લપસવું	**la-pas-vũ** (*vi*)	to slip
લલચાવું	**lal-chā-vũ** (*vi*)	to be tempted
લશ્કર	**lash-kar** (*n*)	army
લાકડું	**lāk-ḍũ** (*n*)	wood
લાગણી	**lāg-ṇi** (*f*)	feeling
લાગવું	**lāg-vũ** (*vi*)	to feel
લાત	**lāt** (*f*)	kick
લાવવું	**lāv-vũ** (*vt*)	to bring
લાંબું	**lām-bũ** (*a*)	long
લિપિ	**li-pi** (*f*)	script
લીટી	**li-ṭi** (*f*)	line
લૂંટવું	**lũṭ-vũ** (*vt*)	to rob
લેવું	**le-vũ** (*vt*)	to take
લોક	**lok** (*m*)	people
લોહી	**lo-hi** (*n*)	blood
વકીલ`	**va-kil** (*m*)	lawyer
વખત	**va-khat** (*m*)	time
વખાણ	**va-khāṇ** (*n*)	praise
વગેરે	**va-ge-re** (*adv*)	et cetera
વચન	**va-chan** (*n*)	promise
વચ્ચે	**vach-che** (*prep, adv*)	in between
વજન	**va-jan** (*n*)	weight
વઢવું	**vaḍh-vũ** (*vt*)	to scold
વતન	**va-tan** (*n*)	motherland, fatherland
વધારે	**va-dhā-re** (*a*)	more
વર	**var** (*m*)	bridegroom
વરસ	**va-ras** (*n*)	year
વરસાદ	**var-sād** (*m*)	rain
વર્ણન	**var-ṇan** (*n*)	description
વસવું	**vas-vũ** (*vi*)	to dwell
વસ્તુ	**vas-tu** (*f*)	thing
વહાણ	**va-hāṇ** (*n*)	ship
વહીવટ	**va-hi-vaṭ** (*m*)	administration
વહુ	**va-hu** (*f*)	bride, wife
વહેમ	**vhem** (*m*)	doubt
વહેલું	**vhe-lũ** (*adv*)	early

વળતર	**vaḷ-tar** (*n*)	discount
વળવું	**vaḷ-vũ** (*vi*)	to bend
વળી	**va-ḷi** (*adv*)	and, also
વાગવું	**vāg-vũ** (*vi*)	to be played (instrument), to be struck
વાડી	**vā-ḍi** (*f*)	orchard
વાત	**vāt** (*f*)	story
વારો	**vā-ro** (*m*)	turn
વાલી	**vā-li** (*m*)	guardian
વાંકું	**vā̃-kũ** (*a*)	not straight
વાંચવું	**vā̃ch-vũ** (*vt*)	to read
વાંધો	**vā̃-dho** (*m*)	objection
વિકસવું	**vi-kas-vũ** (*vi*)	to develop
વિચારવું	**vi-chār-vũ** (*vt*)	to think
વિજ્ઞાન	**vig-nān** (*n*)	science
વિદ્યા	**vid-yā** (*f*)	learning, knowledge
વિધવા	**vidh-vā** (*f*)	widow
વિનંતી	**vi-nan-ti** (*f*)	request
વિવેક	**vi-vek** (*m*)	modesty; etiquette
વિશ્વાસ	**vish-vās** (*m*)	confidence
વીજળી	**vij-ḷi** (*f*)	lightning, electricity
વીણવું	**viṇ-vũ** (*vt*)	to pick
વીમો	**vi-mo** (*m*)	insurance
વેચવું	**vech-vũ** (*vt*)	to sell
વેપાર	**ve-pār** (*m*)	trade
વેર	**ver** (*n*)	animosity
વૈદ	**vaid** (*m*)	physician
વ્યસન	**vya-san** (*n*)	addiction
શક્તિ	**shak-ti** (*f*)	strength
શણગારવું	**shaṇ-gār-vũ** (*vt*)	to decorate
શબ	**shab** (*n*)	corpse
શબ્દ	**shab-da** (*m*)	word, sound
શરત	**sha-rāt** (*f*)	race; bet; condition
શરમ	**sha-ram** (*f*)	modesty, shame
શરીર	**sha-rir** (*n*)	body
શરૂઆત	**sha-ru-āt** (*f*)	beginning
શહેર	**sha-her** (*n*)	city
શંકા	**shan-kā** (*f*)	doubt
શાંત	**shānt** (*a*)	quiet
શિકાર	**shi-kār** (*m*)	hunting

શિખર	**shi-khar** (*n*)	peak
શિખામણ	**shi-khā-maṇ** (*f*)	advice
શિયાળો	**shi-yā-ḷo** (*m*)	winter
શીખવવું	**shi-khav-vũ** (*vt*)	to teach
શીખવું	**shikh-vũ** (*vi*)	to learn
શીશી	**shi-shi** (*f*)	bottle
શુભ	**shubh** (*a*)	auspicious
શું	**shũ** (*pron*)	what
શેકવું	**shek-vũ** (*vt*)	to bake
શોક	**shok** (*m*)	grief
શોખ	**shokh** (*m*)	hobby, liking
શ્રી	**shri** (*a*)	Mr
શ્વાસ	**shvās** (*m*)	breathing
સખત	**sa-khat** (*a*)	hard
સગવડ	**sag-vaḍ** (*f*)	convenience, comfort
સજા	**sa-jā** (*f*)	punishment
સત્તા	**sat-tā** (*f*)	authority
સભા	**sa-bhā** (*f*)	meeting
સભ્ય	**sabh-ya** (*m*)	member
સમજણ	**sam-jaṇ** (*f*)	understanding
સમય	**sa-may** (*m*)	time
સમાચાર	**sa-mā-chār** (*m*)	news
સમાજ	**sa-māj** (*m*)	society
સમાધાન	**sa-mā-dhān** (*n*)	settlement (of dispute)
સરકાર	**sar-kār** (*f*)	government
સરખાવવું	**sar-khāv-vũ** (*vt*)	to compare
સરખું	**sar-khũ** (*a*)	equal
સરઘસ	**sar-ghas** (*n*)	procession
સરનામું	**sar-nā-mũ** (*n*)	address
સરસ	**sa-ras** (*a*)	very good
સરહદ	**sar-had** (*f*)	boundary
સરોવર	**sa-ro-var** (*n*)	lake
સલામત	**sa-lā-mat** (*a*)	safe
સલાહ	**sa-lāh** (*f*)	advice
સવાર	**sa-vār** (*f*) (*n*)	morning
સવાલ	**sa-vāl** (*m*)	question
સહન	**sa-han** (*n*)	endurance
સહાય	**sa-hāy** (*f*)	help
સહી	**sa-hi** (*f*)	signature
સહેજ	**sa-hej** (*a*)	little

સળગવું	**sa-ḷag-vũ** (*vt*)	to burn
સંગીત	**san-git** (*n*)	music
સંતાન	**san-tān** (*n*)	progeny
સંતોષ	**san-tosh** (*m*)	satisfaction
સંદેશો	**san-de-sho** (*m*)	message
સંબંધ	**sam-bandh** (*m*)	connection
સંસાર	**sam-sar** (*m*)	domestic life
સાચું	**sā-chũ** (*a*)	true, correct
સાદું	**sā-dũ** (*a*)	simple
સાધન	**sā-dhan** (*n*)	resources, tools
સાધુ	**sā-dhu** (*m*)	saint
સાફ	**sāph** (*a*)	clean
સામું	**sā-mũ** (*a, adv*)	opposite
સારું	**sā-rũ** (*a*)	good
સાવચેત	**sāv-chet** (*a*)	cautious
સાહસ	**sā-has** (*n*)	adventure, rashness
સાહેબ	**sā-heb** (*m*)	lord; honorific address
સાંજ	**sā̃j** (*f*)	evening
સીધું	**si-dhũ** (*a*)	straight, direct
સુખ	**sukh** (*n*)	happiness
સુધરવું	**su-dhar-vũ** (*vi*)	to improve
સુંદર	**sun-dar** (*a*)	beautiful
સુંવાળું	**sũ-vā-ḷũ** (*a*)	smooth
સૂકું	**su-kũ** (*a*)	dry
સૂરજ	**su-raj** (*m*)	sun
સૂવું	**su-vũ** (*vi*)	to sleep
સૂંઘવું	**sũgh-vũ** (*vt*)	to smell
સેવા	**se-vā** (*f*)	service
સ્ત્રી	**stri** (*f*)	woman, wife
સ્થાનિક	**stha-nik** (*a*)	local
સ્નાન	**snān** (*n*)	bathing, bath
સ્વતંત્ર	**sva-tan-tra** (*a*)	independent
સ્વપ્ન	**svap-na** (*n*)	dream
સ્વાદ	**svād** (*m*)	taste
સ્વાર્થ	**svār-tha** (*m*)	self-interest
સ્વીકારવું	**svi-kār-vũ** (*vt*)	to accept
હક	**hak** (*m*)	right
હકીકત	**ha-ki-kat** (*f*)	fact
હઠ	**haṭh** (*f*)	obstinacy, stubbornness
હડતાળ	**haḍ-tāḷ** (*f*)	strike

હથિયાર	**ha-thi-yār** (*n*)	weapon
હમણાં	**ham-ṇā̃** (*adv*)	now
હમેશાં	**ha-me-shā̃** (*adv*)	always
હરકત	**har-kat** (*f*)	obstruction, objection
હરખ	**ha-rakh** (*m*)	joy
હલકું	**hal-kũ** (*a*)	light
હલ્લો	**hal-lo** (*m*)	attack
હવા	**ha-vā** (*f*)	wind, air
હવે	**ha-ve** (*adv*)	now (onwards)
હસવું	**has-vũ** (*vi*)	to laugh
હાજર	**hā-jar** (*a*)	present
હાર	**hār** (*m*)	garland, necklace
હારવું	**hār-vũ** (*vi*)	to be defeated
હાંફવું	**hā̃ph-vũ** (*vi*)	to be breathless
હિસાબ	**hi-sāb** (*m*)	account
હિંમત	**him-mat** (*f*)	courage
હિંસા	**hin-sā** (*f*)	violence
હીરો	**hi-ro** (*m*)	diamond
હીંચકો	**hĩch-ko** (*m*)	swing
હુકમ	**hu-kam** (*m*)	order
હુલ્લડ	**hul-laḍ** (*n*)	disturbance, riot
હેત	**het** (*n*)	love
હેતુ	**he-tu** (*m*)	reason
હૈયું	**hai-yũ** (*n*)	heart
હોડી	**ho-ḍi** (*f*)	boat
હોવું	**ho-vũ** (*vi*)	to be

Grammatical index

1.1, 1.2, etc. show topic numbers in the lessons.
R1, R2, etc. show topic numbers in the Reference grammar.